北京高校思想政治理论课高精尖创新中心一般项目"中国特色社会主义政治建设的基本经验研究"
（项目号：19GJJC009）阶段性成果

中国特色社会主义民主政治的实证研究

An Empirical Study on Socialist
Democracy with Chinese Characteristics

王 衡 | 著

图书在版编目（CIP）数据

中国特色社会主义民主政治的实证研究／王衡著．—北京：中央编译出版社，2020.4
ISBN 978-7-5117-3723-6

Ⅰ.①中⋯　Ⅱ.①王⋯　Ⅲ.①社会主义民主－民主政治－研究－中国　Ⅳ.①D62

中国版本图书馆 CIP 数据核字（2019）第 097068 号

中国特色社会主义民主政治的实证研究

出 版 人	葛海彦
出版统筹	贾宇琰
责任编辑	李易明
责任印制	刘　慧
出版发行	中央编译出版社
地　　址	北京西城区车公庄大街乙 5 号鸿儒大厦 B 座（100044）
电　　话	（010）52612345（总编室）　　（010）52612352（编辑室） （010）52612316（发行部）　　（010）52612346（馆配部）
传　　真	（010）66515838
经　　销	全国新华书店
印　　刷	北京中兴印刷有限公司
开　　本	710 毫米×1000 毫米　1/16
字　　数	231 千字
印　　张	16
版　　次	2020 年 4 月第 1 版
印　　次	2020 年 4 月第 1 次印刷
定　　价	80.00 元
网　　址	www.cctphome.com　　邮　箱：cctp@cctphome.com
新浪微博	@中央编译出版社　　微　信：中央编译出版社(ID: cctphome)
淘宝店铺	中央编译出版社直销店(http://shop108367160.taobao.com) （010）55626985

本社常年法律顾问：北京市吴栾赵阎律师事务所律师　闫军　梁勤
凡有印装质量问题，本社负责调换，电话：（010）55626985

序　言

人民民主是马克思主义鲜明的理论主张与价值追求，也是中国共产党始终高举的一面光辉旗帜。从新民主主义时期革命根据地的工农兵代表大会、人民代表会议、"三三制"抗日民主政权、"豆选法"等民主政治实践，到新中国成立后"五四宪法"第一条对"工人阶级领导的，以工农联盟为基础的人民民主国家"的国体的规定，再到新时期以来选举民主、协商民主、基层民主和党内民主的蓬勃发展，人民民主早已贯穿于中国共产党领导的中国革命、建设和改革的实践之中，深深地嵌入了中国政治发展的全过程。

尤其是改革开放以来，沿着党的领导、人民当家作主和依法治国有机统一的中国特色社会主义政治发展道路，我们致力于实现最广泛、最真实、最管用的民主。四十年间，人民依法实行民主选举、民主协商、民主决策、民主管理、民主监督的权利得到充分保障，我国社会主义民主政治的优势和特点得到充分发挥，不仅为社会主义现代化建设提供了强大助力，而且为人类政治文明进步作出了充满中国智慧的贡献。

党的十九大报告指出，随着中国特色社会主义进入新时代，"人民美好生活需要日益广泛，不仅对物质文化生活提出了更高要求，而且在民主、法治、公平、正义、安全、环境等方面的要求日益增长"[1]。由此可见，发展更加广泛、充分和健全的人民民主，推动民主政治向更高水平、更高层次、更高质量迈进，既是新的历史方位给中国共产党和中国人民提出的新的时代性课题，

---

[1] 习近平：《决胜全面建成小康社会　夺取新时代中国特色社会主义伟大胜利——在中国共产党第十九次全国代表大会上的报告》，北京：人民出版社 2017 年版，第 11 页。

也是未来中国政治发展的必然战略选择。

民主的有效运转不仅需要构建一套科学、合理与完善的制度体系，而且需要培育与之相配套、相适应的价值观念。如果把前者比喻为民主政治的"硬件"基础设施，那么后者则是驱动硬件有效运转的"软件"。观念来源于实践并指导实践，正确的民主观念是正确的民主实践的思想前提与先决条件，而错误的民主观念则"导致民主的错误"。作为民主政治的民意基础，公众对民主的认知、理解与诉求直接关系到中国特色社会主义民主政治建设的目标、定位与方向。

习近平总书记反复强调，"人心是最大的政治"。只有准确把握中国公众的民主观念并且"紧扣民心这个最大的政治"，才能避免民主政治发展过程中的一切犹疑、困惑和迷失，从而明确目标、坚定信念，确保中国特色社会主义民主政治行稳致远。鉴于此，本书尝试通过对2002—2014年5家学术机构组织实施的14次全国代表性样本调查数据的实证分析，从内容特征、变化趋势、社会分布及国际比较等角度厘清中国公众民主观念的基本事实，并对其成因与影响提出解释，以期探寻中国特色社会主义民主政治的民意基础，并为新时代中国特色社会主义政治建设提供可资参照的观念坐标、心理坐标和文化坐标。

目 录

第一章 导 论 …………………………………………………… 001
  第一节 研究背景与意义 ………………………………………… 001
  第二节 核心概念与问题 ………………………………………… 005
  第三节 研究路径与方法 ………………………………………… 009
  第四节 本书的章节安排 ………………………………………… 012

第二章 研究设计：理论框架、数据来源与测量指标 …………… 014
  第一节 理论框架 ………………………………………………… 014
    一、民主观念：从理论分歧到现实争论 ……………………… 014
    二、公众民主观念的类型：超越"程序—实质"二分法 …… 021
    三、公众民主观念的成因：超越"理性—文化"二分法 …… 026
    四、公众民主观念的影响：从态度后果到行为后果 ………… 032
    五、"类型—成因—影响"：公众民主观念的整合性分析框架 … 036
  第二节 数据来源 ………………………………………………… 037
    一、中国公民意识年度调查（2008、2009）………………… 039
    二、公共产品与政府支持调查（2010）……………………… 039
    三、互联网与社交媒体调查（2014）………………………… 040
    四、中国综合社会调查（2003、2013）……………………… 040
    五、中国社会综合状况调查（2006、2008、2011）………… 040
    六、亚洲晴雨表调查（2002、2007、2011）………………… 041

七、世界价值观调查（2007、2012） ……………………… 041
　第三节　测量指标 ……………………………………………… 041
　　一、单项测量 …………………………………………………… 044
　　二、复合测量 …………………………………………………… 046
　第四节　本章小结 ……………………………………………… 048

第三章　结构、变迁与比较：中国公众民主观念的多元考察 ……… 052
　第一节　多维与复合：中国公众民主观念的内容特征 ………… 052
　　一、研究假设："多维内容"与"复合主导" ……………………… 052
　　二、实证检验：基于探索性潜在类别分析 ……………………… 055
　　三、本节小结 …………………………………………………… 060
　第二节　嬗递与传承：中国公众民主观念的变化趋势 ………… 062
　　一、民主观念的嬗递性 ………………………………………… 064
　　二、民主观念的传承性 ………………………………………… 067
　　三、本节小结 …………………………………………………… 069
　第三节　同质与差异：中国公众民主观念的社会分布 ………… 070
　　一、人口学身份与民主观念 …………………………………… 071
　　二、社会经济身份与民主观念 ………………………………… 074
　　三、文化身份与民主观念 ……………………………………… 077
　　四、政治身份与民主观念 ……………………………………… 078
　　五、地域身份与民主观念 ……………………………………… 079
　　六、本节小结 …………………………………………………… 080
　第四节　普遍与特殊：中国公众民主观念的全球比较 ………… 082
　　一、代表性：普遍主义视角 …………………………………… 082
　　二、独特性：特殊主义视角 …………………………………… 083
　　三、典型性：在普遍与特殊之间 ……………………………… 084
　　四、何种典型性：现代化、制度与文化 ……………………… 088

五、本节小结 ………………………………………………………… 092

第四章　理性、文化与教化：中国公众民主观念的成因 …………… 093
 第一节　理性视角：现代化增量与民主观念 …………………… 093
  一、经济现代化：民主观念的物质基础 ……………………… 099
  二、社会现代化：民主观念的利益结构 ……………………… 102
  三、政治现代化：民主观念的制度空间 ……………………… 107
 第二节　文化视角：政治文化存量与民主观念 ………………… 124
  一、以"治理绩效"为核心的古代民本观念 ………………… 127
  二、以"救亡图存"为核心的近代民主观念 ………………… 131
  三、以"人民民主专政"为核心的中国共产党人民主观念 … 141
 第三节　教化视角：政治社会化过程与民主观念 ……………… 152
  一、学校教育与民主观念：基于中小学政治教科书的文本
    分析 …………………………………………………………… 153
  二、大众媒介与民主观念：基于《人民日报》内容的词频
    分析 …………………………………………………………… 164
  三、政治社会化过程：官方、学术界与公众民主观念的耦合 … 168
 第四节　理性、文化与教化：影响程度的实证检验 …………… 170
 第五节　本章小结 ………………………………………………… 176

第五章　观念、态度与行动：中国公众民主观念的影响 …………… 179
 第一节　研究假设：从"态度后果"到"行为后果" ………… 180
 第二节　案例选取：网民的民主观念、政治态度与政治行动 … 181
 第三节　实证分析：关系、机制与限度 ………………………… 186
  一、界定影响关系：基于逻辑斯蒂回归模型 ………………… 188
  二、解释因果机制：基于结构方程模型 ……………………… 190
 第四节　本章小结 ………………………………………………… 193

结语　紧扣民心这个最大的政治 …………………………………… 195
参考文献 …………………………………………………………… 202
附　图 ……………………………………………………………… 223
附　表 ……………………………………………………………… 231
后　记 ……………………………………………………………… 239

图表索引

图 1.1　本书的章节安排 …………………………………… 013
图 2.1　民主观念的现实争议 ……………………………… 021
图 2.2　公众民主观念类型的分析框架 …………………… 025
图 2.3　公众民主观念的成因的分析框架 ………………… 031
图 2.4　公众民主观念影响的分析框架 …………………… 036
图 2.5　"类型—成因—影响"：公众民主观念的整合性分析框架 ……… 037
图 3.1　民主观念潜在类别的分布比例（N = 3473） …… 060
图 3.2　ABS 2007、2011 年内容对比 …………………… 065
图 3.3　CSS 2006、2008、2011 年内容对比 …………… 066
图 3.4　全国公民意识调查 2008、2009 年内容对比 …… 067
图 3.5　ABS 2002、2007、2011 年内容对比 …………… 068
图 3.6　CGSS 2003、2013 年内容对比 ………………… 069
图 3.7　性别与民主观念（ABS 2011） …………………… 072
图 3.8　收入与民主观念（2009 公民意识调查） ………… 075
图 3.9　主观社会地位感知与民主观念（WVS 2012） …… 075
图 3.10　党员身份与民主观念（CSS 2011） ……………… 079
图 3.11　地域与民主观念（2009 公民意识调查） ………… 080
图 3.12　公众民主观念的比较（ABS 2011） ……………… 087
图 3.13　经济发展与民主观念（WVS 2012） …………… 089
图 3.14　政治制度与民主观念（WVS 2012） …………… 090

图 4.1	以"民主"为关键词的 CSSCI 论文（2002—2014）	170
图 5.1	全国网民、群体性事件与相关研究论文数量（2002—2012）	182
图 5.2	网民非制度化政治参与的结构方程模型（N=1953）	192
附图 1	国内生产总值的变化（1978—2014）	223
附图 2	财政收支规模的变化（1978—2014）	223
附图 3	进出口总值、外汇储备的变化（1978—2014）	224
附图 4	国有、私营和个体单位的变化（1992—2014）	224
附图 5	第一、二、三次产业比重的变化（1978—2014）	225
附图 6	农业供给能力的变化（1981—2013）	225
附图 7	工业、服务业供给能力的变化（1998—2014）	226
附图 8	基础设施建设（1978—2014）	226
附图 9	人民生活水平的变化（1978—2014）	227
附图 10	城市化进程（1978—2012）	227
附图 11	公共服务体系建设（1978—2014）	228
附图 12	社会保障体系建设（1992—2014）	228
附图 13	社会组织的发展（2002—2014）	229

表 1.1	部分常见的"带修饰词的民主"	002
表 1.2	民主观念的研究路径	010
表 2.1	民主观念的划分方式	019
表 2.2	本研究的数据来源	038
表 2.3	本研究的测量指标	044
表 3.1	ABS 2002：在您看来，民主究竟指的是什么（N=3183）	055
表 3.2	ABS 2007：在下面这些特征中哪一项对民主最重要？（N=5098）	056
表 3.3	ABS 2011：您认为民主最本质的特征是什么（N=3473）	057
表 3.4	探索性潜在类别分析模型指标摘要表（N=3473）	058

表 3.5	探索性潜在类别分析模型结果（N=3473）	058
表 3.6	WVS 2007、2012 统计量对比	067
表 3.7	性别与民主观念（ABS 2007）	072
表 3.8	年龄与民主观念（2009 公民意识调查）	073
表 3.9	世代与民主观念（ABS 2011）	074
表 3.10	职业与民主观念（2009 公民意识调查）	076
表 3.11	民主观念的城乡差异（ABS 2007）	077
表 3.12	最高学历与民主观念（2009 公民意识调查）	077
表 3.13	接受正式教育年限与民主观念（ABS 2007）	078
表 3.14	公众民主观念的比较（ABS 2007）	086
表 3.15	文化传统与民主观念（WVS 2012）	091
表 4.1	现代化理论的谱系	095
表 4.2	中国共产党对市场经济的认识发展历程（1978—2014）	100
表 4.3	民生导向的公共政策（2002—2014）	104
表 4.4	中国共产党的建设（1978—2014）	108
表 4.5	选举民主的法律规范体系（1978—2014）	113
表 4.6	协商民主的地方实践（2002—2014）	115
表 4.7	基层民主的地方实践（1978—2014）	117
表 4.8	中国的法治建设（1978—2014）	119
表 4.9	中国的人权建设（1978—2014）	121
表 4.10	中国的行政管理体制改革（1978—2014）	123
表 4.11	中国古代民本观念	128
表 4.12	"民主"在古代中国的用法	132
表 4.13	近代日本对"democracy"的翻译	134
表 4.14	近代中国对"democracy"的翻译	135
表 4.15	"民主"在近代中国的用法	137
表 4.16	马克思列宁主义的民主观念	143

表 4.17	早期中国共产党人的民主观念	146
表 4.18	人教版十一套中小学政治教科书	156
表 4.19	高中《思想政治·政治生活（必修2）》目录	160
表 4.20	高中《思想政治·政治生活（必修2）》课程目标及教学建议	161
表 4.21	《人民日报》中的"民主"（2002—2014）	167
表 4.22	官方文件中的"民主"（1949—2014）	168
表 4.23	自变量的描述统计	172
表 4.24	最优模型的多分类逻辑斯蒂回归结果（N=3473）	175
表 5.1	互联网时代非制度化政治参与的类型学	183
表 5.2	相关变量的描述统计（N=1953）	187
表 5.3	网民四类非制度化政治参与的 binary logistc 回归模型	189
附表 1	民主观念的地域差异（CSS 2011）	230
附表 2	民主观念的地域差异（CGSS 2013）	231
附表 3	民主观念的比较（WVS 2012）	232
附表 4	近代中国介绍西方民主思想的出版物（1864—1909）	235

第一章 导 论

> 民主是什么呢？它必须具备一定的意义，否则它就不能存在。因此全部问题就在于确定民主的真正意义。
>
> ——马克思和恩格斯

第一节 研究背景与意义

民主是现代政治生活的核心价值。无论是在新闻报道、学术研究还是政治实践中，"民主"都当属使用频率最高的政治词汇之一，对普罗大众来说，民主二字也是如此的耳熟能详。伴随着概念的流行，民主不仅在社会科学研究中成为了具有强大宰制力的观念，而且在意识形态上也获得了相当程度的话语垄断地位，当人们谈论民主时往往赋予它正面的价值属性和崇高的道德联想。正如赫尔德所说，"民主似乎使现代政治生活变得合法化了，一旦宣称它是'民主'的，那么法规的制定和法律的实施似乎就是合理和正当的"[①]。

然而，在民主的价值风靡全球的同时，民主的概念本身却呈现出流行度与清晰度之间的严重不对称：一方面，人人都在赞誉民主、渴求民主；另一方面，人们关于民主的定义却充满着分歧。民主究竟是什么？理论上的答案

---

① [英]戴维·赫尔德：《民主的模式》，燕继荣等译，北京：中央编译出版社2008年版，第1页。

可谓琳琅满目。根据澳大利亚学者让-保罗·加侬（Jean-Paul Gagnon）研究团队的统计，目前英文期刊中常用的"带修饰词的民主"（democracy with adjectives）多达507种。从"自由""平等""公正""共和"等抽象价值理念，到"代议制""选举""协商""司法"等具体制度安排，再到"混合""威权""委任式"等与民主原本无关甚至相悖的修饰词（见表1.1），冠在民主头上纷繁复杂的"前缀"提醒我们：民主这一"概念筐"在语言学意义上已经严重超载，大有成为"任人打扮的小姑娘"之势。就像达尔（Robert A. Dahl）所指出，"一个术语如果能够包罗万象也就意味着毫无意义。'民主'亦是如此，眼下与其说它是一个具有严格而特定意义的术语，不如说是对一个流行概念的含混不清的确认"①。

表1.1 部分常见的"带修饰词的民主"

名称	代表性研究
程序民主（procedural democracy）	Dahl, 1979; Schmitter and Karl, 1991
实质民主（substantive democracy）	Eckstein, 1990; Jacobs and Shapiro, 1994
公正民主（impartial democracy）	Fleming, 2002
平等民主（egalitarian democracy）	Lunn, 1986; Wildavsky, 1993
共和民主（republican democracy）	Hamilton, 1995; Baker, 2001; Hanley, 2002
宪法民主（constitutional democracy）	Taylor, 1994; Habermas, 2001
司法民主（juridical democracy）	Downing and Thigpen, 1982; Wilson, 1990
选举民主（electoral democracy）	Page, 1978; Burnheim, 2006
代议制民主（representative democracy）	Besley and Coate, 1997; Urbinati, 2006
协商民主（deliberative democracy）	Mouffe, 1992; Dryzek, 2002
新自由民主（neoliberal democracy）	Leys, 2001; Lawson, 2004
非自由民主（illiberal democracy）	Zakaria, 2003
大众民主（populist democracy）	Mair, 2002; Johnston, 2006
混合民主（hybrid democracy）	Young, 2000; Garrett, 2005
半民主（semi-democracy）	Rock, 2000; Case, 2001

---

① ［美］罗伯特·达尔：《民主及其批评者》，曹海军、佟德志译，长春：吉林人民出版社2006年版，第2页。

(续表)

名称	代表性研究
准民主（quasi-democracy）	Stewart and Archer, 2000
原生民主（proto-democracy）	Nelson, 1993
威权民主（authoritarian democracy）	Bogaards, 2009
委任式民主（delegative democracy）	O'Donnell, 1994
社会民主（social democracy）	Przeworski, 1985；Giddens, 1998
经济民主（economic democracy）	Dahl, 1985；Ellerman, 1993

图表来源：Jean-Paul Gagnon et al., "Five Hundred and Seven Theories of Democracy", http://sydneydemocracynetwork.org/wp-content/uploads/2014/11/Democratic-Theories-Database

民主观的"混乱"不仅体现在政治理论上，还深深地根植于公共舆论（public opinion）之中。与学者们对民主五花八门的定义、莫衷一是的阐释相对应，公众对民主的认知与理解亦是千差万别、大相径庭。目前已经有大量实证研究发现，公众的民主观念不仅在宏观层面存在显著的时代特征和国别差异，而且在微观层面上也呈现出基于个体的年龄、教育水平、社会阶层等因素的异质性。一个形象的比喻是，尽管人人都宣称自己是民主的信徒，但他们所诵读的"圣经"却有着不同的文本。[①] 显然，倘若研究者无法对"当我们谈论民主时，我们在谈论什么"这一"巴别塔"式问题进行准确的"锚定"（anchoring），那么与之相关的民主意识、民主评价、民主支持、民主满意度等一系列概念都会出现理论歧义和测量偏差。[②] 由此可见，对公众民主观念的研究是建设中国特色社会主义民主政治的一项不容忽视的理论课题。

对于处在社会经济快速发展的中国而言，政治文化"历时性结构"和"共时性结构"、"既存结构"和"发展结构"的共存既强化了公众民主观念

[①] 燕继荣：《两种民主观和民主理念的现代性变革》，载《学习与探索》，2002年第2期。
[②] 巴别塔的典故源自基督教传说。据《圣经·旧约》记载，人类曾联合起来兴建通往天堂的高塔，为了阻止该计划，上帝让人类说不同的语言使其无法沟通，通天塔计划因此失败。有学者曾以巴别塔比喻人们不同的民主观念对民主研究所构成的巨大挑战，参见 Ariel C. Armony, Hector E. Schamis. 2005. "Babel in Democratization Studies" *Journal of Democracy*, Vol. 16, No. 4, pp. 113 – 128。

的复杂性，也更加凸显了公众民主观念研究重要的现实意义。[①] 一方面，改革开放以来中国社会发生了全方位、翻天覆地的变化，人们的价值观念随之经历了深刻的变迁。经济总量快速增长带来的物质富足、城镇化带来的大规模人口流动、计划经济体制的消退和市场经济体制的逐步建立与完善、多维度展开的政治建设和法治建设、人权事业的发展、民生导向的公共政策以及对外开放水平的不断提高，为个人主义、多元主义、权利意识、法治观念、竞争精神的觉醒培育了现实土壤，而社会价值观念与政治价值观念的联动效应意味着思想领域的变迁必然引发政治文化尤其是民主观念的转型。在历史唯物主义看来，"物质生活的生产方式制约着整个社会生活、政治生活和精神生活的过程"[②]，时代变革和世代更替正在引领中国政治文化进入一个全新的发展阶段，在这种宏观背景下中国人对民主的认知和理解自然呈现出不同于以往的特点，因此对公众民主观念的研究不仅有助于深化对中国现代化进程的认识，而且能够为中国特色社会主义民主政治建设提供科学、客观的理论参考。另一方面，尽管社会存在是构造社会意识的基础，但精神层面、文化层面的社会意识具有相对的独立性与稳定性。对于中国这样一个历史悠久且有着尚古尊祖传统的国家来说，根植于民族文明基因当中的历史传统塑造着人们代际相传的文化记忆，也构成了政治文化的思想资源。比如有研究就指出，改革开放以来以偏好、信任和顺从权威为基本特征的传统政治文化对中国人看待民主的思维方式和基本观点仍然有着不容忽视的影响，甚至经常处于主导性地位，这种政治价值观为中国社会的转型提供了心理支持。[③]

现代化进程中政治文化的"变"与"常"，不仅构成了中国公众民主观念的基本约束结构，而且影响着中国特色社会主义民主政治建设的历史进程。众所周知，我国是工人阶级领导的，以工农联盟为基础的人民民主专政的社会主义国家。民主是社会主义核心价值观的重要组成部分，民主更是我们建

[①] 关于中国政治文化"历时性结构"和"共时性结构"、"既存结构"和"发展结构"的讨论，参见王沪宁：《转变中的中国政治文化结构》，载《复旦学报（社会科学版）》，1988年第3期。
[②] 《马克思恩格斯选集》第二卷，北京：人民出版社2012年版，第2页。
[③] 李路路、钟智锋：《分化的后权威主义：转型期中国社会的政治价值观及其变迁分析》，载《开放时代》，2015年第2期。

成社会主义现代化强国的一个重要价值目标。发展更加广泛、充分和健全的民主既是我国政治文明建设的基本要求，也是中国政治发展必然的战略选择。然而，自从民主作为思想"舶来品"从西方传入中国以来，中国人对民主的价值追求和制度探索已有百年历程，其中充满着艰辛与曲折，经历过歧途与坎坷，也取得过经验与成果。近代以来，中国人对民主的理解与诉求在很大程度上曾影响着政治变革的走向与节奏以及各种政治力量的消长。时至今日，发展中国特色社会主义民主政治已经成为了全社会的广泛共识，但其实践路径以及会面临的问题，仍然是一个值得探讨的课题。

正确的政治实践必须以正确的政治观念为指引。经历了四十年改革开放发展历程的中国，迫切需要一种与传统政治文化、社会经济发展现状以及社会主义制度相容的民主观念。只有准确把握中国公众的民主观念，避免中国特色社会主义民主政治发展过程中的困惑和迷失，进而探索符合国情、顺应民意的中国特色社会主义发展道路，才能以此为契机实现中华民族伟大复兴的历史征程。鉴于此，本书尝试通过对2002—2014年全国代表性数据的实证分析，厘清中国公众民主观念的内容特征、变化趋势、社会分布和国际比较，探索其影响因素，分析其政治后果，以期探求中国特色社会主义民主政治建设的心理基础，为未来中国特色社会主义民主政治建设提供可资参照的观念坐标。

第二节　核心概念与问题

本书的核心概念为民主观念。广义的民主观念（conception of democracy）泛指作为政治主体的个人或群体关于民主的观点与看法的总和，一般包括认知（cognition）、情感（sentiment）和评价（evaluation）三个层面，往往与民主态度、民主意识、民主感知、民主文化、民主价值观等概念混用[①]；而狭义的民主观念（conceptualization of democracy）则特指人们对于"民主是什

---

① 参见［美］加里布埃尔·A. 阿尔蒙德、西德尼·维巴：《公民文化：五个国家的政治态度和民主制》，徐湘林等译，北京：东方出版社2008年版。

么"的定义,并不涉及价值取向、情感取向。本书从狭义的角度使用民主观念的概念,即公众如何定义、理解或构想(define/perceive/conceive)民主。

在本书中民主观念的主体为中国公众,即我们通常所说的"中国人"。目前有些研究者将民主观念的主体界定为特定群体,比如中产阶级、大学生、农民、城市居民、地方官员、"80后"、"千禧世代"等①。这些细化的研究固然为我们理解中国人的民主观念提供了诸多具体侧面,但它们共同的局限在于缺乏对中国公众民主观念的整体把握。鉴于此,本书以全体中国公众的民主观念为研究对象,一方面在全球比较中勾勒当代中国人民主观念的整体特征,另一方面通过民主观念社会分布的描述厘清其内部分化。

本书的时间跨度是改革开放至今。改革开放是决定当代中国命运的关键历史抉择,也是研究当代中国政治最基本的宏观背景。在具体的时间节点上,本书选取2002—2014年为量化分析的区间,其原因有三:首先,2002—2014年是中国改革开放成果积累到一定程度的重要阶段。从历史制度主义看来,制度变迁具有一定的时滞效应,无论是市场经济制度的建立与完善还是对外开放水平的提高,新制度都需要经过一定的时间才能表现出其相对于旧制度

---

① 对中产阶级的相关研究,参见 Chen, Jie. 2013. *A Middle Class Without Democracy*: *Economic Growth and the Prospects for Democratization in China*. New York: Oxford University Press; 卢春龙:《中国新兴中产阶级的政治态度与行为》,北京:知识产权出版社2011年版; 卢春龙:《新兴中产阶层对民主价值的理解:立足中国国情的民主价值观》,载《政治学研究》,2014年第1期。对大学生群体的相关研究,参见马岭:《当代大学生民主观念之透视:一次关于民主的"模拟实验"》,载《中国青年政治学院学报》,2002年第1期;吴鲁平、彭冲:《我国大学生对民主看法的研究:对北京市1295名大学生的调查分析》,载《中国青年政治学院学报》,2013年第1期;对农民群体的相关研究,参见郭正林:《当代中国农民政治态度的定量研究》,载《学术研究》,2005年第5期;Zhong, Yang. 2012. Political Culture and Participation in Rural China. New York: Routledge; 对城市居民的相关研究,参见孙龙:《公民参与:北京城市居民态度与行为实证研究》,北京:中国社会科学出版社2011年版;马丹、袁浩:《城市居民的政治信任、民主观念与政治绩效:一项基于社会的因果模型分析》,载《社会学》,2011年第4期。对地方官员的相关研究,参见肖唐镖、王艳军:《地方干部的民主价值观:类型与结构特征——对1456个地方干部的问卷分析》,载《政治学研究》,2017年第2期;何俊志:《何种民主?谁更重要——基于地方官员问卷调查结果的分析》,载《经济社会体制比较》,2016年第5期;朱芳芳、陈家刚:《协商民主:替代性选择?——基于地方官员问卷调查结果的分析》,载《马克思主义与现实》,2016年第4期。对"80后""千禧世代"的相关研究,参见范雷:《80后的政治态度:目前中国人政治态度的代际比较》,载《江苏社会科学》,2012年第3期;Chu, Yun-han, and Bridget Welsh. 2015. "Millennials and East Asia's Democratic Future." *Journal of Democracy*, 26 (2): 151–164.

的绩效优势,新制度对人们意识形态、思想观念的影响则需要更长的观测周期,往往要经过世代更替后才能得以显现。2002—2014年改革开放已经进行了整整一代人的时间,其间不仅见证了中国经济年均10.7%的GDP增长奇迹,而且见证了成长于改革开放之后的"80后"从成年走向社会中坚力量的过程。这段时期年龄效应(age effects)、时期效应(period effects)和世代效应(cohort effects)的混合为中国公众民主观念研究提供了难得的"准实验设计"(quasi-experimental design)。其次,作为整个改革开放时期的缩影,2002—2014年集中反映了改革开放以来中国社会的巨变。2002年召开的党的十六大提出全面建设小康社会的战略目标并将"三个代表"写入党章,随后中国共产党又提出科学发展观、建设和谐社会等目标,标志着改革开放进入了加快发展方式转变和经济结构调整、深化重点领域和关键环节改革的新时期。在这段时期内,国家以改善民生为出发点,相继出台了全面取消农业税、全面实现免费义务教育、实现基本医疗保障制度全覆盖等社会福利政策。尤其是2008年全球金融危机之后,政府进一步加大对国民经济的宏观调控力度。与此同时,2002—2014年中国的对外开放水平不断提高,尤其是2001年12月11日正式加入WTO以后,中国全方位融入经济全球化的进程明显加速。更加引人瞩目的是互联网的迅猛发展,2002年全国只有5910万网民,而2014年底该数字已经达到6.59亿,互联网普及率超过50%,无论是互联网应用的广度还是深度,中国在各项观察指标上都已经成为名副其实的互联网"超级大国",互联网的开放性、无边界性进一步深化了中国的对外开放程度。最后,2002—2014年积累了高质量的全国代表性调查数据。尽管此前各级政府、各类学术机构也开展过一些涉及民主观念的民意调查[①],但以民主观念为核心研究主题的大规模、结构化、历时性的社会调查主要集中在2002年之后,而且在研究设计、抽样方法、测量指标及数据质量等方面有巨大进步,与此前相比,数据呈现出更好的信度与效度。

---

① 比如1987年闵琦牵头完成的"中国公民政治心理调查"、1989年张明澍牵头完成的"中国公民政治素质调查"均以民主观念为重要研究主题,为分析公民政治心理提供了宝贵资料,参见闵琦:《中国政治文化——民主政治难产的社会心理因素》,昆明:云南出版社1989年版;张明澍:《中国"政治人":中国公民政治素质调查报告》,北京:中国社会科学出版社1994年版。

尽管研究中国公众民主观念具有十分重要的理论与现实意义，但目前关于该问题的实证分析尚显缺乏，许多研究者在"中国人的民主观是什么""为什么中国人会形成这样的民主观"等问题上存在不少想当然的、似是而非的判断，系统的、科学的实证研究凤毛麟角。本书试图从事实与解释两个层面入手，对中国公众的民主观念的以下六个主要问题进行实证分析：

一是内容特征。民主观念是人们对民主最本质内容、最核心特征的界定，因此内容特征是公众民主观念最关键的分类标准。那么，在中国公众眼中民主的本质内容是什么？从整体的角度来看，基于何种内容的民主观念占据主导地位？除了主导型民主观念之外，中国公众的民主观念还有哪些类型？不同类型的民主观念又按照何种比例分布？

二是变化趋势。倘若仅仅基于静态视角进行横截面分析而缺乏动态视角的纵向比较，民主观念研究便失去了时间参照坐标。事物是普遍发展的，与其将公众民主观念当作摆在博物馆橱窗里供人观赏的展品，毋宁将它视为一条不断流动的溪流。在揭示了中国公众的民主观念的结构性特征之后，研究者要继续追问的是：这些特征是一直存在，还是逐渐形成的？是一成不变，还是不断变化的？如果是不断变化的，那么变化的趋势和方向是什么？

三是社会分布。倘若仅仅基于整体视角进行宏观研究而缺乏部分视角的微观考察，难以支撑细致和深入的民主观念研究。中国公众的民主观念究竟是处于铁板一块的状态，还是高度分化的？具体来说，不同身份（比如性别、职业、年龄、教育程度、社会阶层、政治代际、政治面貌、城市与农村、东部沿海与中西部）的个体在民主观念上是否存在差异？如果存在，差异的程度究竟如何？差异的背后又呈现出何种规律？

四是国际比较。倘若仅仅基于本土视角进行个案分析而缺乏国际视角的横向比较，民主观念研究则失去了空间参照坐标。中国公众民主观念所呈现的特征究竟是普遍的（universal）、特殊的（unique），还是典型的（typical）？换言之，这些特征哪些为中国与其他国家所共有，哪些为中国独特、独创和独有，哪些典型地代表了某种类型或规律？那些具有典型性的特征所反映的究竟是特定现代化发展阶段、特定政治制度抑或是特定政治文化对公众民主观念的影响？上述问题只有在国际比较中才能得以甄别和分辨。

五是形成原因。如果说上述四个问题均属于事实层面的描述性（descriptive）问题，那么研究者在对中国公众民主观念形成轮廓式、素描式、全景式的基本认识之后，需要继续探寻解释性（explanatory）问题的答案。作为因变量，中国公众民主观念受到哪些因素的影响？具体来说，是哪些因素决定着中国公众民主观念的基本特征？是哪些因素导致了中国公众民主观念的个体间差异？又是哪些因素带来了中国公众民主观念的变化？

六是政治后果。一项完整的研究还应该以民主观念为自变量，揭示民主观念的差异将带来什么样的政治影响。从微观层面来看，不同的民主观念将如何影响个体的政治态度和政治行为？从宏观层面来看，公众民主观念的态度后果和行为后果又会对中国特色社会主义政治发展产生何种影响？

第三节 研究路径与方法

尽管从事政治思想史（intellectual history）、观念史（history of ideas）、概念史（conceptual history）研究的学者也经常论及民主观念，但他们的关注对象往往集中于精英尤其是思想家，研究工具侧重经典文本。① 民主观念研究的这种规范路径（normative approach）源于德国文化哲学和法国社会学的传统②，它致力于通过建构的（constructive）、阐释的（interpretive）思辨研究回答"民主应当是什么"的应然问题。与之相对应，公共舆论（public opinion）

---

① 相关研究参见金观涛、刘青峰：《观念史研究：中国现代重要政治术语的形成》，北京：法律出版社 2009 年版；闾小波：《近代中国民主观之生成与流变》，南京：江苏人民出版社 2012 年版；黄克武：《近代中国转型时期的民主观念》，见许纪霖等编：《现代中国思想的核心观念》，上海：上海人民出版社 2011 年版；童世骏：《中国现代思想史上的"民主"观念：一个以李大钊为主要文本的讨论》，见杨国荣主编：《中国现代化进程的人文向度》，上海：华东师范大学出版社 2006 年版。

② 德国文化哲学认为人类的知识来源于人类精神的内在或主观的能力而非外部世界，其代表性研究当属马克斯·韦伯在《新教伦理与资本主义精神》中对世界主要民族的精神文化气质与社会经济发展之间的内在关系的探讨。法国社会学则强调从宏观的社会背景理解各国政治文化的差异，进而理解政治制度的差异，代表性研究当属孟德斯鸠在《论法的精神》中对地理环境、气候、财富、人口、商业、宗教、习俗等与一国政治制度关系的阐释，以及托克维尔在《论美国的民主》中对构成美国民主制度社会基础条件的"民情"的论述。参见［美］迈克尔·布林特：《政治文化的谱系》，卢春龙等译，北京：社会科学文献出版社 2013 年版。

范畴下的民主观念研究以普通民众为分析对象,以调查问卷为主要研究工具。民主观念研究的实证路径(empirical approach)源于美国政治科学,其兴起得益于20世纪六七十年代以来概率抽样、问卷调查、数据统计等实证研究技术的成熟及在民意研究中的广泛应用。与规范路径侧重"价值判断"不同,实证路径遵循"价值中立"(neutral value)的原则,属于描述的(descriptive)、解释的(explanatory)实证研究,利用质性(qualitative)与定量(quantitative)相结合的研究方法回答"公众认为民主是什么"的实然问题(见表1.2)。

表1.2 民主观念的研究路径

领域	规范路径	实证路径
研究范畴	思想史、观念史	公共舆论
研究对象	精英、思想家	大众、民众
研究属性	思辨研究	质性研究、定量研究
研究取向	建构、阐释	描述、解释
研究问题	应然问题	实然问题
研究工具	经典文本	调查问卷
研究立场	价值判断	价值中立
研究传统	德国文化哲学、法国社会学	美国政治科学

本书对公众民主观念的研究遵循实证路径,在逻辑过程上运用"假说—演绎"(hypothetico-deductive)方法,通过经验观察、事实归纳提出问题和解释问题的假说,然后根据假说进行演绎推理,最后利用数据检验演绎推理的结论。当然,有效的假设检验依赖于实证方法的合理运用。根据本书的整体目标及其在各个章节的不同侧重,笔者将综合运用丰富的研究手段和多元化的分析技术,以混合研究方法(mixed method)多维度地展现研究结论。

一是宏观分析与微观分析的混合。同社会科学的许多其他现象一样,中国公众的民主观念不仅受到个体层面微观变量的影响,同时受到其隶属的环境变量的影响,既呈现出个体差别,也呈现出基于群体的异质性。只有将宏观分析与微观分析结合起来,才能从方法上避免"生态谬误"(ecological fallacy）和"简化论"（reductionism）的误区。① 因此，本书将宏观分析与微观分析相结合，重点探讨个体民主观念与群体民主观念的联动。

二是静态分析与趋势分析的混合。对横截面数据的静态分析可以描绘中国公众民主观念基本面貌，但如果研究者就此止步，不把"时间"纳入分析框架，则可能犯"刻舟求剑"的错误。为了厘清中国公众民主观念的历时性变化，笔者将利用2002—2014年多个不同时间节点的全国代表性数据构建"趋势数据"（trend data），对民主观念进行动态考察。与静态研究相比，趋势研究的核心优势有三：一是可以在每个时点上利用横截面数据推论总体；二是可以进行时间维度上的变化趋势研究；三是可以结合时间序列分析、倾向值匹配等方法更加准确地测定"因果序"，从而对民主观念的变化提出更加科学的解释。②

三是个案研究与比较研究的混合。尽管本书属于个案研究的范畴，但在具体的分析过程中将大量运用比较方法。比较是最基本也是最有效的实证分析方法，合理的比较有助于对研究对象的本质和规律作出科学判断。在本书中，笔者将利用横截面数据对公众民主观念的内容特征、社会分布进行内部比较；利用纵贯数据对公众民主观念的变化趋势进行历时比较；利用跨国数据对公众民主观念进行国际比较，通过多维度的比较研究深化对中国公众民主观念"同质性"与"异质性"、"稳定性"与"嬗递性"、"普遍性"与"特殊性"的理解。

四是定量研究与定性研究的混合。实证路径除了保留观察实验、收集经验资料等特点，还保留了重视逻辑思维演绎推理的特点。在对客观数据的定量分析之外，实证研究还必须依托完善的理论框架和缜密的论证逻辑，否则定量分析和统计模型就会变成毫无意义的"数字游戏"。本书将提出公众民主观念的整合性分析框架，通过定量研究与定性研究的混合实现理论、事实与

---

① 生态谬误也称"区群谬误"，指社会研究中研究者用集群的分析单位进行研究，而用非集群的分析单位作结论，即将群体的结论简单地应用到个体身上；简化论也称"简约论"，指研究者用个体层面的资料来解释宏观层次的现象。避免这两种错误的关键在于保证结论的分析单位与分析过程相一致。

② 参见［美］艾尔·巴比：《社会研究方法》，邱泽奇译，北京：华夏出版社2009年版，第104—108页。

数据的对接。

五是描述性研究与解释性研究的混合。对中国公众民主观念的完整认识必须解决"是什么""为什么"和"怎么办"三个问题。"是什么"是事实层面的问题，牵涉个体民主观念与其他特征变量之间的相关关系（correlation），属于描述性研究的范畴；"为什么"和"怎么办"是因果层面的问题，属于解释性研究的范畴。本书将把描述性研究与解释性研究相结合，一方面对中国公众民主观念的事实特征进行深入和细致的描述，另一方面在厘清其内容特征、社会分布、变化趋势、国际比较的基础上，分析其形成原因、探讨其政治影响，从而形成涵盖自变量和因变量的完整因果链条。

第四节　本书的章节安排

本章从选题的角度介绍了研究的背景与意义、核心概念与问题、研究路径与方法。第二章"研究设计：理论框架、数据来源和测量指标"是对本书理论框架、数据来源和测量指标的说明。首先，在综述民主观念的理论分歧和现实争议的基础上，提出中国公众民主观念"类型—成因—影响"的整合性分析框架；其次，介绍本研究的数据来源，对历次调查的抽样方法、实施过程、有效样本量和完成率等信息进行交代与说明；最后，在对西方学者构建的测量指标提出批评的基础上，介绍本书所使用的公众民主观念测量指标。

第三章"结构、变迁与比较：中国公众民主观念的多元考察"是对中国公众民主观念基本事实的描述性研究。首先，在内容特征方面，笔者将利用探索性潜在类别分析方法揭示中国公众民主观念"多维复合"的内容特征；其次，在变化趋势方面，笔者将通过对不同时间节点调查数据的比较，描述2002—2014年间中国公众民主观念的变化趋势并总结其规律；再次，在社会分布方面，笔者将运用列联表、分组求平均值等统计方法呈现不同性别、年龄、代际、阶层、地域公众的民主观念之间的异同并归纳其身份效应；最后，通过全球比较，笔者将利用统一研究框架和问卷设计下的调查数据揭示中国公众民主观念"在普遍与特殊之间"的"典型性"并分析其背后的规律。

第四章、第五章为中国公众民主观念因果机制的解释性研究。第四章"理性、文化与教化：中国公众民主观念的成因"将基于"现代化"的理性视角、基于"政治文化"的文化视角和基于"政治社会化"的教化视角，运用定性与定量相结合的分析方法对中国公众民主观念的形成原因进行探讨。第五章"观念、态度与行动：中国公众民主观念的影响"以网民样本为研究案例，旨在解释不同的民主观念对个体政治行动者的政治态度（政治信任）和政治行为（非制度化政治参与）的影响，进而揭示公众民主观念对于中国政治发展的重要意义。具体章节安排如图1.1所示：

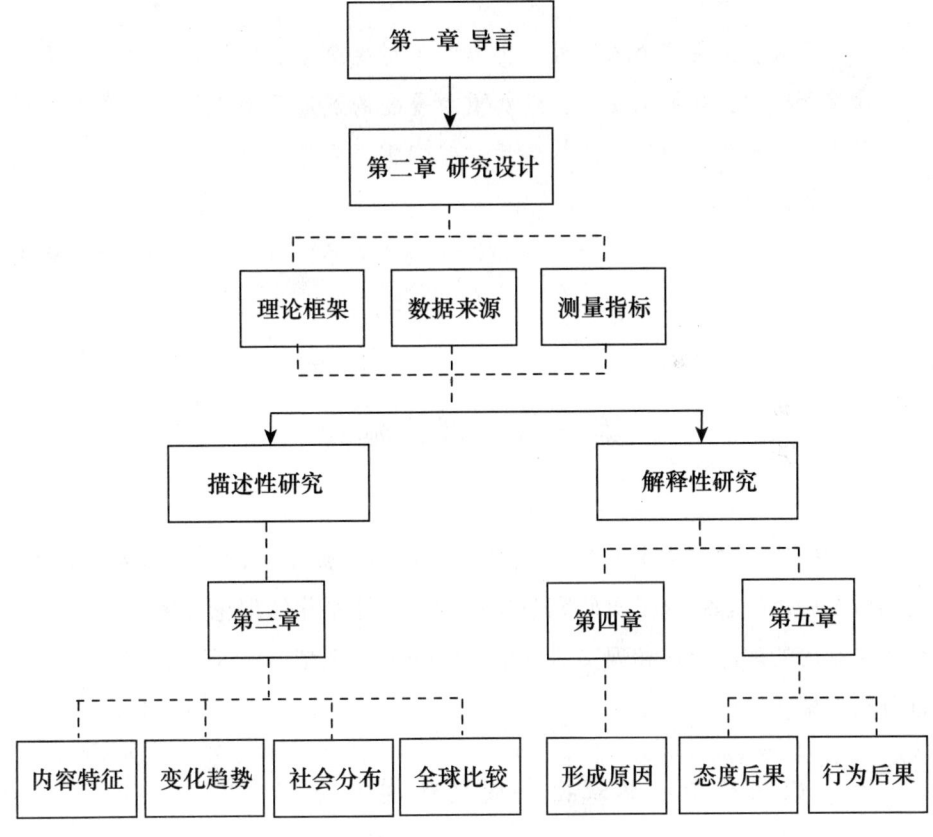

图1.1 本书的章节安排

第二章 研究设计：理论框架、数据来源与测量指标

> 今天，民主这个词已经变得非常不堪重负了。它饱渗着感情，又为激情所光耀，被拖来曳去，还被重重叠叠的混淆不清所压倒。要将它拯救出来作为我们理解政治的帮手，我们需要穿越巨大的历史来构想我们的道路。
>
> ——约翰·邓恩

第一节 理论框架

理论框架包含着对研究对象的概念、内容、类型、特征、趋势、规律、成因以及后果的总结，是对研究对象结构化、体系化的理论思考。本节从公众民主观念的理论分歧和现实争议出发，提出"类型—成因—影响"的整合性分析框架。

一、民主观念：从理论分歧到现实争论

公众对民主的认知与理解从根本上牵涉人们对"谁统治""如何统治"等政治哲学问题的回应，因此研究公众民主观念的首要工作就是从民主思想演变的历史进程中追溯其当代争论的理论背景。当代政治学者一般将民主的

第二章 研究设计：理论框架、数据来源与测量指标

源头追溯到古希腊，但事实上，民主早在人类发端的远古时期就已经初露萌芽。人类学家摩尔根认为，"政治的萌芽必须从蒙昧社会状态中的氏族组织中寻找，然后顺着政治制度的各种演进形态，下推到政治社会的建立"①。在《古代社会》一书中，摩尔根对北美、古希腊和古罗马地区的原始社会的组织制度和政治观念进行了详尽的考察，其结论是从氏族成员共同推举或罢免氏族首领、酋帅，到通过部落会议作出集体决定，都表明原始的民主形态在氏族社会就已经存在。不过，氏族社会的民主制毕竟是"前国家时代"或者说"前政治时代"的一种社会组织形态。正如恩格斯在《家庭、私有制和国家的起源》中所指出的那样，"在联合为民族的德意志各部落中，也曾发展出像英雄时代的希腊人和所谓王政时代的罗马人那样的制度，即人民大会、氏族酋长议事会和已在图谋获得真正王权的军事首长。这是氏族制度下一般所能达到的最发达的制度；这是野蛮时代高级阶段的典型制度。只要社会一越出这一制度所适用的界限，氏族制度的末日就来到了；它就被炸毁，由国家来代替了。"②到了原始社会末期，随着社会生产力的提高，农业、手工业、商业进入分工发展阶段，土地私有化、贫富差距、奴隶制度开始形成，不同氏族和部落间的人们也开始了交流和杂居，原始社会以经济公有制为基础的生产方式和以血缘关系为纽带的氏族制逐渐瓦解。

当雅典人建立以地域和财产为基础的城邦（polis）时，国家这种全新的政治组织便取代了原始氏族社会，民主制度也随之进入了新的发展时期。雅典的城邦民主肇始于公元前6世纪初的梭伦改革，经由克里斯提尼改革和伯利克里改革臻于成熟，并于公元前5世纪中期进入鼎盛时期，民主的概念也正是在这个时候应运而生。在希腊语中，民主一词由demos（人民）和kratia（统治、权威）构成，其基本意义就是"人民的统治"（the rule by the people）。当然，这里的人民并不是指城邦的全体成员，而是排除了奴隶的自由人、公民。在雅典民主制下，公民大会是城邦的最高权力机构，凡是年满20周岁的雅典公民均享有定期参加公民大会并通过直接讨论和投票表决来作出

---

① [美] 路易斯·亨利·摩尔根：《古代社会》，杨东莼等译，北京：商务印书馆1997年版，第5页。

② 《马克思恩格斯选集》第4卷，北京：人民出版社2012年版，第162页。

政治决定的权利。

尽管在亚里士多德的政体类型学中并没有民主政体的概念①，但无论"正宗"的共和政体还是"变态"的平民政体都是"多数人统治"的实现形式。作为对雅典城邦特定政体形式的经验化概括，民主仅仅是一个描述性的概念，并不包含任何正当性基础的含义。根据约翰·邓恩（Jonh Dunn）对民主观念发展历程的研究，在民主的概念产生之后长达两千多年的时间里，它实际上都是一个带有贬义色彩的词汇，尤其是对于柏拉图、霍布斯、联邦党人、尼采、莫斯卡等精英主义思想家而言，民主往往与"暴民"（mob）、"多数暴政"（tyranny of the majority）等联系起来。苏格拉底以"渎神"和"蛊惑青年"的罪名被"民主地"判处死刑，更是被普遍视为古典时代直接民主的"原罪"。直到近代启蒙运动尤其是法国大革命之后，民主通过与自由、人权等概念进行价值"捆绑"，才得以逐渐摆脱狼藉的声名，最终变成了"充满普世性魅惑的终极政治赞誉"②。

在上述过程中，民主一词发生了"概念延展"（conceptual stretching），即概念的内涵与外延均超出了其原初的指代范畴。对此，约翰·邓恩曾有一个形象的比喻："当其穿越时空的时候，民主这个词从来不会孤身上路。随着最近的两个世纪过去，它拥有了越来越多的良朋佳友，除了'自由''人权'之外，现在也许甚至还有了'物质繁荣'与其作伴——至少它如此自诩。"③既然难以否认自由、人权、物质繁荣的美好价值，那么民主作为这些价值的"良朋佳友"，其"合法性"也似乎不言自明了。但仔细想想，我们不难发现问题所在：在民主"自诩"代表的价值之间，即便谈不上对立，至少也存在优先序的排列组合。那么，民主究竟实现了与哪些价值的融合？对此，政治

---

① 亚里士多德根据"统治者人数的多寡"和"统治是否以城邦的善为宗旨"这两个基本维度对 158 个城邦国家进行了经验比较，将政体类型划分为"君主制""贵族制""共和制"等三类正宗政体和"僭主制""寡头制""平民制"等三类变态政体，以及在这六大类政体下的若干"亚类型"。参见曾毅：《政体新论：破解民主—非民主二元政体观的迷思》，北京：中国社会科学出版社 2015 年版，第 23—30 页。

② [美] 约翰·邓恩：《让人民自由：民主的历史》，尹钛译，北京：新星出版社 2010 年版，第 2 页。

③ [美] 约翰·邓恩：《让人民自由：民主的历史》，尹钛译，北京：新星出版社 2010 年版，第 5 页。

第二章　研究设计：理论框架、数据来源与测量指标

思想家们基于不同价值"元叙事"（meta-narrative）提出了异彩纷呈的民主理论，而这些令人眼花缭乱的理论进一步放大了民主的概念复杂性。正如达尔所说，"并没有一种真正的民主理论，而只有各色各样的民主理论"①，近代以来思想家们关于民主观念的理论分歧可以概括为最小化（minimal）和最大化（maximal）两条路径。

最小化路径秉承约翰·洛克（John Locke）、联邦党人、约翰·密尔（John S. Mill）等古典自由主义思想家的理论传统。之所以称之为"最小化"路径，是由于该路径仅仅把民主视为一种"政治方法"（political method）或"游戏规则"，而并未赋予民主本身更多的理想或价值，因此张灏先生也将这种民主观念称为"低调民主观"②。基于对私人领域和公共领域的清晰划分，最小化路径将民主视为保障公民个人基本权利免于国家强制和他人侵犯的政治制度。由于主要关注点在于对公民"消极自由"的保护，最小化路径将民主的适用范围严格地限定在政治领域，尤其强调宪政、三权分立和权力制衡等政治程序对民主的重要性。到了20世纪，这种相对"有限"和"弱势"的民主观念经过约瑟夫·熊彼特（Joseph Schumpeter）等人的进一步改造，成为奉代议制、竞争性选举等为制度圭臬的"程序民主"（procedural democracy）理论，其对民主的经典定义是"为了达到政治决定的一种制度上的安排，在这种安排中某些人通过竞取人民的选票而得到作出决定的权力"③。与之相对，最大化路径秉承的则是古典共和主义的思想传统，从卢梭的人民主权理论和社会契约理论出发，最大化路径强调民主在赋予政治体制合法性以及实现公民"积极自由"上的重要功能。④ 在这种相对"全面"和"强势"的民主观念看来，最小化路径的精英主义立场导致了民主的"形式化""空心化""虚伪化"，过度简化的定义使民主沦为一种政治形式而丧失了实质内容。作为对

---

① ［美］罗伯特·达尔：《民主理论的前言》，顾昕等译，北京：生活·读书·新知三联书店2000年版，第2页。
② 参见张灏：《幽暗意识与民主传统》，北京：新星出版社2006年版。
③ ［美］约瑟夫·熊彼特：《资本主义、社会主义与民主》，吴良健译，北京：商务印书馆1999年版，第337页。
④ 参见［美］道格拉斯·拉米斯：《激进民主》，刘元琪译，北京：中国人民大学出版社2008年版。

"程序民主"的价值纠正与内容补充,最大化路径主张通过直接民主、参与民主等民主形式复活民主本身的内涵。① 到了马克思那里,最大化路径对"实质民主"(substantial democracy)的追求则从政治领域进一步延伸至社会经济领域②,将生产力发展、社会平等、物质丰裕、经济繁荣等社会经济内容和"每个人的全面而自由的发展"视为民主的应有之义,形成了更加"激进"和"彻底"的社会主义民主理论,并对资产阶级民主观念提出了猛烈批判。③

最小化与最大化两条泾渭分明的民主理论路径曾引起许多理论家的注意。比如,黑格尔就曾敏锐地指出西方民主思想中存在一种"功利主义的、原子式的社会工程"(uilitarian, atomistic social engineering)以及一种"经由实现共同意志达成绝对的自由"(the drive to absolute freedom through the realization of the general will)之间的对立。④ 哈贝马斯将这种分歧概括为"自由主义民主"与"共和主义民主"之争⑤;奥菲将其归纳为民主的"英美传统"和"法国传统"⑥;达尔则将其概括为"麦迪逊式民主"与"平民主义民主"的分歧⑦。类似地,萨托利从层次的角度将两条路径下的民主区分为"微观民主"与"宏观民主"⑧;麦克弗森则从功能的角度将其区分为"保护型民主"与"发展型民主"⑨;还有学者提出了"个性型民主"与"共性型民主"⑩、

---

① 参见[美]卡罗尔·佩特曼:《参与和民主理论》,陈尧译,上海:上海人民出版社2006年版。
② 参见[美]亚当·普热沃尔斯基:《资本主义与社会民主》,丁韶彬等译,北京:中国人民大学出版社2012年版。
③ 参见[美]本杰明·巴伯:《强势民主》,彭斌等译,长春:吉林人民出版社2006年版。
④ 参见 Charles Taylor. 1999. *Hegel and Mordern Society*. Cambridge:Cambridge University Press, p130. 转引自黄克武:《近代中国转型时代的民主观念》,见许纪霖等编:《现代中国思想的核心观念》,上海:上海人民出版社2011年版,第465页。
⑤ 参见:[德]哈贝马斯:《公共领域的结构转型》,曹卫东等译,上海:学林出版社1999年版。
⑥ Cause Offe et al. 1990. "Democratic Institutions and Moral Resourses." in David Held, ed., *Plotical Theory Today*. Stanford:Stanford University Press, pp. 152 – 253.
⑦ 参见:[美]罗伯特·达尔:《民主理论的前言》,顾昕等译,北京:生活·读书·新知三联书店2000年版。
⑧ [美]乔万尼·萨托利:《民主新论》,冯克利等译,北京:东方出版社2009年版,第33页。
⑨ Macpherson, Crawford B. 1977. *The Life And Times of Liberal Democracy*, Oxford:Oxford University Press.
⑩ 燕继荣:《两种民主观和民主理念的现代性变革》,载《学习与探索》,2002年第2期。

"代议型民主"与"代表型民主"① 等不同的划分方式（见表2.1）。

表 2.1 民主观念的划分方式

	最小化路径	最大化路径	代表学者
思想传统	功利主义	共同意志	黑格尔
	资本主义	社会主义	马克思
	自由主义	共和主义	哈贝马斯
	洛克传统	卢梭传统	罗素
	麦迪逊式	平民主义	达尔
	英美传统	法国传统	奥菲
适用范围	政治领域	社会经济领域	普沃斯基
核心特征	弱势民主	强势民主	巴伯
	消极民主	激进民主	拉米斯
	精英民主	大众主义	熊彼特
	微观民主	宏观民主	萨托利
	低调民主	高调民主	张灏
	程序民主	实质民主	杨光斌
	个性型民主	共性型民主	燕继荣
	保护型民主	发展型民主	麦克弗森
实现方式	间接民主	直接民主	卢梭
	代议制民主	代表制民主	王绍光
	选举民主	参与民主、治理民主	佩特曼、卡蓝默

"二战"结束尤其是冷战开始之后，随着以美国为代表的西方国家不遗余力地对自由民主进行意识形态宣传，"最小化路径"的民主观念逐渐在社会科学话语体系中取得了宰制性地位。不过尽管如此，理论界关于民主观念的争论并未终结，分歧依旧存在。究其原因，在于民主属于"本质可争议概念"（essentially contested concept）。从语言哲学的角度来看，语言的"能指"和"所指"之间的联系具有任意性。"民主"这种抽象概念是人们创造出来表达需求的，在这个词之外本来就不存在一个所谓客观的对应实体。当人们使用

---

① 王绍光：《代表型民主与代议型民主》，载《开放时代》，2014年第2期。

"民主"二字的时候,无非是虚构出韦伯式的"理想类型"(ideal type),利用这一概念来讨论问题。所以,当我们要给民主下定义时,要么诉诸观念史,即历史上人们造这个词时是想表达什么;要么诉诸规范,即我们应该如何理解这个观念才是更"善"(道德主义)或更"好"(功利主义)的,所以避开实质问题去纠缠所谓的"概念"明显是不妥的。由于很多研究者没有受过语言哲学、分析哲学的训练,常把"实质"问题不知不觉转换成"语义"问题,结果导致民主的应然与实然、描述与修辞、历史事实与意识形态全部扭成一团,不仅概念含混不清,连问题本身也变得无法讨论了。沃尔特·盖里(Gallie)曾深刻地指出,由于民主兼具理论多元(theoretical pluralism)和结构复杂性(structural complexity)的特征,因此其概念存在开放的、竞争的解释空间,民主观念背后涉及不同的价值判断,是没有所谓"客观标准"或"正确答案"的争论,从这个角度看,试图寻求所有人一致认同或接受的民主观念可谓徒劳。[①] 鉴于此,与其拘囿于"应该如何认识民主"这类形而上争论,毋宁将研究重点转向"人们实际上是如何认识民主的"这类实证性问题。

与作为"观念学"的民主观念研究相比,作为"经验科学"的民主观念研究具有更加实际的意义。与理论上的"本质争议性"相对应,公众的民主观念在现实中也大相径庭,呈现出能力、价值和内容三个维度的差异。首先,现实中有些人不仅能够捕捉民主的抽象原则,而且能够考虑到民主的实践模式、制度属性甚至限制条件,从而形成完整、系统和复杂的民主观念,另一些人的民主观念则相对零散、片面、简单,还有一些人则根本不具备明确的民主观念;其次,虽然公众的民主观念主要是指其对民主定义的认知,但事实上不可避免地会涉及价值判断,当人们谈论民主时有些人认为它是个好东西,有些人则持负面看法,认为民主会带来各种各样的问题,当然也有人持中间立场;最后,与"最大化"和"最小化"路径的理论分歧一脉相承,有些人会强调民主作为观念本身的"理性价值",另一些人则强调民主作为政治制度的经济社会功能,亦即"工具价值"(见图2.1)。既然民主观念不仅存

[①] Gallie, Walter B. 1956, "Essentially Contested Concepts", *Proceedings of the Aristotelian Society*, 56: 167-198.

在理论分歧，而且在公共舆论中也难以统一，那么我们自然要问：公众民主观念的实际情况是什么样的？它都有哪些典型类型？是哪些因素导致了公众民主观念的差异？这些差异对个体的政治态度、政治行为乃至整个政治体系的维持和运转有哪些影响？现有研究从不同的角度给出了回答。

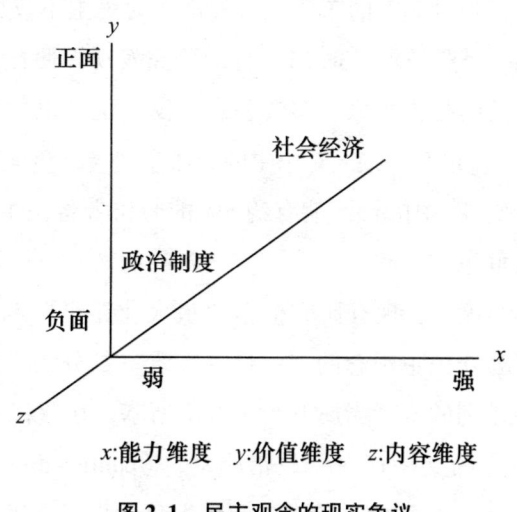

图 2.1 民主观念的现实争议

二、公众民主观念的类型：超越"程序—实质"二分法

在类型学（typology）研究方面，现有研究往往从特定理论假设出发对公众民主观念进行分类并描述公众民主观念在能力、价值和内容维度上的特征。

首先，在能力维度上，现有研究指出并不是所有公众都具备明确的民主观念，该比例存在明显的国别差异。比如卡里翁（Carrioón）根据2006—2007年的拉美调查数据指出，从最低的巴拉圭（54%）到最高的乌拉圭（90%），平均约有75%的拉美民众具备明确的民主观念，而该比例在同期的加拿大约为85%，在美国则高达92%。[①]布拉顿（Bratton）等对1999年非洲民主动态调查数据分析发现，从最低的纳米比亚（54%）到最高的马拉维（88%），

---

① Carrioón, "Illiberal Democracy and Normative Democracy: How is Democracy Defined in the Americas." In Mitchell A. Seligson, ed., *Challenges to Democracy in Latin America and the Caribbean: Evidence from the Americas Barometer* 2006–07, USAID, 2008.

在撒哈拉以南的非洲国家具备明确民主观念的民众比例约为71%。①

其次,在价值维度上,现有研究普遍认为多数公众倾向于赋予民主正面价值,但在强度上存在差异。英格尔哈特等基于对世界价值观调查的跟踪研究指出,人们的民主观念中往往包含"民主是个好东西"的价值判断。②朱云汉等的研究发现,超过2/3的东亚受访者都认为民主不仅可欲(desirable)而且合适(suitable)。③贾马尔(Jamal)等的研究发现即便在伊斯兰教传统观念强大、政教合一的阿拉伯国家,多数公众的民主定义也包含了大量的积极评价。④但与此同时,也有一些人对民主的看法是消极、负面的,比如辛道辙(Shin)的研究发现,在中国台湾就有约5%的受访者将民主同"混乱""低效率"等负面词汇联系在一起。⑤

最后,在内容维度上,现有研究根据"最大化路径"与"最小化路径"的理论分野提出了公众民主观念的"程序—实质"二分法。较早注意到公众民主观念存在上述差别的学者当属亚当·普沃斯基,在《民主与市场》一书中他指出人们对民主的支持存在"政治驱动"(politics-driven)与"绩效驱动"(performance-driven)两类,前者强调作为政治程序的民主对于公民自由和政治权利的保障作用,后者则更加重视民主的物质回报功能。⑥循着该思路,布拉顿等将公众的民主观念划分为"本质型"(intrinsic)和"工具型"(instrumental)两类,在对撒哈拉以南非洲国家的调查中,他们发现两种民主观念并存,当被询问到"你认为民主最重要的特征是什么"时,69%的非洲受访者提到了投票、选举等政治程序,17%提到了和平与统一、社会经济发展、

---

① Bratton, Michael, Robert Mattes. 2001. "African's Surprising Universalism", *Journal of Democracy*, 12 (1): 107 – 121.

② Ronald Ingelhart, *Modernization, Cultural Change and Democracy*, New York and Cambridge: Cambridge University Press, 2005.

③ Yun-han Chu, Larry Diamond, Andrew J. Nathan, and Doh Chull Shin, eds, *How East Asians View Democracy*, New York: Columbia University Press, 2010.

④ Amaney A. Jamal, Mark A. Tessler, "Attitudes in The Arab World", *Journal of Democracy*, Vol. 19, No. 1, 2008, pp. 97 – 110.

⑤ Doh Chull Shin, "How East Asians Understand Democracy: From A Comparative Perspective", Western Political Science Association Annual Meeting, 2011.

⑥ 参见[美]亚当·普沃斯基:《民主与市场:东欧与拉丁美洲的政治经济改革》,包雅钧等译,北京:北京大学出版社2005年版。

●第二章 研究设计：理论框架、数据来源与测量指标●

平等和正义等实质结果。他们据此认为"程序型"民主观念在非洲更为流行，而且认为只有这种"政治范畴"的民主观念才能带来稳定的民主支持，其理由在于"如果人们把物质上的好处作为支持民主制度的理由，那么这种支持随时可能随着经济的下滑而撤销"。① 与之类似，法雷斯·布雷扎特（Braizat）对 1999—2008 年阿拉伯国家和地区的研究同样采取"程序—实质"二分法，发现绝大多数受访者会把民主与公民自由和政治权利联系在一起，只有 11% 左右的受访者将民主视为社会经济发展，他由此得出的论断是：尽管存在"实质型"民主观念，多数公众仍然能够很清楚地分辨出民主的"政治之维"（political anchor of democracy）。② 理查德·罗斯（Rose）等对俄罗斯和东欧国家的研究也认为，与物质回报（material delivery）相比，公众更倾向于把民主视为对基本政治权利的保障。③ 在"程序—实质"二分法（dichotomy）的类型学框架下，一些研究者对公众民主观念的内容进行了更加精细的分类。威尔泽（Welzel）在对世界价值观调查的研究中识别出自由型、社会型、民粹型与威权型四类民主观念，并提出了程序型民主观指数的计算方程。④ 巴维卡（Baviskar）等则将公众民主观念划分为公民自由、政治权利、政府责任等三类"手段"（means）以及平等、社会权利、政策影响力、代表性、集体安全、政治清明等六类"目的"（ends）。⑤

仔细分析不难看出，尽管标榜"价值中立"，但"程序—实质"二分法实际上存在明显的价值偏见，即片面强调"最小化路径"的民主观念的"主流"地位和正确性，最典型的表现就是多数秉持"程序—实质"二分法的研究者认为与自由权利和政治程序相比，经济发展、社会福利等是民主观念的"次要主题"（minor theme）。当然，也有人对自由民主的"乐观主义"（op-

---

① Bratton, Michael, Robert Mattes. 2001. "Support for Democracy in Africa: Intrinsic or Instrumental?", *British Journal of Political Science*, 31 (3): 447 – 474.
② Braizat, Fares. 2010. "What Arab Think", *Journal of Democracy*, 21 (4): 131 – 138.
③ Rose, Richard, William Mishler and Christian Haerpfer. 1998. Democracy and Its Alternatives: Understanding Post-Communist Societies, Baltimore: Johns Hopkins University Press.
④ Welzel, Christian. 2011. "The Asian Values Thesis Revisited: Evidence From the World Value Survey", *Japanese Journal of Political Science*, 12 (1): 1 – 31.
⑤ Baviskar, Siddhartha, Mary Fran T. Malone. 2004. "What Democracy Means to Citizens and Why It Matters", *European Review of Latin American and Caribbean Studies*, 76: 3 – 23.

timism)、"必胜论"（triumphalist）提出怀疑和挑战。比如史天健对中国人民主观念的研究发现，仅有1/4左右的调查对象是按照自由主义传统的程序型定义来理解民主的，比起怎样组建政府，中国公众更关心政府的实际表现如何，民本主义、精英统治等"儒家思想的影子"（the shadow of confucianism）仍然在很大程度上决定着中国人对民主内容的理解。① 朱云汉等的研究也表明，不管受访者对社会经济治理绩效和民主价值的评价取向如何，持"程序型"民主观念的人在东亚国家和地区都是少数。② 此外，还有研究者认为不同的民主观念之间并不总是存在泾渭分明的界限，在现实中公众民主观念的内容往往以混合形态呈现。比如谢德勒（Schedler）对墨西哥的研究发现，只有13.6%的受访者是明确的"程序型"民主的支持者，其他大多数人对民主观念的内容都处于模棱两可的状态。③ 索萨等通过调查发现，受访者在同一份问卷中的民主观念也可能存在矛盾，比如在南亚虽然笼统地表示支持民主的受访者比例高达92%，但其中有相当一部分同时表示可以接受威权统治、军人干政或专家治国，经过层层筛选与过滤，最后只有9%左右的人清晰地表现出"程序型"民主观念。④ 鉴于此，有学者指出与"程序型"和"实质型"内容的"多"与"少"相比，公众民主观念更大的区别存在于内容的"有"与"无"之间。⑤ 目前，多数研究对民主观念的缺失值要么忽略不计、要么采取插补法赋值，但此类处理方式有可能遮蔽重要信息，因为"不知道"本身就是民主观念在能力维度上的一种特殊体现。作为对上述弊端的纠正，道尔顿（Dalton）在对47个政体的比较研究中将公众民主观念的内容划分为自由权利（freedom and rights）、政治过程（political process）和社会福利（social bene-

---

① Shi, Tianjian, Jie Lu. 2010. "The Shadow of Confucianism", *Journal of Democracy*, 21 (4): 123 – 130.

② Yun-han Chu, Larry Diamond, Andrew J. Nathan, and Doh Chull Shin, eds, *How East Asians View Democracy*, New York: Columbia University Press, 2010.

③ Andreas Schedler, Rodolfo Sarsfield, "Democrats with Adjectives: Linking Direct And Indirect Measures of Democratic Support", *European Journal of Political Research*, Vol. 46, No. 5, 2007, pp. 637 – 659.

④ Peter Ronald de Souza, Suha Palshikar, and Yogendra Yadav, "Surveying The South Asia", *Journal of Democracy*, Vol. 19, No. 1, 2008, pp. 84 – 96.

⑤ Camp, Roderic A. 2001. *Citizen Views of Democracy in Latin America*. Pittsburgh: University of Pittsburgh Press.

fits) 和不知道 (don't know) 等四种类型。① 卡纳克 (Canache) 则更进一步，从"结构复杂性"(structural complexity) 和"实质内容"(substantive content) 两个维度区分了自由、平等、参与、法治、经济和社会结果、没有含义、负面含义及其他含义等八类民主观念。② 上述复杂化的类型学分析方法将民主的能力、价值、内容维度统合起来，作为公众民主观念的分类标准，在一定程度上纠正了"程序—实质"二分法简单化的弊端。

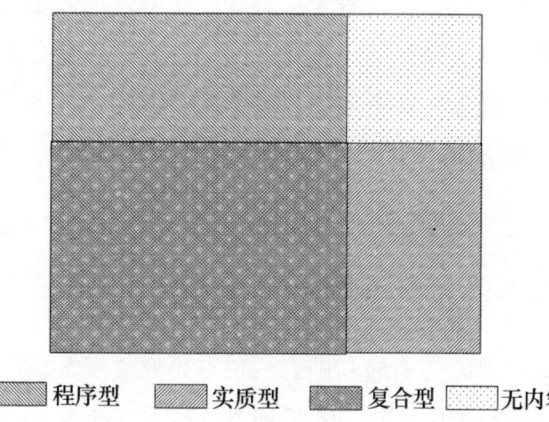

图 2.2 公众民主观念类型的分析框架

根据上述分析，笔者提出公众民主观念的类型学分析框架（见图 2.2）。在该框架中，"程序型"民主观念指代"最小化路径"下民主的内涵，主要包括竞争性选举、多党竞争等程序性制度安排，以及对公民政治权利、政治自由的保护；"实质型"民主观念指代"最大化"路径下民主的内涵，主要包括有效的（即能够真正影响政府决策的）政治参与、经济增长与物质富足、社会平等、和谐秩序、政治清明、责任政府等"善治"(good governance) 层面的内容。与"程序—实质"二分法不同，该分析框架认为民主的程序和实质两类内容之间并非水火不容，在纯粹的"程序型"民主观念与纯粹的"实

---

① Dalton, Russell J., To-chl Sin, and Willy Jou. 2007. "Popular Conceptions of the Meaning of Democracy: Democratic Understanding in Unlikely Places", *Journal of Democracy*, 18 (4): 142 – 156.

② Damarys Canache, "Citizens' Conceptualizations of Democracy: Structural Complexity, Substantive Content, and Political Significance", *Comparative Political Studies*, Vol. 45, No. 9, 2012, pp. 1132 – 1158.

质型"民主观念之间存在一个交叉地带,其中民主的"程序型"内容与"实质型"内容以复合的形式存在。与此同时,还有一部分人并不具有明确的民主观念,当被询问"民主是什么"的时候,他们会选择不回答或者回答"不知道",本书将这类没有实际内容的民主观念视为一种特定类型,即"无内容型"民主观念。除上述主类型之外,民主观念还存在诸多"亚类型"(subtype)。比如同样是"程序型"民主观念,有些侧重选举维度,有些则强调自由维度;同样是"实质型"民主观念,有些以物质富足为主要诉求,有些则以社会平等为主要诉求。再比如,不同维度的内容之间复合方式的不同,导致复合型民主观念内部也存在更加细致的分化。因此,对研究者来说民主观念的类型学划分不能浅尝辄止,而需要通过深入和细致的研究仔细地分门别类。

三、公众民主观念的成因:超越"理性—文化"二分法

在厘清公众民主观念类型的基础上,现有研究尝试解释民主观念在个体和群体间差异的形成原因,并提出了理性主义(rationalism)和文化主义(culturalism)两条截然相反却都十分流行的解释路径。

在理性主义路径看来,现代化尤其是经济增长是塑造公众民主观念的关键因素,其对人们民主观念的影响是线性的、不可逆转的过程。一方面,伴随着物质富足和收入增加,以自我表达为基本特征的"后物质主义"(postmaterialism)价值观兴起,有力地削弱了生存导向(survival-oriented)的"实质型"民主观念[1];另一方面,伴随着中产阶级的扩大和教育水平的提高,社会中涌现出更多具备独立思想、权利意识的"批判性公民"(critical citizens),他们对政府往往持批判和怀疑立场,重视民主制度对其政治权利的保障作用。[2] 因此,理性主义在微观层面关注收入、年龄、社会地位、教育程度等人口学变量对同一国家/地区内不同个体民主观念的具体影响;在宏观层面

---

[1] Inglehart, Ronald, and Christian Welzel. 2005. *Modernization, Cultural Change, and Democracy: The Human Development Sequence*. Cambridge: Cambridge University Press.

[2] Norris, Pippa ed., 1999. *Critical Citizens: Global Support for Democratic Government*. Oxford: Oxford University Press.

第二章 研究设计:理论框架、数据来源与测量指标

关注一个国家/地区的经济发展水平和政治制度对其民主观念的整体影响。

在微观层面,马特斯(Matts)等对南非的研究发现,白人的民主观念往往强调定期选举、言论自由、多党制,这种对民主的"程序性解读"(procedural interpretation)是由白人在南非社会结构中的阶级地位决定的,由于人口占少数却支配着大量社会经济资源,他们特别重视和依赖宪政对少数权利的保护;而人口占多数却在社会经济地位上处于弱势的黑人在民主观念上则往往强调缩小贫富差距、结果平等,包括重新分配工作、住房和收入。[1]米勒(Miller)等在对1992—1995年俄罗斯、乌克兰的研究中也发现两国精英与大众阶层的民主观念之间皆存在显著差别,即精英强调法治而大众强调自由。[2]在宏观层面,福赫斯(Fuchs)对统一后德国的调查研究认为,受到经济发展水平和政治制度的影响,有前西德生活经历的德国受访者的民主定义最符合"自由民主"的标准,而有前东德生活经历的受访者倾向于将民主的定义"最大化",认为民主包括收入增加、经济平等、社会保障等内容,由于把民主与生活水平联系在一起,这部分人更容易将生活水平的下降归咎为政治制度[3];在将比较研究范围扩大到中欧和东欧13个国家后,福赫斯发现"程序型"民主观念的比例与现代化水平呈现正相关。[4]

与理性主义路径下"经济发展—中产阶级—民主制度—民主观念"的因果逻辑链条及其背后隐藏的"线性历史观"相反,文化主义路径强调特定政治文化对公众民主观念的结构性制约,尤其是作为"文明基因"的政治文化的重要性。阿尔蒙德将政治文化定义为某一民族在特定时期流行的一套政治态度、信仰和感情,并提出了域民(parochial)、臣民(subject)与公民

---

[1] Mattes, Robert. , Hermann Thiel, 1998. "Consolidation and Public Opinion in South Africa", *Journal of Democracy*, 9 (1): 95 – 110.

[2] Miller, Arthur H. , Vicki L. Hesli, and William R. Reisinger. 1997. "Conceptions of Democracy Among Mass and Elite in Post-Soviet Societies", *British Journal of Political Science*, 27 (2): 157 – 190.

[3] Fuchs, Dieter. 1999. "The Democratic Culture of Unified Germany". In Norris, Pippa ed , *Critical Citizens: Global Support for Democratic Government*, Oxford: Oxford University Press, pp. 123 – 145.

[4] Fuchs, Dieter. and Roller, Edeltraud. 2006. " Learned Democracy? Support of Democracy in Central and Eastern Europe. *International Journal of Sociology*, 36 (3), 70 – 96.

（participant）文化的划分。① 在文化主义的倡导者看来，公民文化中的政治容忍、社会信任、对公共事务的参与意愿以及个体权利意识等是自由民主观念得以形成的心理基础②，但这些恰恰是许多国家传统政治文化中所缺乏的内容。以中国为例，杜维明将儒家传统文化的核心特征概括为集体相对于个人的优先性、家庭本位、重视道德、追求和谐等。③ 白鲁恂认为基于这些伦理规范衍生的传统政治文化具有强烈的道德主义特征，对集体利益、社会秩序的强调在一定程度上抑制了中国人对个体权利与自由的追求。④ 陈捷的研究指出由于受到国家依赖、价值趋同以及社会福利感知等因素的影响，中国城市中产阶级对民主的理解并没有表现出明显的"自由民主"特征，在价值维度上的民主观念甚至低于下层阶级。⑤ 黎安友等的研究同样强调儒家传统文化对"中国特色"民主观念的塑造功能。⑥ 在《中国大陆和台湾政治的文化逻辑》一书中，史天健尝试从文化规范（cultural norm）的角度提出中国公众民主观念的广义理论（general theory）。通过将政治文化操作化为"对权威的定位"（orientation towards authority）和"对自我利益的定位"（definition of self-interest）两个变量，他发现与"科层型（hierarchical）权威定位""非自我中心型（allocentric）利益定位"的人相比，"互惠型（reciprocal）权威定位""自我中心型（idiocentric）利益定位"的人更倾向于将民主的内容理解为自由、参与权、选举、权力制衡等政治程序，而非能够提供物质利益的"好政府"。⑦

在"理性—文化"二分法中秉持一端的学者看来，研究路径的分野似乎

---

① 参见［美］加里布埃尔·A. 阿尔蒙德、西德尼·维巴：《公民文化：五个国家的政治态度和民主制》，徐湘林等译，北京：东方出版社2008年版。

② 参见［美］罗伯特·D. 帕特南：《使民主运转起来：现代意大利的公民传统》，北京：中国人民大学出版社，2015年版。

③ Tu, Weiming. 1996. *Confucian Traditions in East Asian Modernity*. Cambridge：Harvard University Press.

④ Lucian W. Pye. 1992. The Spirit of Chinese Politics. Cambridge：Harvard University Press.

⑤ Chen, Jie. 2013. *A Middle Class Without Democracy：Economic Growth and the Prospects for Democratization in China*. New York：Oxford University Press.

⑥ Nathan, Andrew J., Tianjian Shi. 1993. "Cultural Requisites for Democracy in China：Findings from A Survey", *China in Transformation*, 122（2）：95–123.

⑦ Shi, Tianjian. 2015. *The Cultural Logic of Politics in Mainland China and Taiwan*. New York：Cambridge University Press.

第二章 研究设计：理论框架、数据来源与测量指标

不可逾越。但他们没有意识到的是，现实中理性因素与文化因素往往同时对公众民主观念发挥作用。比如，尽管文化主义路径强调传统的重要性，但它也重视政治文化的演进，理性主义路径所强调的现代化因素恰恰是政治文化演进的关键动力。张佑宗等从社会层级/顺从权威（social hierarchy/deference to authority）、社会和谐/避免冲突（social harmony/aversion to conflict）、集体优先/集体利益（group primacy/pursuit of collective welfare）、反多元/社会一致（anti-pluralism/preference for social unity）等角度设计了6道测量儒家价值的题目。通过对"海峡两岸暨香港"的比较研究，他们发现儒家价值的强度在序列上依次为中国大陆农村、中国大陆城市、中国台湾和中国香港，呈现出与"实质型"民主观念强度相一致、与经济现代化水平相反的趋势。这意味着在影响民主观念的因素中，文化因素是内嵌于理性因素的。[①] 吕杰和史天健的研究也发现，对国家经济状况的积极评价、高政治容忍、低权威顺从与公众的"程序型"民主观念之间均存在显著的正相关关系，"程序型"民主观念的形成同时受到理性主义因素和文化主义因素的驱动。[②] 由此可见，对公众民主观念形成原因的科学解释不应该在理性主义路径与文化主义路径之间人为设置藩篱，而应当根据特定语境具体分析，尤其是寻找理性因素和文化因素影响公众民主观念共同的中观机制。

本书认为，政治社会化（political socialization）是理性路径与文化路径的联结点。所谓政治社会化，即人们获得稳定的政治态度和政治价值观的过程。从个体角度看，政治社会化是社会成员在政治实践活动中逐步获取有关政治体系的知识、规则、价值、规范并转变为具有一定政治认知、情感、态度和信仰的"政治人"的过程；从整体角度讲，政治社会化则是政治文化形成、变迁和广泛传播的过程，也是政治体系得以维系的重要机制。政治社会化研究的兴起与政治学的行为主义革命密切相关，其学理资源包含政治系统理论

[①] Chang, Yutzung, Yunhan Chu, Frank Tsai. 2005. "Confucianism and Democratic Values in Three Chinese Societies", *Issues and Studies*, 41（4）：1–33.

[②] Lu, Jie, Tianjian Shi. 2015. "The Battle of Ideas and Discourses Before Democratic Transition: Different Democratic Conceptions in Authoritarian China", *International Political Science Review*, 36（1）：20–41.

和马克思主义理论。从政治系统理论的"结构—功能主义"视角来看，政治社会化承担着政治系统的稳定化功能（Stabilizing function），因此具有建设性；而从马克思主义的批判性视角来看，政治社会化的本质是阶级统治的工具和手段，统治者为了维护自身的利益和统治地位会塑造一套信念和价值体系，然后通过教育、宣传、奖惩等方式诱导被统治者接受这套价值符号系统，因此具有强烈的保守性。无论基于哪种视角，政治社会化的过程都被看作理性路径和文化路径的联结点，因为无论理性主义因素还是文化主义因素都属于宏观层次、客观领域的内容，而公众的民主观念属于微观层次、主观领域的内容，前者对后者影响作用归根结底需要通过两种层次、两种领域的互动才能得以发挥，而社会学习（social learning）和政治传播（political dissemination）作为政治社会化的主要媒介则为这种互动提供了可能。

一方面，社会学习理论认为人总是生活在特定的社会情境当中，人们的认知、行为与环境因素具有交互影响，因此观察、模仿、参与、实践等社会学习因素对于塑造人们的民主观念具有重要作用。由于童年至青少年阶段是人们价值观念和政治倾向从萌发到定型的关键时期，同时也是社会学习过程的逻辑起点，因此社会学习理论特别强调家庭教育、学校教育在政治社会化过程中所占据的重要地位。[1] 完整的家庭教育能够帮助儿童实现对政治机构的人格化、理想化、制度化，基本完成政治意识（awareness）和政治概念化（conceptualization）的建构[2]；学校教育则进一步强化了这些政治观念，为青少年转变为"政治人"打下基础。在阿尔都塞看来，学校本身就是"意识形态的国家机器"（ideological state apparatus），学校教育是当局向社会成员传达观念、价值和意图的必由之路。

另一方面，在政治传播理论看来，由政治精英所生产的主导性话语（dominant discourses）是公众社会学习的主要内容，鉴于大众媒介承担着传播主导性话语的功能，因此媒体接触（media exposure）是公众民主观念的重要

---

[1] Easton, David, and Jack Dennis. 1980. *Children in The Political System: Origins of Political Legitimacy*. New York: McGraw-Hill Book Company.

[2] Hess, Robert Daniel, and Judith V. Torney-Purta. 2005. *The Development of Political Attitudes in Children*. Livingston: Transaction Publishers.

第二章 研究设计：理论框架、数据来源与测量指标

来源。首先，媒体接触的可选择性意味着信息受众所接触的内容会对其民主观念构成显著影响。穆勒（Moeller）等学者的分析表明，以时政新闻为主的媒体接触导致青少年形成要求政治权利和政治自由的"消费者政治"（consumer politics）观念，而以娱乐内容为主的媒体接触则与政治冷漠（political apathy）、政治犬儒主义（political cynicism）密切相关。[①] 其次，媒体背后的"国家—社会"关系在一定程度上决定着信息传播的价值导向。斯托克曼（Stockmann）等认为威权国家可以通过媒体"遥控"（remote control）公民的政治信息、政治认知和政治情感，从而在心理层面获得持续性的政治支持。[②]

基于上述讨论，我们提出公众民主观念成因的分析框架（见图2.3）。在该分析框架中，经济发展、政治制度等现代化因素对于公众民主观念的影响代表"理性主义路径"；传统政治文化对于公众民主观念的影响代表"文化主义路径"。从宏观机制来看，理性主义和文化主义对于公众民主观念的成因均具有解释力；但从中观机制来看，二者影响力的发挥均需要借助社会学习、政治传播等"政治社会化"路径。纳入政治社会化变量的民主观念成因分析框架超越了"理性—文化"二分法，为更加深入的成因解释奠定了理论基础。

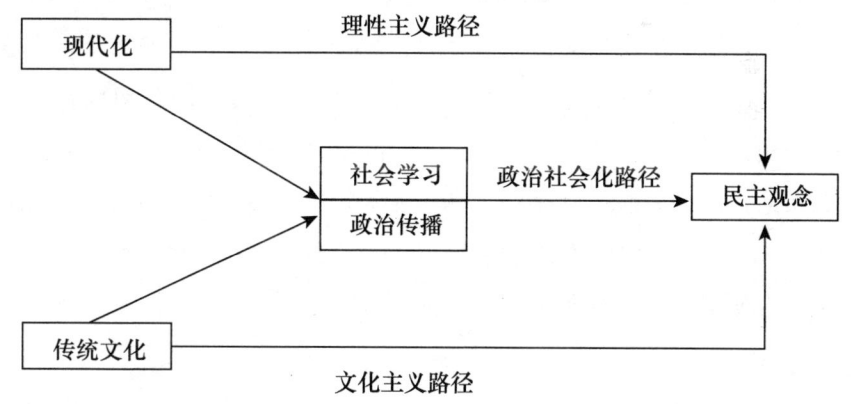

图 2.3　公众民主观念的成因的分析框架

[①] Moeller, Judith and Claes de Vreese. 2013. "The Differential Role of the Media as an Agent of Political Socialization in Europe", *European Journal of Communication*, 28 (3): 309–325.

[②] Stockmann, Daniela and Mary E. Gallagher, 2011. "Remote Control: How the Media Sustain Authoritarian Rule in China", *Comparative Political Studies*, 44 (4): 436–467.

四、公众民主观念的影响：从态度后果到行为后果

成因研究将公众民主观念视为因变量，从理性、文化、政治社会化等角度解释其差异的根源；影响研究则将公众民主观念视为自变量，探究其对政治行动者政治态度（political attitude）和政治行为（political behavior）的影响。

一方面，由于观念是构造公民意识形态的基本单元，因此研究者普遍认为公众民主观念与其政治态度尤其是政治支持（political support）之间呈现显著的相关性。① 按照戴维·伊斯顿的划分，政治支持包括特定（specific）支持和弥散（diffuese）支持两类，前者表现为针对政府官员（official）、政治机构（institute）的支持，后者则是对政治共同体（community）和政治体制（regime）的支持。与"具体"的特定政治支持相比，相对"抽象"的弥散政治支持更为稳定和持久。② 在政治学定量研究中，人们一般将公众对各级政府的政治信任（political trust）视为特定政治支持的同义词，而将弥散政治支持的概念操作化为国家认同（national identity）、体制认同（systematic identity）等。尽管目前学术界针对民主观念与政治支持的关系已有不少研究，但结论往往莫衷一是。比如在特定政治支持方面，贾马尔通过对阿拉伯世界的调查认为，自由民主观念与政治信任水平呈负相关，即自由民主观念越强的地方人们的政治信任水平越低③；而马丹等对上海市民的调查结论却指出，民主观念越强的人更倾向于信任政府机构和官员④。这种差异很大程度上源于研究者从不同角度使用了"民主观念"的概念，比如贾马尔强调的是民主观念的内

---

① 参见 Conover, P. J., and Feldman, S., 1981. "The Origins and Meaning of Liberal/Conservative Self-identifications." *American Journal of Political Science*, 25（4）：617 – 645；Jacoby, W. G., 1991. "Ideological Identification and Issue Attitudes." *American Journal of Political Science*, 35（1）：178 – 205.

② 参见［美］戴维·伊斯顿：《政治生活的系统分析》，王浦劬译，北京：华夏出版社 1999 年版。

③ Amaney A. Jamal, Mark A. Tessler, "Attitudes in The Arab World", *Journal of Democracy*, Vol. 19, No. 1, 2008, pp. 97 – 110.

④ 马丹、袁浩：《城市居民的政治信任、民主观念与政治绩效：一项基于社会的因果模型分析》，载《社会学》，2011 年第 4 期。

•第二章 研究设计：理论框架、数据来源与测量指标•

容维度，认为在阿拉伯世界"政教合一"制度流行、"民主化"水平普遍较低的情况下，"程序型"民主观念会导致人们对政府持批判态度，因此对政府抱有怀疑态度；而马丹等强调的是民主观念的能力维度，其参照系是"不具备民主观念的人"，即与该群体相比，民主观念越强的人政治信任越高。显然，这里的民主观念指代的实际上是个体的政治知识尤其是理解抽象政治概念的能力。再比如，在民主观念与弥散政治支持方面，韩国学者赵允浩从社会心理学的角度解释了民主体制支持的认知起源，在他看来，认知理论的"确认偏误"（confirmation bias）效应决定了人们往往利用自己已经掌握的信息强化对事物的既有看法，正所谓"越了解，越热爱"（to know it is to love it），民主观念与人们的体制支持之间存在一条正向的关系曲线。① 在对阿根廷、巴西、智利、危地马拉四国的调查研究中，巴维卡等发现强调民主"过程"的受访者比强调民主"结果"的受访者对民主体制的支持度更高。② 在此基础上，马特斯等提出了"民主观念—民主评价—民主满意度—民主体制支持"的因果逻辑链条，在非洲研究中他们发现持"程序型"民主观念的受访者对本国民主状况的评价更高、对民主更满意，结果导致更强的民主体制支持。③ 然而，黄冈华等中国台湾学者对东亚13个国家和地区的分析却得出了截然相反的结论，他们基于亚洲晴雨表调查数据的分析表明，"程序型"民主定义会削弱东亚受访者的体制支持。④ 由此可见，在缺乏整合性分析框架的情况下，研究者难以得到一致的、可靠的结论。

另一方面，由于政治观念是政治行为得以发生的必要条件，因此人们普遍认为公众的民主观念会对其政治参与（political participation）方式产生影响。政治参与即公民试图影响政府决策的过程，根据参与者的行为是否符合

---

① Cho, Youngho. 2014. "To Know Democracy Is to Love It: A Cross-National Analysis of Democratic Understanding and Political Support for Democracy", *Political Research Quarterly*, 67 (3): 478–488.
② Baviskar, Siddhartha. , Mary Fran T. Malone. 2004. "What Democracy Means to Citizens and Why It Matters", *European Review of Latin American and Caribbean Studies*, 76: 3–23.
③ Mattes, Robert, Michael Bratton. 2007. "Learning about Democracy in Africa: Awareness, Performance, and Experience", *American Journal of Political Science*, 51 (1): 192–217.
④ Huang, Minhua , Yunhan Chu, and Yutzung Chang. 2013. "Popular Understandings of Democracy and Regime Legitimacy in East Asia", *Taiwan Journal of Democracy*, 9 (1): 147–171.

政权所认可并由法律、法规和制度所规定的程序、步骤与方式,研究者往往将政治参与划分为制度化(institutionalized)政治参与和非制度化(non-institutionalized)政治参与两类,前者属于常规政治(conventional politics)的范畴,后者则往往与抗争政治(contentious politics)、社会运动(social movement)、大众反抗(popular resistance)等概念联系在一起。在亨廷顿看来,决定公众政治参与的方式的关键在于政治制度化程度的高低,即政治体系的适应性、复杂性、自主性和凝聚性是否能够有效中和社会经济变迁的所带来的政治动员效应。制度化政治参与是政治组织与程序获得价值和稳定性的表现,而非制度化政治参与最终将带来政治动乱和社会失序。[1] 亨廷顿进一步指出发展中国家政治参与的两难困境:一方面是政治参与的扩大,另一方面是政治制度化水平难以跟进,最终导致非制度化政治参与由个体行动向集体行动、由低政治领域向高政治领域的演进。[2]

值得注意的是,民主观念对政治参与的影响是通过直接和间接两种机制产生作用的。所谓直接作用,即观念对行为的指导作用。无论是马克思的辩证唯物主义所强调的"社会意识对社会存在的反作用",还是诺斯的制度变迁理论所强调的"意识形态",都重视观念对人们实践的直接影响。既然人们的政治参与是以试图影响政府决策为目的的行为,那么特定的政治观念当然是政治行动从"自在"走向"自为"的关键因素。比如,卡纳克(Canache)对拉美晴雨表调查的分析发现,受访者对民主的定义越复杂,其政治参与方式越常规化、制度化;在内容上,将民主理解为"经济社会结果"(economic-social outcome)的受访者更倾向于采取游行、示威等非制度化手段表达利益诉求。[3] 彭国胜对广东、湖南、湖北、贵州和云南等五省份2505名成年居民

---

[1] 参见[美]萨缪尔·P.亨廷顿:《变化社会中的政治秩序》,王冠华译,上海:上海人民出版社2008年版。
[2] [美]萨缪尔·P.亨廷顿、琼·纳尔逊:《难以抉择:发展中国家的政治参与》,汪晓寿等译,北京:华夏出版社1989年版,第179—180页。
[3] Canache, Damarys. 2012. "Citizens' Conceptualizations of Democracy: Structural Complexity, Substantive Content, and Political Significance", *Comparative Political Studies*, 45(9): 1132–1158.

的调查显示民主价值观与城乡居民的体制外抗争意向和行为显著正相关。①

所谓间接作用，即民主观念通过影响人们的政治态度进而影响政治行为。如果说政治态度是政治行为的意向和准备状态，那么政治行为是政治态度的外显和最终结果。尽管受制于能力、环境等客观条件，主观的政治态度并不一定总是能够成功地转化为实际的政治行为，但政治行为的发生往往受到特定政治态度的支配。② 研究者普遍认为，民主观念及其话语体系对促使政治态度发生转变，从而对政治参与行为起到动员和启蒙的作用。随着人们表达意识、监督意识、批判意识、参与意识的不断增强，"程序型"民主观念逐渐渗透到政治生活的各个方面。伴随着民主观念"水位"的上涨，一旦制度化的政治参与渠道无法容纳"程序型"民主观念的要求，它就很容易触发非制度化政治参与。比如谢秋山等的研究发现，中国民众"央强地弱"的政治信任结构与抗争性利益表达之间存在显著的正相关关系：民众对各级政府的信任程度随着政府层级的下降而递减，导致人们习惯于寻找绕过基层政府的利益表达途径；而对地方政府能力、政策或价值立场的怀疑所酝酿的不满情绪，则往往成为非制度化政治参与行动的导火索。③ 王丽萍等的研究则发现，中国人的政治信任结构中有相当一部分是源于对国家、政党的积极情感，这种以体制为基础（regime-based）的信任对于民众卷入非制度政治参与具有明显的抑制作用。④

基于上述讨论，我们提出公众民主观念影响的分析框架（见图2.4）。在这个分析框架中，民主观念的影响表现为"态度后果"和"行为后果"两个方面。态度后果主要指民主观念对人们政治支持的影响，行为后果主要指民主观念对人们政治参与的影响。该框架的基本思路是：不同的民主观念会导

---

① 彭国胜：《政治文化与城乡居民的体制外抗争》，载《华南农业大学学报》（社会科学版），2015年第1期。

② Sears, David O. , et al. 1980. "Self-interest Vs. Symbolic Politics in Policy Attitudes and Presidential Voting". *American Political Science Review*, 74 (3): 670-684.

③ 谢秋山、许源源：《"央强地弱"政治信任结构与抗争性利益表达方式：基于城乡二元分割结构的定量分析》，载《公共管理学报》，2012年第4期。

④ 王丽萍、方然：《参与还是不参与：中国公民政治参与的社会心理分析》，载《政治学研究》，2010年第2期。

致人们特定政治支持和弥散政治支持的差异,进而塑造着不同的政治参与模式。

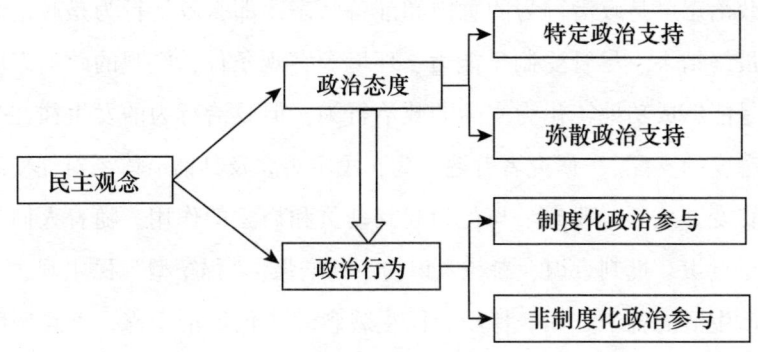

图2.4 公众民主观念影响的分析框架

五、"类型—成因—影响":公众民主观念的整合性分析框架

以上章节从民主的理论分歧与现实争议出发,基于现有研究提出了公众民主观念类型、成因、影响的分析框架。然而,如果不能将这些分析框架进行整合,我们的研究焦点就会因为集中于具体的命题与假设之上而失去从宏观视野把握公众民主观念在整个因果链条中扮演角色的能力。鉴于此,本书提出公众民主观念"类型—成因—影响"的整合性分析框架(见图2.5)。在该框架中,民主观念的类型是事实层面的问题,对民主观念类型的分析属于描述性研究的范畴。考虑到社会中民主观念亚类型的存在,描述性研究的对象包括"程序型""实质型""复合型""无内容型"在不同阶层、世代、城乡和地域上的社会分布;考虑到政治文化共时性结构与历时性结构的并存,描述性研究的对象还应包括上述内容特征的变化趋势;考虑到中国的特殊性和典型性,描述性研究的对象还应包括上述内容特征的全球比较。民主观念的成因和影响则属于解释层面的问题,成因分析和影响分析分别是将民主观念视为因变量和自变量的解释性研究。"类型—成因—影响"的分析框架实现了事实层面与解释层面、自变量与因变量之间的贯通,构成了本书的理论基础。

• 第二章　研究设计：理论框架、数据来源与测量指标 •

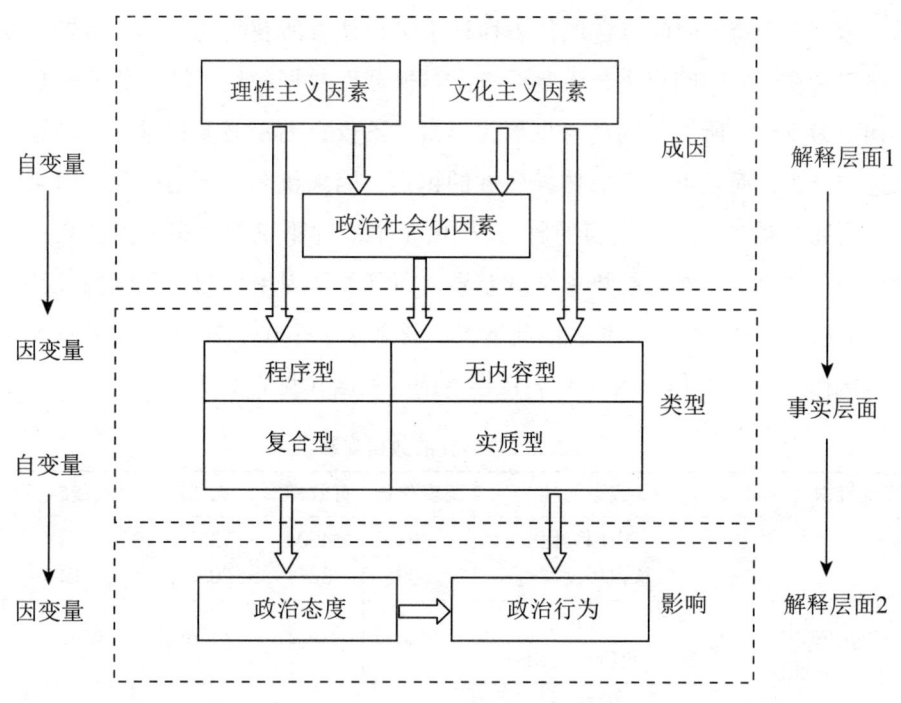

图 2.5　"类型—成因—影响"：公众民主观念的整合性分析框架

第二节　数据来源

真实、可靠的社会调查数据是政治学定量研究的基石，而数据质量的高低直接决定着研究的客观性和准确性。本节介绍书中的数据来源，对历次社会调查的抽样方法、实施过程、有效样本量和完成率等信息进行交代与说明。

"在思辨终止的地方，在现实生活面前，正是描述人们实践活动和实际发展过程的真正的实证科学开始的地方"①。研究公众的民主观念不能停留在书斋和实验室，在构建了"类型—成因—影响"的理论框架后，我们下一步的工作是利用社会调查数据进行实证的、经验的、定量的研究。政治学定量研究主要基于横截面数据（cross-sectional data）和纵贯数据（longitudinal data）。

---

① 《马克思恩格斯选集》第 1 卷，北京：人民出版社 2012 年版，第 153 页。

前者指在某个特定时间点选取代表性样本进行调查所获得的数据，后者则要求研究者在不同时间点进行重复调查。与横截面数据相比，纵贯数据的数据结构更为复杂、所提供的信息也更为丰富，不仅有助于对变化过程、趋势的描述与分析，而且可用于总体异质性的识别、因果机制干预的研究、因果效应的研究和对"状态"变换的研究。① 由于本研究不仅要考察中国公众民主观念的社会分布、变化趋势和全球差异，而且要从因果机制的角度探寻其成因、分析其态度与行为后果，因此笔者广泛采集了2002—2014年间来自5家学术机构的7项共14次全国代表性样本调查数据（见表2.2）。

表2.2 本研究的数据来源

调查机构（主持人）	调查名称	调查年份	有效样本	完成率	测量题目
北京大学 中国国情研究中心 （沈明明）	中国公民 意识年度调查	2008 2009	4004 3858	73.3% 70.6%	F4 F4
	公共产品 与政府支持调查	2010	3884	62.0%	G4
	互联网 与社交媒体调查	2014	3747	66.3%	H15
中国人民大学 中国调查与数据中心 （李路路）	中国综合社会 调查（CGSS）	2003 2013	5894 11438	75.3% 72.2%	J9 B18
中国社会科学院 社会学研究所 （李培林）	中国社会综合 状况调查（CSS）	2006 2008 2011	7063 7139 7036	98.0% 99.2% 97.7%	E4 F4 G2
台湾大学 人文社会高等研究院 （胡佛、朱云汉）	亚洲晴雨表 调查（ABS）	2002 2007 2011	3183 5098 3473	84.1% 72.6% 98.9%	Q97 H3 Q85–Q88
世界价值观调查组织 （克里斯汀·哈珀弗）	世界价值观 调查（WVS）	2007 2012	1991 2300	78.6% 66.0%	V152–V161 V131–V139

---

① 纵贯数据又可以分为面板数据（pannel data）和趋势数据（trend data）两类。面板数据也被称为追踪数据，顾名思义即针对同一总体、同一样本的重复观测；趋势数据虽然也是针对同一总体的重复观测，但不同时间点的被调查样本并不一样，作为多次横截面数据的汇合结果，趋势数据也被称为重复性横截面数据。参见任强、谢宇：《对纵贯数据统计分析的认识》，载《人口研究》，2011年第6期。

上述 7 项调查均遵循严格的概率抽样方法和质量控制程序，并对数据信息进行了匿名化处理，数据呈现出较高的信度与效度。其中 5 项调查为系列调查，2 项调查为全球性调查，其统一的研究框架、一致的提问方式和稳定的问卷结构为我们进行历时性比较和全球性比较提供了可能。[①]

一、中国公民意识年度调查（2008、2009）

中国公民意识年度调查是由北京大学中国国情研究中心（Research Center for Contemporary China，以下简称 RCCC）[②] 独立设计并组织实施的全国代表性概率抽样调查，具有样本规模大、测量指标多、问卷结构复杂等特点。调查采用分层、多阶段、概率与人口规模成比例（Probability Proportionate to Size Sampling，以下简称 PPS）的抽样方法在全国 25 个省（自治区、直辖市）抽取了 73 个县级行政单位、146 个乡镇街道、292 个村/居委会的 5461 个住宅地址进行入户问卷访问，2008 年调查于 3—7 月实施，完成有效样本 4004 份，有效完成率为 73.3%；2009 年调查于 6—9 月实施，完成有效样本 3858 份，有效完成率为 70.6%。

二、公共产品与政府支持调查（2010）

公共产品与政府支持调查是由 RCCC 与美国乔治华盛顿大学合作设计的一项全国代表性调查。该调查的研究主题包括公众对各项公共服务的享有程度及满意度、社会资本、政治信任、政治参与等。田野工作于 2010 年 7 月开始实施，在全国 26 个省（自治区、直辖市）的 50 个市辖区访问了 3884 位受访人，有效完成率为 62%。由于采用了 GPS/GIS 辅助的区域抽样方法，调查解决了传统户籍抽样中的人户分离、一户多址以及行政区域抽样中的边界不

[①] 由于个体异质性（individual heterogeneity）、选择性偏误（selective bias）和忽略变量偏误（omitted-variable bias）的存在，所谓"完美"的数据是不可能的，本书选取的调查数据也不例外，但相对而言，由专业学术机构组织实施的全国代表性调查在数据质量上较高，基本能够满足分析需求。

[②] 北京大学中国国情研究中心成立于 1988 年，是由北京大学各学科专家学者为主组成的中立的、非营利性学术研究机构。关于 RCCC 调查项目的更多详细信息，请访问 http：//www.rcccpku.org。

清的问题，实现了对流动人口的有效覆盖。①

三、互联网与社交媒体调查（2014）

互联网与社交媒体调查是由 RCCC 与美国爱荷华大学合作设计的一项全国代表性调查。该调查的研究主题包括公众接触和使用传统媒体和新兴网络媒体的情况、政治态度以及政治参与的意愿和行为。调查采用 PPS 的抽样方法在全国范围内抽取了 70 个县级单位的 5654 户家庭，于 2014 年 5—8 月进行入户问卷访问，最终共完成 3747 份有效样本，有效完成率为 66.3%。

四、中国综合社会调查（2003、2013）

中国综合社会调查（Chinese General Social Survey，以下简称 CGSS）由中国人民大学中国调查与数据中心（National Survey Research Center，以下简称 NSRC）设计并实施的综合性、连续性社会调查项目。从 2003 年开始，CGSS 每年对全国 28 个省（自治区、直辖市）、125 个县（区）、500 个街道（乡、镇）、1000 个居（村）民委员会的家庭进行入户问卷调查，其中 2003 年、2013 年的调查均设计了测量公众民主观念的题目，有效样本量分别为 5894 和 11438。②

五、中国社会综合状况调查（2006、2008、2011）

中国社会综合状况调查（Chinese Social Survey，以下简称 CSS）是由中国社会科学院社会学研究所于 2005 年发起的一项全国性调查，旨在通过对全国

---

① 该方法引入了空间抽样中物种在空间内连续分布的概念，并将该概念与空间上的经纬度标识、人口资料、GPS 定位系统以及区域抽样结合在一起，其突出特点是将全国国土按照空间的经纬度划分为若干单元格，然后在每个单元格上辅助人口资料信息，以每个单元格人口密度为规模度量，按照 PPS 方法抽选单元格，之后抽样员利用 GPS 手持型接收机寻找目标经纬度，在目标范围内对住户地址进行登记，然后再抽选受访地址及受访人。参见 Landry, Pierre F., and Mingming Shen. 2005. "Reaching Migrants in Survey Research: The Use of the Global Positioning System to Reduce Coverage Bias in China" *Political Analysis*, 13（1）: 1-22。

② 中国人民大学中国调查与数据中心是隶属于中国人民大学的跨学科、跨院系综合性科研机构。更多详细信息请访问 http://www.chinagss.org。

公众的劳动就业、家庭及社会生活、社会态度等方面的连续性调查获取中国社会变迁的数据资料。该调查为双年度（bi-yearly）纵贯调查，本研究选取2006年、2008年、2011年的调查数据进行分析。

六、亚洲晴雨表调查（2002、2007、2011）

亚洲晴雨表调查（Asian Barometer Survey，以下简称 ABS）是由台湾大学人文社会高等研究院领衔实施的一项调查。ABS 的调查范围覆盖中国大陆、中国香港、中国台湾、日本、韩国、蒙古、菲律宾、泰国、新加坡、印度尼西亚、越南、马来西亚、柬埔寨等 13 个亚洲国家和地区，旨在通过整合性的研究架构、标准化的调查程序对民主等问题进行比较研究。2002 年 3 月、2007 年 12 月和 2011 年 7 月在中国大陆地区先后完成了 3 波调查，分别得到 3183、5098 和 3473 个有效样本。①

七、世界价值观调查（2007、2012）

世界价值观调查（World Value Survey，以下简称 WVS）是由罗纳德·英格尔哈特（Ronald Inglehart）等学者倡导发起的五年一轮的全球性调查，自 1981 年以来已经完成了 6 波调查，目前已覆盖 97 个国家和地区、约 90% 的世界人口。其中，第五波和第六波调查均设计了关于民主观念的题目。中国大陆地区的第五波调查于 2007 年完成，共得到 1991 个有效样本，第六波调查于 2012 年完成，共得到 2300 个有效样本。②

第三节　测量指标

对于民主观念这样一个抽象、多维且具有"本质争议性"的概念来说，细化、可操作的测量指标尤其重要。西方学者对公众民主观念的定量测量发

---

① 关于亚洲晴雨表调查的更多详细信息请访问 http://www.asianbarometer.org。
② 关于世界价值观调查的更多详细信息请访问 http://www.worldvaluessurvey.org。

轫于"二战"之后,是随着社会科学尤其是美国社会科学的行为主义革命而兴起的。据统计,1954—1965 年间全世界就有 2080 个不同的民主指标(index)、指数(indice)问世,其中绝大多数指标的着眼点在于强调民主对公民政治权利、政治自由的保护,以及维护民主价值观的制度机制。① 比如普罗瑟罗和格里格(Prothro and Grigg)将多数统治(majority rule)、少数权利(minority rights)列为民主的基本原则(fundamental principles),通过询问受访者是否同意"民主是最好的政治体制""政府官员应该由多数选举产生""少数人能够自由地批评多数人的意见"等说法测量公众的民主观念,越同意得分越高。② 麦克洛斯基(McClosky)强调言论和思想自由对于民主的重要性,他提出了包括"不喜欢我们生活方式的人也有表达意见的自由""不管一个人的政治价值观如何他的合法权利都受到法律保护""只有不同的意见得到了充分自由地表达我们才可能获得真理"等 8 道问题的民主观念量表。③ 当然,在各种测量指标中影响力最大的莫过于罗伯特·达尔提出的多头政体(polyarchy)指标。基于参与(participation)和反对(opposition)两个维度,达尔将"建立和加入组织的自由""表达自由""投票权""政治领导人为争取支持而竞争""取得公共职务的资格""可选择的信息来源""自由公正的选举""根据选票和其他民意表达制定政府政策的制度"视为民主的"八项基本原则"④。事实上,目前流行的民主观念测量指标多数都是在达尔提出的分析框架的基础上发展形成的。科皮奇(Coppedge)等学者利用验证性因子分析的方法对自由之家(Freedom House)、万哈宁(Vanhanen)、政体(Polity)及世界银行(World Bank)等目前流行的民主指数进行分析后认为,从上述民主指数的各项构建指标中提取的两个公因子分别代表了达尔提出的民主的争论

---

① 肃草:《西方民主测量的局限性和迷惑性:概述与分析》,载《国外社会科学》,2013 年第 6 期。

② Prothro, James W., and Charles M. Grigg. 1960. "Fundamental Principles of Democracy: Bases of Agreement and Disagreement". *The Journal of Politics*, 22(2): 276 – 294.

③ McClosky, Herbert. 1964. "Consensus and Ideology in American Politics". *American Political Science Review*, 58(2): 361 – 382.

④ [美] 罗伯特·达尔:《多头政体:参与和反对》,刘惠荣等译,北京:商务印书馆 2003 年版,第 11 页。

第二章 研究设计：理论框架、数据来源与测量指标

(contestation) 维度与包容 (inclusiveness) 维度，他们据此认为评判公众的民主观念也需要从这两个维度入手设计测量指标。① 卡林和辛格 (Carlin and Singer) 进一步提出包括公共争论、包容性参与、限制行政当局和制度与程序等 4 类共 15 项具体指标的公众民主观念测量方法。② 吉普森、雷蒙德和肯特 (Gibson, Raymond and Kent) 提出的测量指标包含容忍、自由、规范、权利、不同意、媒体独立、竞争性选举等 7 个亚指标，并报告了指标的一致性系数 (0.3—0.85)。③ 不难看出，西方学者提出的公众民主观念测量指标存在两方面的问题：一方面，测量指标的客观性有待加强。尽管多数测量指标标榜价值中立，但其背后往往不可避免地牵涉价值立场，尤其是基于"西方中心论"视角所设计的指标背后往往隐含着"民主是最好的政府组织形式""自由主义民主才是正宗的民主""程序性民主观念才是正确的民主观念"等根本性假设，导致测量的内容出现结构性缺失，鲜有对非西方国家公众民主观念的关照，更谈不上对自由民主观念的反思与超越。另一方面，测量指标的精度有待提高。对公众民主观念的测量牵涉复杂多维概念的测量问题，其精确性的提高既仰赖统计方法的进步与研究设计的完善；同时也需要测量指标的丰富化、复杂化。目前一些简单的测量指标无法全面、准确地反映公众民主观念的内容；而复杂的、聚合的 (aggregate) 测量指标在信度与效度上又难以令人满意。④ 鉴于此，本研究将利用分解的、多样化的测量指标体系，对公众的民主观念进行更为客观和精确的测量。

尽管本书所使用的部分调查也由西方学者所设计，不过鉴于这些全球性研究的调查范围覆盖了大量非西方国家和地区，在题目设计上通常考虑到了民主观念内容在不同地区间的异质性，因此往往采用相对客观的表述方式。

---

① Coppedge, Michael, Angel Alvarez, and Claudia Maldonado. 2008. "Two Persistent Dimensions of Democracy: Contestation and Inclusiveness". *The Journal of Politics*, 70 (3): 632 – 647.

② Carlin, Ryan E., and M. M. Singer. 2011. "Support for Polyarchy in the Americas". *Comparative Political Studies*, 44 (11): 1500 – 1526.

③ Gibson, James L., Raymond M. Duch, and Kent L. Tedin. 1992. "Democratic Values and The Transformation of the Soviet Union". *The Journal of Politics*, 54 (2): 329 – 371.

④ Coppedge, Michael, et al. 2011. "Conceptualizing and Measuring Democracy: A New approach", *Perspectives on Politics*, 9 (2): 247 – 267.

更为关键的是,这些调查的实施和执行均依托中国本土的学术机构或调查团队,在问卷的语言翻译、表述习惯上一般进行了本土化处理。考虑到测量指标的多样性、丰富性,本研究综合利用单项测量和复合测量两种测量方式(见表2.3)。

表 2.3 本研究的测量指标

测量方式	问题类型	代表性调查
单项测量	开放式问题 名义型封闭式问题 序次型封闭式问题	ABS 2002;公共产品与政府支持调查 2010 ABS 2007;中国公民年度意识调查 2008、2009 CSS 2006、2008、2011
复合测量	问题组 瑟斯顿量表 哥特曼量表	ABS 2011;互联网与社交媒体调查 2014 WVS 2007、2012 CGSS 2003、2013

一、单项测量

顾名思义,单项测量即以一道问题对受访者的民主观念进行测量,它主要包括开放式问题、名义型封闭式问题、序次型封闭式问题等形式。

1. 开放式问题

开放式问题(open-ended question)是形式最简单的测量方式,只需要在问题的下面留出一块空白即可,由受访者填写答案。2002 年的 ABS 和 2010 年的"公共产品与政府支持调查"均设计了这样一道测量民主观念的开放式问题:

Q1 大家都在谈民主,在您看来,"民主"究竟指的是什么?

开放式问题的优点在于受访者不受选项的局限,答案可以直观、准确地反映受访者的真实想法。但它的局限在于容易受到受访者知识水平、配合程度及耐心的影响,回答率往往偏低,而且对采集来的数据进行事后分析时需要根据语义进行整理和归纳,工作较为繁琐。因此,ABS 从 2007 年起开始采用封闭式问题。

2. 封闭式问题

封闭式问题（close-ended question）是根据研究设计和理论假设，为受访者提供封闭选项的问题。根据测量层次和变量尺度的不同，封闭式问题又可以分为名义型（nominal）和序次型（ordinal）两类。

名义型封闭式问题的特点在于不同选项之间只存在类别上的差异，因此特别适合对民主观念等定类尺度变量的测量。比如2008年、2009年的"中国公民年度意识调查"都设计了以下这道封闭式问题测量受访者：

Q2 您认为下列哪种情况是最能体现民主的？

1. 国家的领导人能够关注民生
2. 人民选举领导人
3. 人们都有丰厚的收入
4. 人们都自由地追求他们的理想

这种问题的设计思路是：公众对于民主最基本特征、最重要因素的判断存在差别，不同的人可能侧重选举（如"人民选举领导人"）、自由（如"人们都自由地追求他们的理想"）、民生（如"国家的领导人能够关注民生"）或物质（如"人们都有丰厚的收入"）等不同层面。与西方学者仅仅从"参与"和"竞争"维度的指标设计相比，这种测量指标显然更符合中国的实际情况。而且，这种问题的设置强调了题目的无偏向性，避免了问卷设计时只强调事物的一面而不提及另一面的"不平等选择"误区。[①]

与名义型封闭式问题直观地询问受访者的民主观念不同，序次型封闭式问题的设计思路是从受访者对某些论述的同意程度间接地推断其民主观念的内容。在2006年、2008年、2011年的CSS中，研究者设计了这样一道问题：

Q3 您在多大程度上同意下列说法：民主就是政府为人民作主

1. 很不同意　2. 不太同意　3. 比较同意　4. 很同意　5. 不大确定

熟悉中国文化语境的读者不难发现，"民主就是政府为人民作主"是中国传统"民本"观念的典型表述，通过对这种说法同意强度进行赋值，研究者

---

① 参见风笑天：《社会调查中的问卷设计》，天津：天津人民出版社2002年版。

能够将权威导向的、家长式"民主"观念与"人民自己当家作主"的现代民主观念区隔开来。

二、复合测量

复合测量也被称为多项测量，与单项测量相比，其优势在于能够获得更为丰富的信息，因此对复杂、抽象概念的测量更加准确。[①] 对公众民主观念的复合测量主要包括问题组、瑟斯顿量表、哥特曼量表等方式。

1. 问题组

问题组（survey battery）即利用多道问题对同一对象进行反复测量。比如2011年ABS设计了这样一组问题：

Q86 您认为民主最本质的特征是什么？

1. 立法机关监督行政机关
2. 衣食住行等基本生活保障
3. 人们自由组织团体
4. 政府提供高质量公共服务

Q88 您认为民主最本质的特征是什么？

1. 游行示威
2. 政治清明没有腐败
3. 法律保障公民权利
4. 失业者得到国家救济

很显然，这几道问题询问的都是受访者对于民主最本质特征的看法，每道题目选项背后的四个潜在因素完全相同，只是打乱了顺序。比如"衣食住行等基本生活保障""失业者得到国家救济"都认为物质层面的社会经济效益是民主的本质特征，而"立法机关监督行政机关""法律保障公民权利"都

[①] 需要注意的是，复合测量往往比单项测量花费更多的访问时间，而且其测量效果严重依赖研究设计的质量。对复合测量结果的分析需满足的前提假定条件较多，通常需要通过信度和结构效度检验才能使用。单项测量与复合测量具有各自的优缺点，不能简单地判断孰优孰劣，具体使用哪种方式应视情况而定。

认为政治程序层面的选举、分权制衡、公民权利保护是民主的本质特征。相较于2007年ABS的单项测量，问题组"同义反复"的测量方式更为稳健和可靠。针对这组问题，研究者可以通过潜在类别分析（latent class analysis）等技术手段进行分析，从而判断受访者对于民主的认知和理解。

问题组朝着结构化的方向进一步发展便成为量表。量表是常用的态度测量工具，它通过一系列有关联的叙述句或项目，由受访者对这些句子或项目作出反应。经典的态度量表包括李克特量表（Likert scale）、瑟斯顿量表（Thurston scale）、哥特曼量表（Guttman scale）、语义差异法（semantic differentials）等。其中本研究使用的公众民主观念测量指标主要包括瑟斯顿量表和哥特曼量表两种形式。

2. 瑟斯顿量表

瑟斯顿量表由一套意义明确的陈述或项目构成，选项沿着由两端为反义词的连续统（continuum）分布开来，要求受访者在连续统中标注他所同意的位置。2007年、2012年的WVS调查采用了这样一组瑟斯顿量表测量受访者的民主观念：

Q7 民主包括很多内容，但其中只有一些是最基本的。在您看来，下列各项内容是不是民主的最基本要素？这个量表中，1表示这项内容不是民主的基本要素，10表示是民主的基本要素。请在量表上标出您的看法。

1. 政府向富人收税补贴穷人
2. 人民选举领导人
3. 政府提供失业救济
4. 人们的自由不受侵犯是受宪法保护的公民权利
5. 女人与男人享有同等权利
6. 经济繁荣（2007）
7. 犯罪分子受到严厉的惩罚（2007）
8. 人们可以通过公决修改法律（2007）
9. 国家让人民的收入平等（2012）

针对这组"十点量表"，研究者既可以利用每条项目的平均数、中位数、众数等统计量（statistic）量化受访者的民主观念，也可以采取因子分析（factor analysis）等技术手段进行降维（demension reduction）分析。

3. 哥特曼量表

哥特曼量表是围绕某一概念编制的一组陈述，这些陈述之间具有某种趋强或趋弱的结构。与李克特量表可能出现"相同的得分、相异的结构"不同①，哥特曼量表的总分只有一种特定的回答组合与之对应，因此可以根据被测者所同意陈述的数目及他的量表分数来衡量他对该概念的赞成程度。在2003年、2013年的CGSS中，研究者设计了这样一组量表：

Q8 下列是一些说法，您是同意、不同意，还是不知道？

1. 民主就是政府要为民作主
2. 如果老百姓有权选举自己的代表去讨论国家和地方的大事也算是民主
3. 只有老百姓对国家和地方的大事都有直接的发言权或决定权才算是民主

综上所述，本研究采纳具有多样性和丰富性的公众民主观念测量指标体系，该指标体系考虑到了中国公众关于民主的惯常认知和特定表述，通过大量本土化的问题设计和对单项测量与复合测量的综合运用，纠正了西方学者常用测量指标的弊端，在客观性和准确性等方面具有优势。

第四节　本章小结

作为对全书研究设计的整体介绍，本章首先评述了关于民主的理论分歧和现实争议，并据此提出公众民主观念"类型—成因—影响"的整合性分析框架；其次对数据来源、抽样方法、调查实施过程、有效样本量和完成率等

---

① 李克特量表属于最常用的评分加总式量表的一种，它是由美国社会心理学家李克特于1932年在原有的总加量表基础上改进而成的。该量表由一组陈述组成，每一陈述有"非常同意""同意""不一定""不同意""非常不同意"五种回答，分别记为5、4、3、2、1，每个被调查者的态度总分就是他对各道题的回答所得分数的加总，研究者用总分判断被调查者态度的强弱。

• 第二章 研究设计：理论框架、数据来源与测量指标 •

信息进行了交代与说明；最后在批评西方学者构建的公众民主观念测量指标的基础上提出了本书的测量指标。

民主的理论分歧和现实争议构成了本书的逻辑起点。民主的原始形态可以追溯至早期的氏族社会，作为政治制度的民主是随着国家的建立而臻于成熟的；作为政治观念的民主最初是对以雅典为代表的古希腊城邦国家"多数人统治"的政治组织形式的经验化概括，并不包含任何价值判断。然而近代以来民主的概念先后经历了"内涵扩大化"和"标准简单化"两个过程：前者指民主概念通过与自由、平等、人权等价值的关联和融合，从一个中性甚至经常带有贬义的词汇转变为崇高的政治价值；后者指民主评判标准的单一化，既然民主的内涵与外延发生了扩展，那么民主评判标准的多维化、复杂化自然是应有之义，但事实上经过熊彼特、达尔等思想家的理论改造，"最小化路径"下的"程序型"民主观念取得了意识形态的宰制性，西方学者基于竞争性选举、多党制等标准制定了各式各样简单化的民主测量指标。"内涵扩大化"与"标准简单化"之间的巨大张力导致民主概念在理论与现实中的"本质争议性"，表现为思想家们对民主莫衷一是的定义和公众对民主南辕北辙的理解。在这种背景下对公众民主观念的实证测量应运而生。

然而，通过本章的梳理我们发现目前公众民主观念的实证测量存在三方面的缺陷：首先是实证测量深深地打上了理论分歧的烙印。尽管实证研究强调价值中立，民主概念的"本质争议性"却导致研究者往往从不同的理论假设出发进行研究设计、数据分析和因果推断，并利用调查数据为"先入为主"的理论观点提供注脚。一旦调查数据呈现出不符合理论预期的结果，则归咎于测量误差（measurement error）等技术问题或者社会意愿偏差（social desirability bias）、政治担忧（political worry）等受访者心理原因，而鲜有对自由主义民主理论本身的反思。意识形态化的公众民主观念研究已经成为了西方尤其是美国政治学界的主流，任何对其提出质疑与挑战的研究都面临着被边缘化的尴尬处境。其次是精确性远远没有达到应有水平。以民主观念的能力维度为例，目前多数研究都是根据受访者对封闭式问题的选择区分为"有"与"无"两类。尽管简洁明了，但这种"二分法"却忽略了公众民主观念的能力维度是从弱到强的连续统（continuum）的事实，更没有考虑到回答者性格、回答意愿等因素对答案的干扰。最后是缺乏整合性理论分析框架。尽管一些研究者或者注意到了理性、文化、政治社会化等因素在塑造公众民主观念过程中的作用，或者意识到了公众的民主观念会对其政治态度、政治行为产生影响，但由于整合性分析框架的缺乏，其研究焦点往往集中于某些特定的命题与假设上，而很少能够从更宏观的角度把握公众民主观念在整个逻辑链条中扮演的角色。事实上，公众民主观念研究中的许多谜题和悖论背后都蕴含着更深层次的机制。比如前文所提到的：同样是在内容上秉持"实质型"民主定义的受访者，为什么在非洲、拉美该群体普遍表现出较低的弥散政治支持，而在中国该群体的体制支持度明显高于"程序型"民主观念的受访者？可能的解释在于：公众的政治关注点总是随着其身处的社会经济情境转移。由于民主话语的强势性，人们谈到民主时往往从理想主义的角度强调它能够提供现实所缺乏的东西。许多非洲、拉美国家并不缺乏符合"竞争性选举"等西方标准的"民主"制度，而缺乏的是有效的国家能力、良好的社会经济治理绩效，因此如果以"实质型"民主观念为衡量标准，非洲、拉美公众当然不会认为现有的"民主"体制就是他们想要的民主；而中国的情形则恰好相反，改革开放以来中国的社会经济发展取得了举世瞩目的绩效，"实质型"民主观念人群的良好的绩效感知带来了他们对民主现状的较高评价，从而强化了其弥散政治支持。上述分析意味着，一个社会特定的历史与现实构成了公众民主观念的基础性约束条件，只有将这些因素统统纳入理论框架才能得出具有理论穿透力的结论。

鉴于此，本书强调理论的开放性、测量的精确性和框架的整合性。针对公众民主观念的类型，本书在统合"能力"、"价值"和"内容"三个维度的基础上提出了超越"程序—实质"二分法的分析框架。在该分析框架中，公众民主观念并非"程序型"内容与"实质型"内容的二元对立，而是不同取向民主诉求的复合，此外该框架还考虑到了"无内容型"民主观念的可能性。针对公众民主观念的成因，本书将政治社会化视为理性主义路径与文化主义路径的联结点，提出了超越了"理性—文化"二分法的分析框架，其中经济发展、政治制度等理性因素和以政治文化为代表的文化因素对于公众民主观念的成因均具有宏观层面的解释力，但两者在中观层面影响力的发挥均需要

第二章 研究设计：理论框架、数据来源与测量指标

借助公民参与、社会学习、政治传播等政治社会化路径。针对公众民主观念的影响，本书提出了整合"态度后果"和"行为后果"的分析框架，其基本分析思路是不同的民主观念会导致人们特定政治支持和弥散政治支持的差异，进而塑造着人们不同的政治参与模式。

"类型—成因—影响"的整合性分析框架不仅实现了公众民主观念研究在"事实层面"与"解释层面"的贯通，而且实现了对公众民主观念作为"自变量"研究与作为"因变量"研究的结合。为了对该框架的解释力进行实证检验，本书采集了2002—2014年间来自5家学术机构的7项共14次全国代表性样本调查数据，构建了以横截面数据为主、纵贯数据和全球数据为辅的数据库。在纠正西方学者测量指标局限性的基础上，采纳本土化问题设计，综合运用单项测量、复合测量等多样化、丰富化的测量方式以保障测量的客观性和精确性。在本书接下来的章节中，我们将基于这些调查数据和测量指标，描述中国公众民主观念的内容特征、变化趋势、社会分布和国际比较等"事实"，并对中国公众民主观念的成因和影响提出"解释"。

第三章 结构、变迁与比较：中国公众民主观念的多元考察

> 如果我们不能准确地知道自己所使用的词语的意义，我们就不能够恰到好处地讨论任何问题。我们耗费大量时间的大多数争论，基本上都归因于这样一个事实：我们每个人对于自己所使用的词语都有自己含糊不清的意义，而且假定我们的反对者也是从相同的意义上使用它们。
>
> ——维特根斯坦

第一节 多维与复合：中国公众民主观念的内容特征

一、研究假设："多维内容"与"复合主导"

识别民主观念的内容、廓清民主观念的类型、概括民主观念的典型特征，是研究中国公众民主观念的首要任务。关于公众民主观念的内容特征，目前实证研究存在两条流行的假设：第一，民主观念的内容是单维的，即民主观念内容的不同维度之间存在根本对立，个体的民主观念要么是"程序"取向的、要么是"实质"取向的；第二，"实质"取向的民主观念在中国公众中占据主导地位。这两条逻辑上紧密相连的假设背后反映的是"程序—实质"

● 第三章 结构、变迁与比较：中国公众民主观念的多元考察 ●

二分法的根深蒂固，事实上，目前多数实证研究从问题设计到分析过程再到研究结论都带有这种思维方式的蛛丝马迹。比如，在对2011年亚洲晴雨表调查的研究中，朱云汉、黄旻华和吕杰将"程序型"民主观念操作化为自由、规范与程序两个维度，将"实质型"民主观念操作化为社会平等、善治两个维度，他们的结论是目前中国公众"实质型"民主观念的比例约为65%，"程序型"民主观念的比例约为35%，并且呈现出"社会平等＞善治＞规范与程序＞自由"的分布特征。① 再比如，中国社科院政治学研究所2011年组织实施的"中国公民政治素质调查"在问卷中设计了一道"二选一"的题目测量受访者民主观念的内容②，结果发现认为"民主就是一个国家的政府和领导人要真正代表人民的利益，为人民服务、受人民监督"的受访者比例高达84.7%。研究者据此得出了中国公众的民主观念"内容重于形式""实质重于程序和制度""要中国的而不是西方式的民主"等结论。

在第二章中我们曾指出，"程序—实质"二分法最大的问题在于思维的简单化。在罗伯特·达尔看来，民主的程序和实质不是割裂而是共生的，围绕实质性后果和民主程序孰应优先的争论"并不是在民主者和反民主者之间展开的；他们都是民主者。但是一方为民主过程的辩护依据的是，民主具有强烈的实质性同样具有程序性，而另一方，他的批评者则认为，针对实质性利益的损害，单边路线提供的是不充分的保护"③。事实上，任何正义的程序都离不开实质性的善，而民主过程本身就是一种正义的形式。在民主的"实质"和"过程"之间进行简单的对比，从根本上否定了民主的广义性。鉴于此，与"程序—实质"二分法的"单维内容"和"实质主导"两个流行的基本假设相反，我们认为中国公众民主观念的内容特征应该是"多维内容"和"复

---

① Chu, Yunhan, Minhua Huang, and Jie Lu. 2013. "Understanding of Democracy in East Asian Societies", *Asian Barometer Working Paper Series*.
② 该调查于2011年在北京、深圳、湖北孝感、吉林榆树等四城市进行，共访问了1750位城镇居民。参见：张明澍：《中国人想要什么样的民主》，北京：社会科学文献出版社2013年版。需要指出的是，这项调查在问卷设计、研究逻辑、数据解读、结论稳健性、过高的回答率等方面曾遭到了质疑和批评。参见刘瑜：《当我们谈论文化时，是在谈什么》，载《读书》，2013年第9期。
③ ［美］罗伯特·达尔：《民主及其批评者》，曹海军、佟德志等译，长春：吉林人民出版社2006年版，第222—223页。

合主导"。

所谓"多维内容",即公众民主观念的此疆彼界并非泾渭分明、判若鸿沟,个体民主观念并不是"实质"与"程序"非此即彼的二元对立,它可能同时包含多个不同的内容维度。既然民主本身是广义的,那么理性个体对民主内容的理解必然是多维的、丰富的、高度复杂化的,在关注民主程序的同时也会重视民主的实质结果。当然,我们也承认现实中有些人并不具备明确的民主观念,作为民主观念的特殊类型,"无内容型"民主观念不但没有否定反而更加凸显了公众民主观念内容的多维特征。所谓"复合主导",即在以"程序"和"实质"为两端的民主观念"连续统"中存在一个广阔的"中间地带",其中"程序"取向与"实质"取向的民主观念参差交错、相伴相生,呈现出复合的形态。传统的"程序—实质"二分法忽视了民主的程序维度与实质维度本身所具有的共性。一方面,尽管民主程序在很多情况下未必能够保证可欲的实质结果,但可以肯定的是完全排斥了民主程序的政治过程不可能持续地输出优良的实质绩效[①];另一方面,尽管民主的实质结果并不能取代民主的程序正义,但实质结果往往是判断和检验程序正义的标准,比如罗尔斯就认为"民主政治过程充其量只是一种受控的竞争过程:它甚至在理论上也不具有价格理论赋予真正的竞争市场的那种值得向往的性质……作为一种程序,民主有效性的基本标准当然需要通过程序可能产生的结果的正义性来检查"[②]。民主的程序维度与实质维度的内在联系构成了二者复合的前提,我们认为在处于社会经济改革过程中的中国,这种复合型民主观念占据主导地位。

根据上述分析,本书将中国公众民主观念的内容特征操作化为"多维内容"与"复合主导"两条研究假设,并利用 ABS 2011 数据对它们进行实证检验。

假设 3.1 "多维内容假设":中国公众的民主观念存在"实质型""程序型""复合型"和"无内容型"等四种基本类型;

假设 3.2 "复合主导假设":按照分布比例由大到小的顺序,民主观念的

[①] 李普塞特对"正当性"与"有效性"之间辩证关系的精彩论述就是明显的例证,参见[美]马丁·李普塞特:《政治人:政治的社会基础》,张绍宗译,上海:上海人民出版社 1997 年版。

[②] [美]约翰·罗尔斯:《正义论》,何怀宏等译,北京:中国社会科学出版社 1988 年版,第 216—220 页。

四种基本类型依次为"复合型">"实质型">"程序型">"无内容型"。

二、实证检验：基于探索性潜在类别分析

2011年的第三波ABS对民主观念的测量是在对前两波调查问题改进的基础进行的。在2002年进行的第一波调查中，研究者设计了一道开放式问题测量受访者的民主观念，约65%的受访者对这道问题进行了回答，其中比例最高的一类为"人民当家做主"、"政府代表人民利益"等"民本"内容主要的民主观念（20.2%），其次是自由权利（17.47%），再次是参与（10.56%）。"民主集中制""中国共产党的领导""少数服从多数"等集中式民主观念的比例为5.72%；认为民主指的是"投票""选举""法治"等政治程序的受访者比例为5.25%；而认为民主指"平等""治理绩效"的加在一起约为6%。（见表3.1）

表3.1 ABS 2002：在您看来，民主究竟指的是什么（N=3183）

内容维度	表述	人数	比例
集中	民主集中制 中国共产党的领导 少数服从多数、个人服从集体	69 94 19	5.72%
民本	人民主权、人民当家作主 政府代表人民利益、听取人民意见、为人民服务	266 377	20.2%
平等	政治平等、法律面前人人平等	98	3.09%
参与	公民直接参与 公民表达意见、共同协商作出决策	178 158	10.56%
治理绩效	国家富强、经济发展、社会团结等	98	3.09%
自由权利	言论自由 其他各类自由权利	461 95	17.47%
政治程序	法治 投票、选举 其他程序或制度	19 131 17	5.25%
无内容	无回答/不知道	1103	34.65%
合计	—	3183	100%

2002 年 ABS 的调查结果表明，尽管公众民主观念的内容高度分化，但围绕的无外乎是社会平等、治理绩效、政治程序、自由权利等几方面的主题。因此，在 2007 年进行的第二波调查中，研究者将测量民主观念的问题转换为"四选一"的封闭式问题。在"民主"的各项特征中，认为政治程序对民主而言最重要的受访者比例为 22.22%；选择自由权利的比例为 3.61%；选择社会平等的比例为 24.09%；选择治理绩效的受访者比例为 30.82%；此外，约 19% 的受访者不回答或选择"不知道"（见表 3.2）。相比于开放型问题，封闭型问题不仅显著地提高了回答率，而且使得原来分散的答案更为集中，"实质"取向的民主观念呈现出压倒性优势。

表 3.2　ABS 2007：在下面这些特征中哪一项对民主最重要？（N=5098）

内容维度	人数	比例
政治程序	1133	22.22%
自由权利	184	3.61%
社会平等	1228	24.09%
治理绩效	1571	30.82%
无内容	982	19.26%
合计	5098	100%

为了进一步提高测量的信度与效度，2011 年的第三波 ABS 采取了问题组的形式测量受访者的民主观念，在问卷中由询问"民主最本质的特征是什么"的题目构成，其中每道题均包含四个选项，分别代表民主观念的社会平等、治理绩效、政治程序、自由权利等维度，受访者在每道题目中只能选择一项答案。表 3.3 显示，受访者的民主观念主要分布在"基本生活保障"（35.8%）等社会平等、治理绩效维度上；与此同时，"法律保障公民权利"（31.0%）等自由权利维度的民主观念在某些题目中选择比例也较高；而无回答或选择"不知道"的受访者比例稳定在 16.1%。[1]

---

[1] 信度与效度检验结果：Cronbach's Alpha 系数为 0.762，表明该组题目具有较高的内部一致性，信度可靠；因子分析提取了一个主成分且其贡献率为 58.473%，表明该组题目具有较好的结构效度。

第三章 结构、变迁与比较：中国公众民主观念的多元考察

表 3.3 ABS 2011：您认为民主最本质的特征是什么（N=3473）

题目	选项	比例
Q86	立法机关监督行政机关	15.3%
	衣食住行等基本生活保障	35.8%
	人们自由组织团体	4.4%
	政府提供高质量公共服务	28.4%
	无回答/不知道	16.1%
Q88	游行示威	5.1%
	政治清明没有腐败	28.5%
	法律保障公民权利	31.0%
	失业者得到国家救济	19.3%
	无回答/不知道	16.1%

对于 Q86 和 Q88 这两道题目，经典的分析方法是将社会平等与优良治理维度合并为"实质型"民主观，程序与规范、自由与权利维度合并为"程序型"民主观，这种处理方式的缺陷在于对理论假设的严重依赖极有可能导致对数据的结构性误读。为了纠正该弊端，本研究使用探索性潜在类别分析（Latent Class Analysis，简称 LCA）方法对该组题目进行分析。LCA 是探讨潜在变量的模型化分析技术，其基本假设是外显变量各种反应的概率分布可以由少数互斥的潜在类别变量来解释，每种类别对各外显变量的反应选择都有特定的倾向。该方法与传统因素分析最大的不同在于它可以对离散型变量进行分析。[①] 鉴于 Q86 和 Q88 这两题目为定类变量，笔者利用 Mplus 7.1 软件进行探索性潜在类别分析以挖掘外显变量背后的类别变量。

表 3.4 显示，随着分类数目的增加，潜在类别模型的似然比卡方、皮尔森卡方、阿凯克信息标准指数、贝叶斯信息标准指数及根据样本规模调整后的贝叶斯信息标准指数等指标都逐渐降低，说明模型拟合度与配适度都逐渐变好。而当 T≥5 时模型无法识别，因此潜在类别分析的最佳模型是分为四类。

---

① 参见邱皓政：《潜在类别模型的原理与技术》，北京：教育科学出版社 2008 年版。

表 3.4 探索性潜在类别分析模型指标摘要表（N = 3473）

分类数目	模型拟合度指标		模型配适度指标			参数、自由度	
	G^2	Pearson	AIC	BIC	S - BIC	Para	df
T = 1	8207.255***	95297.766***	41530.719	41629.164	41578.324	16	608
T = 2	1662.588***	2680.290***	35021.053	35224.095	35119.238	33	591
T = 3	1156.110***	1784.066***	34547.575	34855.213	34696.339	50	574
T = 4	927.693***	1419.194***	34353.158	34765.393	34552.502	67	557

根据观测变量上的作答，笔者将受访者的民主观念分为四种潜在类别。第一类民主观念的潜在类别概率约为27%，该群体最明显的特征在于认为社会平等、治理绩效是民主的本质，在题目上选择"政府提供基本生活保障""政治清明没有腐败"等实质取向民主观念的条件概率之和均高于70%，其中Q86甚至超过95%，我们据此将该组民主观念命名为"实质型"。第二类的情况则相对复杂，在Q86、Q88两道题目上，这类受访者的民主观念呈现出社会平等维度和政治程序维度的复合。不过从整体上看，这类受访者选择社会平等、治理绩效维度的条件概率高于政治程序、自由权利维度，因此我们将其命名为"偏实质复合型"，其潜在类别概率为33.63%。第三类民主观念在题目之间以及同一题目各选项之间皆存在程序维度与实质维度的复合，这类受访者在Q86一题的选择上分别呈现出程序取向与实质取向的民主观念，而在Q88则呈现出社会平等和政治程序维度的复合。值得注意的是在该类受访者的民主观念中，政治程序维度的条件概率在整体上高于其他维度，因此我们将其命名为"偏程序复合型"，其潜在类别概率为24.25%；最后一类受访者的特征非常容易识别，即在所有题目中他们均不回答或者选择"不知道"，条件概率均超过90%。由于这类民主观念没有实质内容，我们将其命名为"无内容型"，其潜在类别概率约为15%。表3.5报告了潜在类别分析的结果。

表 3.5　探索性潜在类别分析模型结果（N = 3473）[①]

题目	潜在类别 （潜在类别概率）	实质型 （0.2704）	偏实质 复合型 （0.3363）	偏程序 复合型 （0.2425）	无内容型 （0.1508）
Q86	政治程序	0.020	**0.321**	0.163	0.000
	社会平等	**0.662**	**0.364**	**0.219**	0.020
	自由权利	0.013	0.059	0.085	0.000
	治理绩效	**0.298**	0.248	**0.489**	0.012
	无回答或选择"不知道"	0.007	0.008	0.044	**0.968**
Q88	自由权利	0.007	0.100	0.062	0.000
	治理绩效	**0.389**	0.102	0.101	0.019
	政治程序	0.222	**0.452**	**0.555**	0.006
	社会平等	**0.377**	**0.341**	**0.232**	0.003
	无回答或选择"不知道"	0.006	0.004	0.050	**0.972**

表 3.5 表明：第一，中国公众的民主观念的内容是多维的，大体上可以分为"实质型""偏实质复合型""偏程序复合型"和"无内容型"四类，假设 3.1 成立；第二，中国并不存在纯粹的程序型民主观念，公众对政治程序、自由权利等程序维度的民主诉求通过与社会平等、治理绩效等实质取向的民主观念复合的方式呈现；第三，只有 27% 左右的受访者的民主观念呈现出明显的实质型特征，而 55% 以上是复合型，说明中国公众的民主观念呈现出"复合主导"而非由"实质型"主导的特征，假设 3.2 成立；第四，在两类不同的"复合型"民主观念中，"偏实质复合型"民主观念的比例高于"偏程序复合型"民主观念的比例，说明以社会平等、治理绩效为主要内容的实质型民主观念在中国公众中仍然存在较为广泛和深远的影响；第五，"无内容型"民主观念的人群比例稳定在 16% 左右。一言以蔽之，中国公众的民主观念的内容呈现出多维面向，其中占据主导地位的是介于"程序与实质之间"的复合型民主观念。图 3.1 直观地反映了四类民主观念潜在类别的分布比例。

[①] 模型说明：classification entropy = 0.664，estimator = MLR，maximum iteration = 100。

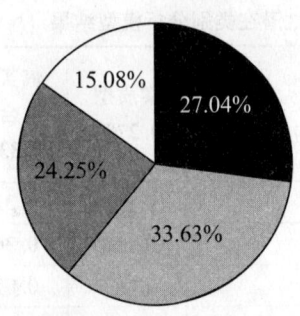

图 3.1 民主观念潜在类别的分布比例（N = 3473）

三、本节小结

本节运用实证分析方法揭示了中国公众民主观念"多维"与"复合"的基本内容特征。"多维"指公众民主观念的此疆彼界并非泾渭分明、判若鸿沟，个体民主观念可能同时包含多个维度的、不同侧面的内容；"复合"指在以"程序"和"实质"为两端的民主观念"连续统"中存在一个广阔的"中间地带"，其中"程序"取向与"实质"取向的民主观念参差交错、相伴相生，呈现出复合的形态。

"多维复合"的民主观念既反映了民主概念的复杂性，也是对民主本身内涵在某种程度上的回归。作为"本质争议性"概念，民主在理论上应该是包容、折中、调和的框架，而不应该是"程序—实质"二元对立的矛盾体；作为"近似值"，民主在价值上应该是超越左右的，在实现形式上应该是丰富多样的。① 目前政治学研究围绕着平行而多样的价值已经形成了多种规范性理论，其中以"竞争性选举"为核心的自由民主成为人们所偏爱的一种政治系统，殊不知这种以某种特定政治伦理价值为出发点的学术研究可能带来片面性。② 就像戴维·伊斯顿所指出的那样，目前学术研究包括大多数理论化努力

---

① 杨光斌：《民主观：二元对立或近似值》，载《河南大学学报》，2012 年第 5 期。
② 徐湘林：《把政治文化找回来："公民文化"的理论与经验反思》，载《政治学研究》，2012 年第 1 期。

的主要动因是要更好地了解民主系统及其产生的方式,这些研究一个基本的和不容置疑的假定是把民主当作一种潜在的楷模来对其他系统进行检验。但是"除非我们能发现一种可以广泛适用于对各类系统进行分析的概念框架",否则很难确保我们对民主的形成和运行方式有可靠的理解。① 从这个意义上说,中国公众"多维复合"的民主观念比一些政治学者的民主观念更广义、更客观,也更贴合中国的实际。事实上,从亚里士多德到波利比乌斯再到西塞罗,西方古典政治哲学一直推崇"混合至上"的原则,认为不同政治价值目标之间的平衡和混合才是实现"共同的善"的必由之路。只是到了近代,西方政体理论才逐渐从复杂的"多元论"走向了简单的"二元论"。② 与此同时,中国传统政治文化也有着源远流长的复合理念,"允执厥中""执两用中"的"中庸之道"在当代中国人的认识民主的过程中仍然发挥着重要影响。此外需要指出的是,"多维复合"的民主观念在很大程度上直接来源于中国多维度的民主政治实践。复合民主是"人民民主在中国的实践形态"③,改革开放以来中国特色的社会主义民主政治建设取得了全方位的进展,无论是党内民主、基层民主、选举民主、协商民主的逐步完善,还是以民生为导向的"治理民主"的全面推进,都在客观上丰富着国人对民主的认识、推动着公众民主观念的"巨变"。④ 关于这一点,我们将在本书第四章进行更加详细的讨论。

"多维复合"民主观念的实践寓意在于:中国特色社会主义民主政治建设必须在中国共产党的领导下,基于中国的基本国情、立足民意,协调推进民主"程序"内容与"实质"内容,二者不可偏废。具体来说,就是在"党的领导""人民当家作主"和"依法治国"所构成的"中国式民主"的基本复合结构中,

---

① [美] 戴维·伊斯顿:《政治生活的系统分析》,王浦劬译,北京:华夏出版社1999年版,第18页。
② 参见:曾毅:《政体新论:破解民主—非民主二元政体观的迷思》,北京:中国社会科学出版社2015年版。
③ 林尚立:《复合民主:人民民主在中国的实践形态》,载《复旦政治学评论》,2011年第5期。
④ 参见杨光斌等:《中国民主:轨迹与走向(1978—2020)》,北京:中国社会科学出版社2016年版。

采取综合推进战略实现民主目标之间的协调发展。① 一方面，要通过不断深化的政治体制改革满足公众"程序"维度的民主诉求；另一方面，也要以优良的治理绩效回应"实质"维度的民主诉求，在有效治理的过程中实现多元民主形式的整合。② 总之，在现代社会，民主广泛存在于整个社会系统的多重领域，在每一领域民主又都具有多种实现形式，每一种民主形式在实现过程中又都包含多个程序环节。③ 我们有充分的理由认为，"多维复合"的民主观念将成为中国特色社会主义民主建设的重要文化心理支撑。

第二节 嬗递与传承：中国公众民主观念的变化趋势

在上一节中，我们从静态视角对中国公众民主观念"多维"与"复合"的内容特征进行了横截面分析。从动态的视角来看，这些特征是一直存在的还是逐渐形成的？是一成不变的还是不断变化的？如果是变化的，那么目前处于什么样的状态或阶段？其变化的趋势和方向又是什么？关于上述问题，目前人们的认识主要受到民主化理论（democratization theory）和政治文化理论（political culture thoery）两种理论范式的影响。

在经典的民主化理论看来，民主是历史发展的最终归宿，民主化则是不可抗拒的世界潮流。早在19世纪，出身于法国贵族的托克维尔在游历了美国后就预言民主是人类历史的大势所趋，"人民生活中发生的各种事件，到处都在促进民主。所有的人，不管他们是自愿帮助民主获胜，还是无意之中为民主效劳，不管他们是自身为民主而奋斗，还是自称是民主的敌人，都为民主

---

① 佟德志：《中国式民主的内在复合结构与战略选择》，载《武汉大学学报（哲学社会科学版）》，2010年第5期。

② 何显明：《基于有效治理的复合民主：中国民主成长的可能方式》，载《浙江社会科学》，2011年第8期。

③ 李海青：《广义民主论：构建中国特色社会主义民主话语的一种尝试》，载《上海师范大学学报（哲学社会科学版）》，2015年第5期。

第三章 结构、变迁与比较：中国公众民主观念的多元考察

尽到了自己的力量"①。在这种思维方式下，所谓"现代"的民主观念不仅是民主化带来的必然结果，而且是进一步民主化的观念动因。对此，亨廷顿说得最为直白："时间属于民主一边……一波接一波的民主化浪潮冲击着独裁的堤岸。在正在兴起的经济发展的浪潮的推动下，每一波浪潮都比前一波进得更多，退得更少。套用一种比喻的说法，历史不是直线前进的，但是当有智慧有决心的领导人推动历史的时候，历史的确会前进。"② 显而易见，民主化理论秉承的是一种"进步主义"的历史观，其潜在的预设在于历史是从"非民主"向"民主"的线性发展过程。依照这种逻辑，现时期中国公众多维复合民主观念的本质就是一种"过渡性"（transitional）的政治文化，这种过渡状态是不稳定的，终将走向某种单维的、纯粹的状态。在这种思维的主导下，有些研究者认为中国公众的民主观念处于"威权主义—民主主义"过渡阶段，正在实现"由传统向现代的变迁"，最终嬗递为"现代公民意识"③。

政治文化理论则针锋相对地认为，尽管社会存在的全方位变迁推动着社会意识的更新，但精神和文化层面的社会意识具有相对独立性和稳定性。詹姆斯·汤森等学者曾指出，"研究中国政治的学生必须参照历史，因为这些历史因素笼罩着中国政治的进程。中国人的概念框架令人惊异地具有自我中心和历史的特性。诸多比较主要是与历史的比较，与封建王朝、与国民党、与'新中国成立前'、与'文化大革命前'或是'四人帮之后'比较，而不是与其他制度比较……这种在当代政治进程中加进历史因素的做法，部分是处于一种文化特质，部分则是由传统体制的封闭性和相关性所造成的……简言之，历史背景仍然提供了评估当代事项和目标的参考点"④，对于中国这样一个历史悠久且有着尚古尊祖传统的文明来说，根植于

---

① [法] 托克维尔：《论美国的民主》（上），董良果译，北京：商务印书馆1997年版，第7页。
② [美] 萨缪尔·P. 亨廷顿：《第三波：20世纪后期民主化浪潮》，刘军宁译，上海：上海三联出版社1998年版，第380页。
③ 相关研究参见池上新：《市场化、政治价值观与中国居民的政府信任》，载《社会》，2015年第2期；肖唐镖、余泓波：《农民政治价值观的变迁及其影响因素：五省（市）60村的跟踪研究（1999—2011）》，载《华中师范大学学报（人文社会科学版）》，2014年第1期；赵孟营等：《现代公民意识的觉醒：北京市公民的政治价值观报告》，载《中国特色社会主义研究》，2009年第2期。
④ [美] 詹姆斯·R. 汤森、布兰特利·沃马克：《中国政治》，顾速译，南京：江苏人民出版社2003年版，第4页。

民族文明基因当中的历史传统塑造着人们代际相传的文化记忆，也构成了中国人民主观念的思想资源。李路路等利用世界价值观调查（1990—2007）和中国综合社会调查（2010）的数据，围绕着政体偏好、政府偏好、政治重要性、政府信任度和政治顺从等五个维度分析了改革开放以来中国人政治价值观的基本模式及变迁趋势，结果发现民主观念呈现出明显的历史传承性，以"偏好、信任和顺从权威"为基本特征的传统政治文化对中国人看待民主的思维方式和基本观点仍然有着不容忽视的影响。[①]

中国政治文化"历时性结构"和"共时性结构"、"既存结构"和"发展结构"的共存，决定了公众民主观念的变化趋势是嬗递与传承的结合。一方面，改革开放以来中国社会发生的全方位、翻天覆地的变化使人们的价值观念随之经历了深刻的变迁过程，时代的变革和世代的更替正在引领中国政治文化进入一个全新的发展阶段，中国人对民主的认知与理解自然呈现出不同于以往的特点，这是民主观念的"嬗递性"；另一方面，延绵亘久的历史传统是民主观念"拓新"的基础，从古代的"民本"观念到近代引进民主概念过程中的"本土化"，中国人对民主的认知与理解离不开历史传统的结构性制约，这是民主观念的"传承性"。因此准确判断中国民主观念变化趋势与方向的关键在于理解政治文化结构的"变"与"常"，在特定的时间参照坐标中通过历时性纵向比较寻找答案。

一、民主观念的嬗递性

1. 能力维度：从"低"到"高"的变化

在能力维度上，中国公众的民主观念经历了由"低"到"高"的变化，具体表现为"无内容型"民主观念比例的下降。2002—2014 年，当被问及民主观念时无回答或选择"不知道"的比例逐渐下降，尤其是在遵循同样研究设计的前提下这种下降趋势随着时间的推移更加明显。比如在 2002 年 ABS 中，"无内容型"民主观念的比例为 34.65%，2007 年 ABS 该比例下降至 19.26%，2011

[①] 李路路、钟智锋：《分化的后权威主义：转型期中国社会的政治价值观及其变迁分析》，载《开放时代》，2015 年第 2 期。

年继续下降至 15.95%。再比如，在 2007 年和 2012 年的 WVS 中，当被问及"您认为下列说法在多大程度上是民主的基本要素"时，"政府向富人收税补贴穷人"的回答率从 83.43% 上升至 86.57%；"政府提供失业救济"的回答率从 85.28% 上升至 85.74%；"人们的自由不受侵犯是受宪法保护的公民权利"的回答率从 75.59% 上升至 84.87%。当然，受到调查难度、质量控制等主客观因素的影响，不同年份的调查在回答率上可能出现短期波动，但从长时段来看，回答率的上升是反映中国公众民主观念变化情况的主要趋势。

2. 内容维度：从"单一"到"多维"的变化

在内容维度上，中国公众民主观念的嬗递性表现为从"单一"到"多维"的变化。如果将民主观念比喻为一个由许多片木板拼接起来的木桶，那么"木桶原理"意味着民主决定观念"水位"的不是最长而是最短的那块木板。自由与权利、政治程序等木板历来是中国公众民主观念的"短板"，但随着时间的推移，"短板"与"长板"之间的差距在缩小。比如在 2007 年的 ABS 中认为"民主的本质特征是言论自由"的受访者只有 3.61%，而 2011 年该比例上升到 14.25%，与选举、收入平等、基本生活保障等维度的比重更加趋于平衡（见图 3.2）。

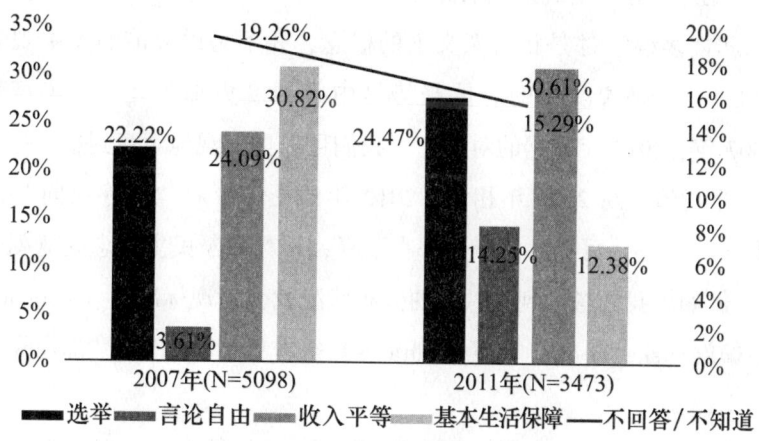

图 3.2　ABS 2007 年、2011 年内容对比

再比如，CSS 数据表明当被询问到"您在多大程度上同意民主就是政府为人民做主的说法"时，2006 年表示"很不同意"和"不大同意"的受访者比例

为 22.12%，2008 年上升为 22.14%，2011 年进一步上升为 26.39%，与表示"比较同意"和"很同意"的受访者的比例差距在逐渐缩小（见图 3.3）。

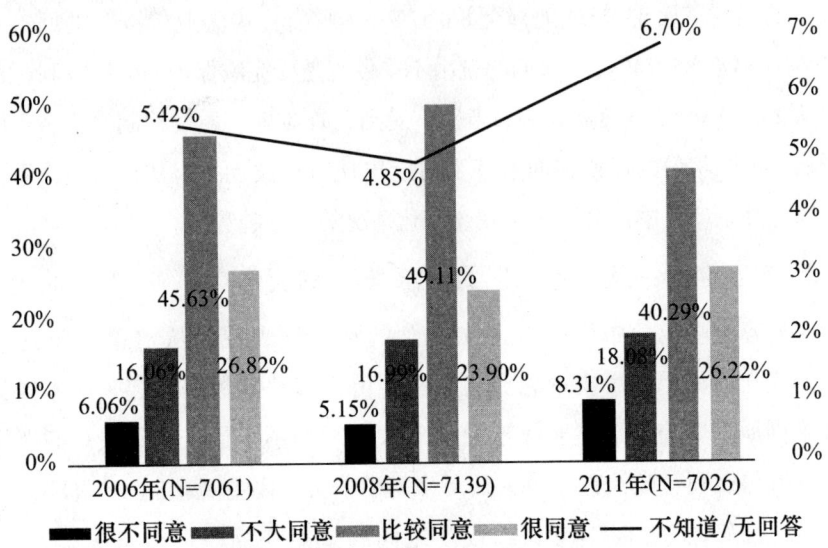

图 3.3　CSS 2006 年、2008 年、2011 年内容对比

表面上看，上述趋势反映的是"程序取向"民主观念比例的提升，而在深层次上反映的是民主观念内容维度从"单一"到"多维"的变化。当然，"单一"和"多维"都是相对意义上的概念，并不是说以前的民主观念就只有实质维度，而是说变化的总体趋势是内容维度更加多元化、丰富化。从 WVS 2007 年、2012 年数据的对比中，我们可以更直观地观察到这种趋势。如果只关注平均值，与 2007 年相比，2012 年的受访者对"程序取向"表述和"实质取向"表述认可程度的得分都在下降，很难判断民主观念究竟朝什么方向变化；但如果我们考虑到 1—10 的分布状况就会发现标准差（standard deviation）、偏度（skewness）、峰度（kurtosis）等统计量的绝对值[①]都在降低（见

---

① 偏度是描述总体取值分布对称性的统计量，偏度大于 0 表示其数据分布形态与正态分布相比为正偏或右偏，即数据右端有较多的极端值；偏度小于 0 表示其数据分布形态与正态分布相比为负偏或左偏，即数据左端有较多的极端值；偏度的绝对值数值越大表示其分布形态的偏斜程度越大。峰度是描述总体中所有取值分布形态陡缓程度的统计量，峰度大于 0 表示该总体数据分布与正态分布相比较为陡峭，为尖顶峰；峰度小于 0 表示该总体数据分布与正态分布相比较为平坦，为平顶峰；峰度的绝对值数值越大表示其分布形态的陡缓程度与正态分布的差异程度越大。

表3.6），说明民主观念正在经历"去两极化"即"向中间靠拢"的变化过程。

表 3.6　WVS 2007 年、2012 年统计量对比

内容维度	平均值		标准差		偏度		峰度	
	2007	2012	2007	2012	2007	2012	2007	2012
税收调节贫富差距	7.61	7.22	2.637	2.642	-1.185	-1.009	4.09	-0.042
选举领导人	8.62	7.48	1.968	2.460	-2.026	-1.098	4.282	0.471
失业救济	8.35	8.19	2.203	1.999	-1.833	-1.656	2.934	2.726
公民自由权利	8.77	8.41	1.857	1.862	-2.187	-1.677	5.131	3.084

二、民主观念的传承性

在不断嬗递的同时，中国公众民主观念也呈现出三个方面的传承性。首先，在排除了无回答的受访者之后，民主观念各项内容之间的比例变化幅度不大，在短期内保持相对稳定。比如2008年、2009年全国公民意识调查有效百分比（valid percentage）的变化微乎其微，认为民主的本质是国家领导人能够关注民生、人们都有丰厚收入、人们都自由地追求他们的理想的受访者比例在两次调查中基本持平（见图3.4）。

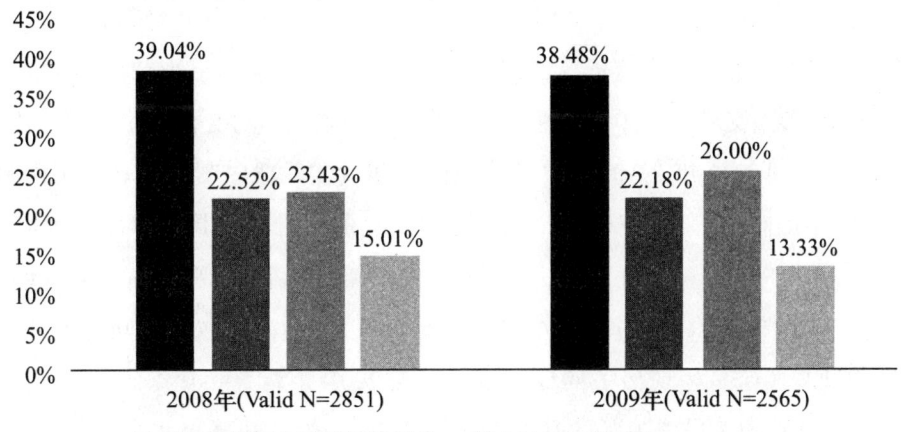

图 3.4　全国公民意识调查 2008 年、2009 年内容对比

其次，尽管随着"程序取向"比例的上升民主观念日趋多维化，但民生、平等、治理绩效等"实质取向"的内容仍然是民主观念的核心与重点。以 ABS 数据为例，我们对 2002 年开放式问题的答案进行语义归纳，将 2007 年、2011 年封闭式问题的选项进行合并，统一划分为"程序取向"、"实质取向"和"无回答"三类，结果发现"实质取向"民主观念的比例"不降反升"，2002 年为 42.63%，2007 年升至 54.91%，2011 年为 54.2%，始终高于"程序取向"的比例（见图 3.5）。

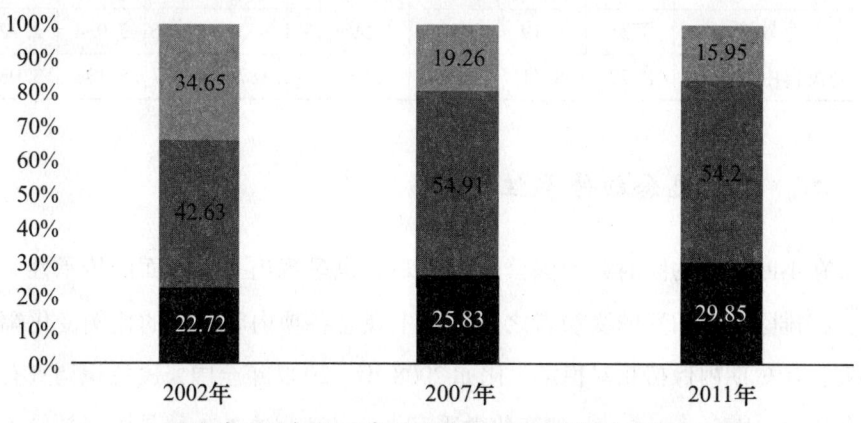

图 3.5　ABS 2002 年、2007 年、2011 年内容对比

最后，"程序取向"与"实质取向"并不是此消彼长的"零和"关系，而是始终保持着"同步消长"的复合状态。"程序取向"与"实质取向"的民主观念参差交错、相伴相生意味着不同取向民主观念的变化方向往往一致。从 2002 年到 2012 年，ABS 中"程序取向"和"实质取向"民主观念的比例都是逐年提高的，"程序取向"民主观念比例的上升并不是由"实质取向"民主观念比例的下降所导致的，而是由"无内容型"民主观念比例的下降及"分流"导致的，无回答率从 34.65% 降至 15.95% 为两种取向的同步上升释放了空间。CGSS 呈现出了同样的规律，与 2003 年调查相比，2013 年同意"民主就是政府为民作主"的受访者比例从 76.34% 上升至 85.74%，与此同时"同意直接决定才是民主""投票选举也是民主"的比例也同步上升（见图 3.6）。

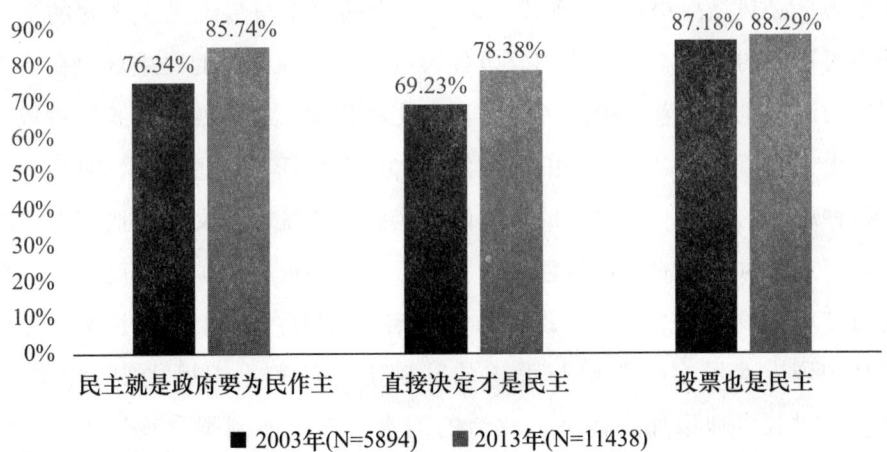

图 3.6 CGSS 2003 年、2013 年内容对比

三、本节小结

本节利用重复性截面调查数据，揭示了中国公众民主观念"嬗递与传承相结合"的变化趋势。民主观念的嬗递性体现为能力和内容两个维度：首先，公众对民主的定义能力经历了由"低"到"高"的变化，具体表现为回答率的上升和"无内容型"民主观念比例的下降；其次，公众民主观念的内容经历了从"单一"到"多维"的变化，具体表现为"程序取向"内容与社会平等、优良治理等"实质取向"内容之间差距的缩小。民主观念的传承性则体现在"比例分布相对稳定""实质取向占据主导地位""实质取向与程序取向同步消长"等三方面。概括而言，中国公众对民主的理解能力与认知水平都在逐渐提高，民主价值更加深入人心，公众的民主观念的内容也不断向中间靠拢和"去两极化"，在更趋理性、复杂和包容的同时保留和延续着许多始终如一的特点。

上述结论超越了民主化理论与政治文化理论的"二元化"争论。经典民主化理论从进步主义史观出发强调在由"非民主"向"民主"的演进过程中传统政治文化与现代民主观念之间的不兼容性。在它看来，中国公众多维复合民主观念处于不稳定的"过渡"状态，随着现代化的推进民主观念必然涤故更新,"现代"民主观念的萌发与传统民主观念的消退是不可逆转的趋势。而本节的分析告诉我们,中国公众的民主观念在不断嬗递的同时也保持着对中国传统政治文化的传承。在第四章中我们将进一步指出,改革开放以来中国的经济发展、社会变迁、思想解放、对外开放及各种思潮的涌入、多维度的民主政治实践、传统政治文化的遗产与更新以及官方针对民主的教育与宣传等因素,共同构成了中国公众民主观念嬗变与传承的根源。本节给予我们的实践启示在于:中国的民主政治建设要在中国人对民主的理解与诉求的基础上更新和重塑民主观念,渐进地、因时制宜地添加现代民主政治的因素,而不能割裂"变"与"常"的关系。

第三节 同质与差异:中国公众民主观念的社会分布

"横看成岭侧成峰,远近高低各不同。不识庐山真面目,只缘身在此山中。"在家喻户晓的《题西林壁》中诗人苏轼通过对庐山丰富多彩、变幻莫测景色的描述,揭示了"横岭侧峰"的哲理。庐山之所以横看绵延逶迤、崇山峻岭连绵不绝,侧看峰峦起伏、奇峰突起耸入云端,直接原因当然是游人的视角与所处方位发生了变化,根本原因则在于庐山本身的地形、地势、地貌之复杂。如果把研究者比作游客,那么中国公众的民主观念就是一座"远近高低各不同"的庐山。正如庐山表面平坦暗中却丘壑纵横一样,中国公众的民主观念虽然在整体上呈现出同质性,但作为集合概念其在社会分布上却基于个体的身份分化为形形色色的"亚类型"。作为界定个体特征与群体属性的标尺,身份(identity)是社会科学研究重要的解释变量。[①]根据身份的形成原因或划分依据,社会科学关注的身份包括人口学身份、社

[①] Abdelal, Rawi, et al. 2006. "Identity as a Variable." *Perspectives on Politics*, 14 (4): 695–711.

●第三章 结构、变迁与比较：中国公众民主观念的多元考察●

会经济身份、文化身份、政治身份、地域身份等。① 在本书中，人口学身份的划分标准是性别、年龄与世代等人口学特征；社会经济身份的划分标准是阶层、职业、城乡体制等社会经济属性；文化身份的划分标准是教育程度，包括最高学历和受教育年限；政治身份的划分标准是政治面貌；地域身份的划分标准是受访者所属的地区。正如游客欣赏庐山需要"移步换景"一样，研究者分析民主观念当然也离不开多重观察视角。本节的任务，就是带领读者沿着不同的"游览线路"，一睹中国公众民主观念的"庐山真面目"。

一、人口学身份与民主观念

1. 性别效应

性别差异是政治文化研究中一个值得注意的现象。在一些研究者看来，与男性相比，女性对政治的心理介入程度更低，这既导致了女性对政治概念认知能力的匮乏，也导致女性更加容易产生政治冷漠（political apathy）的心理。不过也有观点认为，在"妇女能顶半边天"的中国，女性的政治动员程度、政治知识水平与男性并没有显著差异。② 那么，在民主观念上是否存在性别差异？如果存在差异，那么它有哪些表现？数据分析显示：与男性受访者相比，女性受访者持"无内容型"民主观念的比例更高。当被询问民主观念时，女性受访者的无回答率，高于男性受访者；与此同时，女性受访者民主观念的内容更偏"实质取向"（见表3.7）。

---

① 参见 Hogg, Michael A., et al. 2006. "Demographic Category Membership and Leadership in Small Groups: A social Identity Analysis". *The Leadership Quarterly*, 17 (4): 335-350; Huddy, Leonie. 2001. "From Social to Political Identity: A Critical Examination of Social Identity Theory". *Political Psychology*, 22 (1): 127-156; Eriksen, Thomas Hylland. 1995. "We and Us: Two Modes of Group Identification". Journal of Peace Research, 32 (4): 427-436。

② 熊光清：《中国公民政治效能感的基本特征及影响因素分析：基于五省市的实地调查》，载《马克思主义与现实》，2014年第2期。

表 3.7 性别与民主观念（ABS 2007）

内容维度	男性样本		女性样本		总样本	
	人数	比例	人数	比例	人数	比例
政治程序	663	25.52%	466	18.81%	1133	22.22%
自由权利	120	4.62%	64	2.58%	184	3.61%
社会平等	679	26.14%	544	21.96%	1228	24.09%
治理绩效	752	28.95%	811	32.74%	1571	30.82%
无回答	384	14.78%	592	23.90%	982	19.26%
合计	2598	100%	2477	100%	5098	100%

ABS 2011 的题目也呈现出相同的特点，当被询问"您认为民主最本质的特征是什么"时，女性受访者选择"立法机关监督行政机关""游行示威"等选项的比例明显低于男性，而选择"衣食住行等基本生活保障""失业者得到国家救济"的比例明显高于男性（见图 3.7）。由此可见，中国公众的民主观念存在较为显著的"性别效应"：在民主观念的能力维度上，女性受访者低于男性；在民主观念的内容维度上，女性受访者比男性更偏"实质取向"。

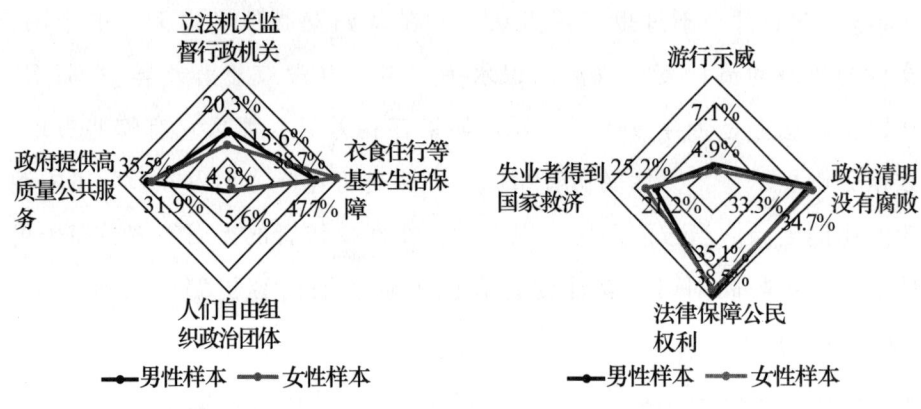

图 3.7 性别与民主观念（ABS 2011）

2. 年龄效应

年龄是政治文化研究的重要解释变量。研究者一般认为，随着年龄的增长，人们对政治的认识会更加全面、更加符合实际，因此在民主观念上年龄越大的受访者越有可能偏向"实质取向",而相比之下青年人的民主观念则更容易受到理想主义的影响,呈现出"程序取向"的特征。①

调查数据显示,上述规律在中国基本适用。受访者越年轻,民主观念越偏"程序取向"。以 10 岁为间隔对 2009 年中国公民意识调查的受访者进行分组,我们发现 18—29 岁年龄组认为民主的本质是"国家的领导人能够关注民生"的比例是当中最低的,与此同时认为民主的本质是"人们都能自由地追求他们的理想"的比例是所有年龄组中最高的(见表 3.8)。综上所述,中国公众民主观念存在显著的"年龄效应"。

表 3.8 年龄与民主观念(2009 公民意识调查)

选项	18—29 岁		30—39 岁		40—49 岁		50—59 岁		60—70 岁	
	频数	百分比	频数	百分比	频数	百分比	频数	百分比	频数	百分比
国家领导人关注民生	149	32.0%	209	37.5%	251	37.4%	201	41.4%	177	45.9%
人们都有丰厚的收入	108	23.3%	141	25.3%	193	28.8%	137	28.2%	88	22.8%
可以自由地追求理想	98	21.1%	92	16.5%	79	11.8%	39	8.0%	34	8.8%
合计	465	100%	557	100%	671	100%	486	100%	386	100%

3. 世代效应

与"年龄效应"密切相关的是"世代效应"(cohort effect)。与年龄分析不同,世代分析将受访者的出生年月与特定的时代特征联系起来,赋予了世代以宏观社会政治背景。② 此外,由于在调查问卷中年龄的计算方式是调查年度减去受访者的出生年月,对于在不同时间点采集的横截面数据来说,前后两次调查中同样年龄的人可能属于不同的政治世代③,因此我们有必要对不同世代的民主观念进行专门分析。根据"中华人民共和国成立""文化大革命"和"改革开放"三个关键性历史节点,我们将受访者的政治世代划分为四类。

---

① Chu, Yun-han, and Bridget Welsh. 2015. "Millennials and East Asia's Democratic Future." *Journal of Democracy*, 26(2): 151 – 164.

② 梁玉成:《现代化转型与市场转型混合效应的分解:市场转型研究的年龄、时期和世代效应模型》,载《社会学研究》,2007 年第 4 期。

③ 参见 [美] 诺瓦尔·D. 格伦:《世代分析》,於嘉译,上海:格致出版社 2012 年版。

对 ABS 2011 的数据分析显示，中国公众的民主观念具有显著的世代效应。中华人民共和国成立前出生的受访者认为民主的本质是"衣食住行等基本生活保障""政府保障法律与秩序""政治清明没有腐败""失业者得到国家救济"等在所有的政治世代中是比例最高的；认为民主的本质是"立法机关监督行政机关""人们自由组织团体""法律保障公民权利"等在所有的政治世代中的比例是最低的；而改革开放之后出生的受访者呈现出完全相反的趋势（见表3.9）。

表3.9 世代与民主观念（ABS 2011）

问题	选项	中华人民共和国成立前	中华人民共和国成立至"文革"	"文革"期间	改革开放后
Q86	立法机关监督行政机关	16.7%	19.5%	17.7%	18.0%
	衣食住行等基本生活保障	48.9%	41.3%	41.8%	41.5%
	人们自由组织团体	2.5%	5.9%	5.4%	5.8%
	政府提供高质量公共服务	31.9%	33.3%	35.1%	34.7%
Q88	游行示威	5.2%	5.6%	4.9%	8.4%
	政治清明没有腐败	39.7%	31.5%	31.2%	36.3%
	法律保障公民权利	28.7%	37.0%	40.8%	38.4%
	失业者得到国家救济	26.5%	25.9%	23.0%	17.0%

二、社会经济身份与民主观念

1. 阶层效应

阶层（stratum）指人们基于相近的社会经济地位而形成的社会群体。学术界对阶层的划分标准主要有客观和主观两种不同的方法：客观分类方法将人们的收入等客观特征作为区分阶层的指标；主观分类方法则强调阶层的主观属性，认为阶层的划分依赖于个体阶层意识的形成以及其对自身所属阶层的主观认知。[①]

[①] 参见 Ray, John J. 1971. "The Questionnaire Measurement of Social Class". *Australian and NewZealand Journal of Sociology*, 27：480-49；Levine, Rhonda F. 1998. *Social Class and Stratification: Classic Statements and Theoretical Debates*. Lanham：Rowman & Littlefield。

第三章 结构、变迁与比较：中国公众民主观念的多元考察

无论是从客观标准还是主观标准来看，中国公众民主观念的阶层效应表现得都十分明显：一方面，收入越高的群体，民主观念越偏"程序取向"。2009年中国公民意识调查数据显示，随着家庭年收入的增加，认为民主的本质是"国家的领导人能够关注民生"的比例在下降，认为民主的本质是"人们都自由地追求他们的理想"的比例在上升（见图3.8）；另一方面，主观社会地位感知越低的群体，民主观念越偏"实质取向"。2012年WVS数据显示，随着社会地位感知的降低，认为"政府向富人征税补贴穷人""政府提供失业救济""国家让人民的收入平等"是民主基本要素的平均分逐渐提高（见图3.9）。

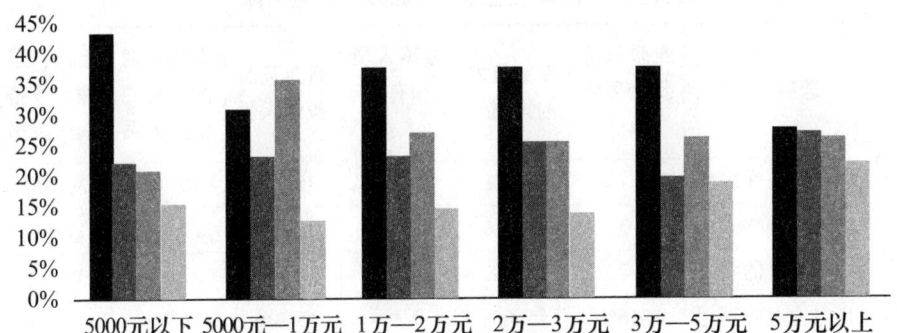

图 3.8 收入与民主观念（2009 公民意识调查）

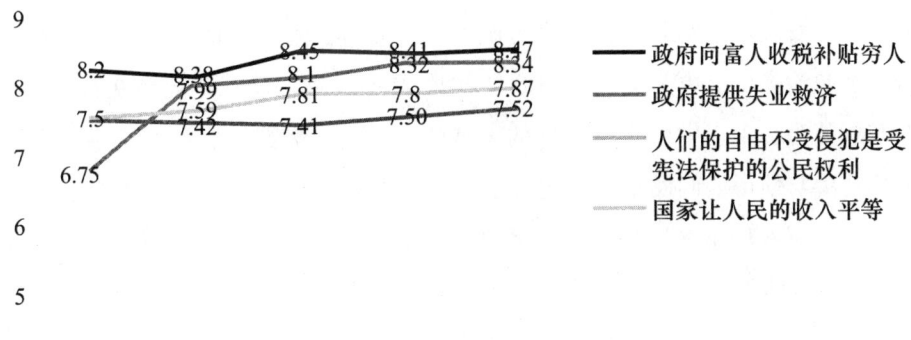

图 3.9 主观社会地位感知与民主观念（WVS 2012）

2. 职业效应

特定的职业往往反映特定的社会身份和经济地位。数据分析表明，尽管从结构上看从事各类职业的人群民主观念内容趋同，但在比例上仍然存在较为明显的职业分化。与其它职业相比，农业生产者和普通工人认为民主的本质是"人们都有丰厚的收入"的比例相对较高，而专业技术人员、商业服务业人员和办事人员认为民主的本质是"人们选举领导人"的比例相对较高（见表3.10）。

表3.10 职业与民主观念（2009公民意识调查）

选项	党政机关及企事业单位	专业技术人员	办事人员和有关人员	商业及服务业人员	农林牧副渔水利业生产人员	生产、运输、设备操作人员
国家领导人关注民生	44.1%	45.0%	38.7%	35.8%	40.9%	36.7%
人民选举领导人	22.5%	27.0%	23.1%	24.2%	21.5%	17.5%
人们都有丰厚的收入	14.7%	13.0%	20.2%	24.8%	27.7%	32.0%
可以自由地追求理想	18.6%	15.0%	17.9%	15.3%	9.9%	13.8%

3. 城乡效应

中国社会的城乡二元结构意味着城乡之间的巨大鸿沟势必会对人们的民主观念产生影响。目前对这一问题的认识同样莫衷一是：有观点认为，受到农村经济发展水平的限制，相比于城市居民而言，农民在政治观念上更为传统、在政治态度上更为保守，因此"实质取向"民主观念的比例更高①；也有观点认为，由于中国农村开展的丰富的基层民主实践，农民对选举、投票的广泛参与使得他们民主观念包含了相当一部分"程序取向"的内容，农民对民主的"程序维度"的诉求并不弱于城市居民，甚至强于城市居民。② 数据分析结果表明：在政治程序、自由权利维度上，城市样本的比例高于农村

---

① 马德勇、王正绪：《竞争与参与：中国乡镇民主发展评估》，载《政治学研究》，2012年第4期。
② 何包钢、郎友兴：《村民选举中的竞争：对浙江个案的分析》，载《华中师范大学学报（人文社会科学版）》，2000年第5期。

样本;在社会平等、治理绩效维度上,农村样本的比例高于城市样本(见表3.11),由此可见,城市居民的民主观念更偏"程序取向",农村居民的民主观念更偏"实质取向"。

表3.11 民主观念的城乡差异(ABS 2007)

内容维度	城市样本		农村样本		总样本	
	人数	比例	人数	比例	人数	比例
政治程序	236	25.9%	897	21.4%	1133	22.22%
自由权利	45	4.9%	139	3.3%	184	3.61%
社会平等	186	20.4%	1042	24.9%	1228	24.09%
治理绩效	237	26.0%	1334	31.9%	1571	30.82%
无回答	206	22.6%	776	18.5%	982	19.26%
合计	910	100%	4188	100%	5098	100%

三、文化身份与民主观念

作为抽象的意识,民主观念与人们的文化知识水平具有千丝万缕的联系,对民主观念社会分布的考察离不开文化身份的研究视角。教育程度是衡量个体文化身份的重要依据,现有实证研究对教育程度的操作化方法主要有"量化"和"类型化"两种:量化方法将教育程度转化为受访者接受正式教育的年限(定比变量);分类方法则将教育程度转化为受访者的最高学历(定类变量)。

对2009年公民意识调查、ABS 2007的数据分析表明:无论是从教育年限还是从最高学历来看,随着教育程度的提高,"无内容型""实质取向"民主观念的比例逐渐下降,"程序取向"民主观念的比例逐渐上升(见表3.12、表3.13)。

表3.12 最高学历与民主观念(2009公民意识调查)

选项	小学及以下	初中	高中	大专及以上
国家的领导人能够关注民生	37.4%	40.1%	38.8%	35.9%
人民选举领导人	19.6%	20.6%	26.3%	29.7%
人们都有丰厚的收入	33.2%	26.2%	19.7%	11.7%
人们都自由地追求他们的理想	9.8%	13.1%	15.1%	22.7%

表3.13　接受正式教育年限与民主观念（ABS 2007）

内容维度	平均值	标准差	样本数
政治程序	7.85	3.489	1057
自由权利	8.41	3.952	176
社会平等	7.31	3.634	1154
治理绩效	6.93	3.514	1420
无内容	5.20	3.811	787
合计	7.01	3.72	4594

四、政治身份与民主观念

在当代中国国家体制下，"党员—非党员"是划分人们政治身份的主要标准。有研究指出，政治身份的不同对个体民主观念具有影响。比如唐文方利用 2008 年全国代表性数据的分析了党员与群众政治态度与行为的差异，发现党内民主使得党员的政治参与和政治效能感明显高于普通群众[①]；陈家刚对 12 个省级党校培训班学员开展的问卷调查显示，地方党员干部认为"党内民主"（83.5%）重要性要高于"选举民主"（68.5%）、"协商民主"（65.5%）、"基层民主"（54.0%）和行政民主（28.5%）。[②]

对 CSS2011 的数据分析表明，公众民主观念确实随着政治身份的差异而呈现出异质性。在 CSS 2011 中，当被问及"您在多大程度上同意'民主就是政府为老百姓做主'这种说法"时，表示"很同意"、"比较同意"以及"无回答"的党员受访者的比例均低于"非党员"受访者（见图 3.10），换言之，与其他政治面貌的人群相比，"党员"对民主观念问题的回答率更高，而且"实质取向"的程度更低，中国公众的民主观念的"党员效应"显著。

---

① 唐文方：《中共党员群体特征及政治态度分析》，载《中国治理评论》，2012 年第 1 期。
② 陈家刚：《我国地方官员关于协商民主的认知与态度》，载《学习时报》，2015 年 12 月 17 日第 4 版。

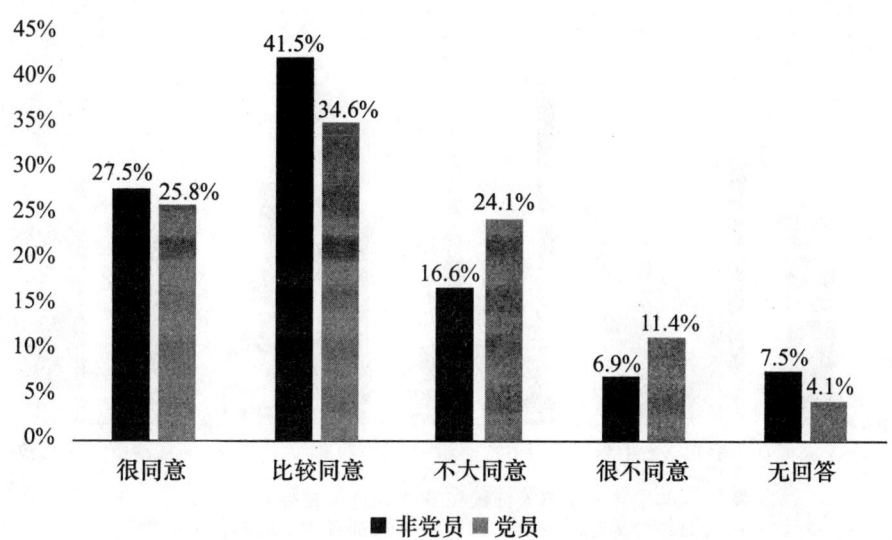

图 3.10　党员身份与民主观念（CSS 2011）

五、地域身份与民主观念

中国是一个幅员辽阔、地域差异巨大的国家，自然地理环境、历史人文传统、经济社会发展水平的异质性和丰富性意味着，地域是公众民主观念研究中不容忽视的因素。因此，研究民主观念的社会分布有必要将南方与北方、东部沿海与中西部、直辖市与普通省份之间的地域效应考虑在内。

在 2009 公民意识调查中，东部沿海地区、直辖市的受访者认为民主的本质是"人们都能自由地追求他们的理想"的比例高于全国平均水平，而西北、东北地区的受访者认为民主的本质是"人们都有丰厚的收入"的比例较高（见图3.11）；在 CSS 2011、CGSS 2013 中对"民主就是政府为人民做主"这种典型的"实质取向"民主观念论断认可程度最低的是北京、上海、辽宁、广东的受访者，认可程度最高的省份则包括内蒙古、新疆、甘肃、宁夏、湖南、安徽、江西、贵州等（见附表1、附表2）。综上所述，中国公众民主观念存在"地域效应"，经济发展水平和对外开放程度越高的地区，"程序取向"民主观念的比例越高。

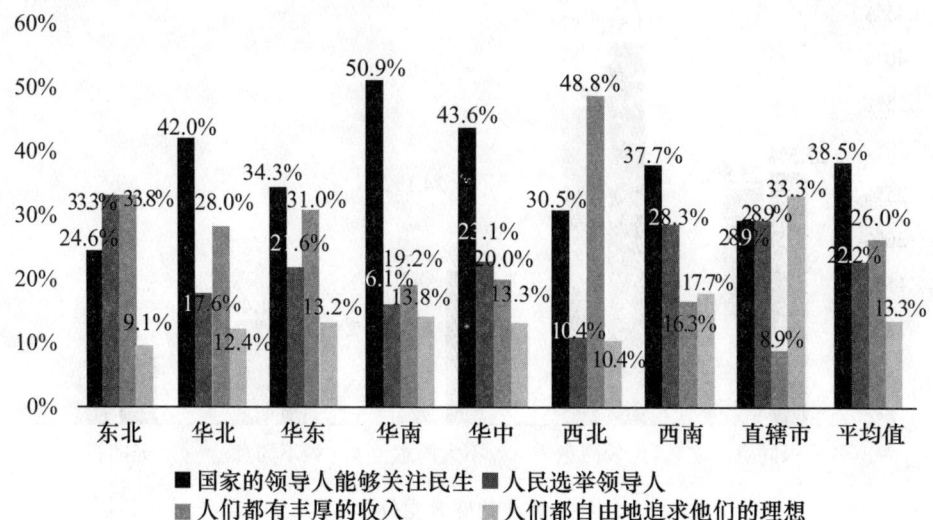

图 3.11 地域与民主观念（2009 公民意识调查）

六、本节小结

本节对中国公众民主观念的社会分布进行了实证分析。研究结果表明，尽管中国公众民主观念在整体上具有同质性，但基于个体的身份属性的差别，民主观念在社会中分化为形形色色的"亚类型"。具体来说，公众民主观念与受访者的人口学身份、社会经济身份、文化身份、政治身份、地域身份之间存在以下九个效应：1. 性别效应。与男性受访者相比，女性受访者持"无内容型"民主观念的比例更高，且民主观念的内容更偏"实质取向"。2. 年龄效应。受访者越年轻，"无内容型"民主观念的比例越低，且民主观念的内容越偏"程序取向"。3. 世代效应。随着政治世代的更新，受访者民主观念的内容更加趋向"程序取向"。4. 阶层效应。收入越高、主观社会地位感知越高的群体，民主观念的内容越偏"程序取向"。5. 职业效应。与专业技术人员、商业服务业人员和办事人员相比，农民和普通工人的民主观念"实质取向"更加明显。6. 城乡效应。与农村居民相比，城市居民的民主观念更偏"程序取向"。7. 教育效应。随着教育程度的提高,"无内容型""实质取向"民主观念的比例逐渐下降,"程序取向"民主观念的比例逐渐上升。8. 党员效应。与其他政治面貌的受访者相比,党员对民主观念问题的回答率更高,而且民主观念更偏"程序取向"。9. 地域效应。经济发展水平和对外开放程度越高的地区,受访者的民主观念越偏"程序取向"。

在这里需要特别指出以下五点:第一,上述效应只是在宏观层面反映了公众民主观念社会分化的规律,代表的是一般性的趋势,并不意味着可以从这些规律直接推论到个体。倘若武断地认为来自中西部地区农村、受教育水平低的女性受访者的民主观念一定比来自东部沿海城市、受教育水平高男性受访者更偏"实质取向",就犯了统计学上的"生态谬误"。第二,不同的身份变量只是工具性概念,其目的在于描述民主观念在这些分析单元之间的社会分化,并不意味着分析单元内部就是铁板一块。比如,党员与非党员的民主观念具有显著差异,党员群体内部的差异可能同样显著。第三,任何概念都包含多个层次,对概念的运用当然是越细化越科学,但即便细化到最基本的分析单元——个人,研究者得到的仍然是支离破碎的事实,这对把握整体规律并无裨益。因此,问题的关键是在"同质"与"分化"中寻求平衡。第四,尽管本节分析的侧重点在于"分化",但分化的前提是中国公众的民主观念在基本面上具有"同质性"。同质性只有通过外部视角,即放在"国别"这个更大的分析单元中才能得以揭示,这是接下来章节的任务。第五,本节的变量之间并不是孤立的,变量之间的内生性意味着上述效应的背后存在着某些根本性机制。以党员身份为例,唐文方曾对中共党员的特征进行回归分析,结果发现与非党员相比,党员的年龄偏大,男性多于女性,教育水平和社会地位偏高,城市户口多于农村户口。① 很显然,党员与非党员之间民主观念的差异与年龄、性别、教育、阶层和城乡等效应是混合在一起的,他们共同受到某些根本性规律的支配。在第四章中,我们将从理性、文化和教化等角度提出对本章各项效应的机制性解释。

---

① 唐文方:《中共党员群体特征及政治态度分析》,载《中国治理评论》,2012 年第 1 期。

第四节　普遍与特殊：中国公众民主观念的全球比较

本章一至三节从个案视角详细剖析了中国公众民主观念的内容特征、变化趋势和社会分布状况。然而，除了不同类型、时间和群体之间的比较外，研究者还应从更广阔视野出发对中国与其他国家和地区公众的民主观念进行横向比较。中国公众民主观念在全球中究竟处于什么位置？现有研究主要存在普世主义（universalism）和特殊主义（particularism）两种视角。

一、代表性：普遍主义视角

普遍主义强调那些在任何情况、任何时间都适用于所有人和事物的概念或准则，该研究取向根植于那种忽视任何偶然因素、局部因素以及历史性、地理性或社会性差异的思维方式，表现为推崇普世适用性的宗教或哲学理念。在西方，普遍主义思维有着悠久的历史和思想传统，最典型的就是基督教。基督教坚信每个人都是上帝的造物，在上帝面前人人平等。循着这种传统，欧洲启蒙运动将自由、平等、民主、博爱、人权等视为"人同此心、心同此理"的普世价值（universal values），即"绝大多数人在绝大部分地方或情境下，在几乎所有时刻所共同持有的价值"。可以看出，普遍主义包含着一组能动的概念并指向特定的方向，一旦将某些价值理念定义为普遍的，另一些价值观念相应地就是落后的。鉴于此，有学者指出"普遍主义在今天已不仅仅是一种道德的渴望，亦不单纯地是一种宗教信仰或认识论原则，它已经变成一种明确的政治目标，是我们时代支配性的意识形态"[1]。真正将这种"意识形态""发扬光大"的是美国政治科学，阿尔蒙德、伊斯顿等提出的结构功能主义和政治系统理论就尝试从一般化理论（general theory）的高度奠定政治分

---

[1] ［瑞典］斯蒂芬·乔森：《普世主义的意识形态》，孙海洋译，载《国外理论动态》，2012年第6期。

析的通用性框架,而随着理性选择主义、行为主义革命的兴起,普遍理性更是成为许多人理解政治的逻辑前提:既然理性具有普遍性,那么人们的行为模式当然可以复制和推广,自由民主的乐观主义情绪和"历史终结论"就顺理成章了。既然普遍主义认为人们对民主的认同与追求是超越地理、制度、文化或社会发展阶段的特殊性的,那么在这种观点看来中国公众的民主观念只是不同国别和地区所构成的"总体"当中的一个代表性样本而已,它的特征、它的变化、它的分布所反映的是一种普遍的趋势。

二、独特性:特殊主义视角

与推崇普遍理性的普遍主义不同,特殊主义并不相信历史的背后存在客观的法则、超越的意志或普遍的人性。在特殊主义看来,"历史只是以个性的方式存在,而国家是个性化的集中体现。在这个世界上并不存在什么普遍有效的价值或跨越历史文化的普遍秩序,所有人类的价值都属于特定的历史世界,属于某种文化、文明或者民族精神。价值是否正当唯有置于具体的历史文化传统、从民族国家的视角才能加以衡量"①。在中国研究领域,特殊主义的研究取向有着悠久的思想传统。美国学术界的中国研究也被称为"中国学"(Sinology),其基本特征就是将中国作为一个独特(unique)的研究对象看待。无论是费正清(John K. Fairbank)、白鲁恂(Lucian Pye)还是奥克森伯格(Michel Oksenberg),中国学的专家不仅要学习汉语,而且要熟悉中国的历史地理、风土人情。詹姆斯·汤森和布兰特利·沃马克曾敏锐地指出,在难以达成一致意见的情况下,研究中国问题的学者们实际上转向把中国政治体制当作一个独一无二的类型来处理。他们在自己的著作中大多引用了其他类型的文献资料,但它们实际认为自己所研究的这个体制是独特的,足以确立一个独立模式的基础。这种趋向在中国研究领域是自然的,又由于汉学传统中把中国问题研究当作一个自成体系的领域而得到了强化。确实,研究中国问题的学者对于社会科学或比较概念侵入自己的研究领域存有抵触情绪,以

---

① 许纪霖:《普世文明,还是中国价值:近十年中国的历史主义思潮》,载《开放时代》,2012年第5期。

致其他人认为该领域的一些问题处在不愿接受外部观念指导的状况之中"①。

在西方尤其是美国的中国研究中盛行的"文化相对主义",本质上仍然从属于西方中心论。无论是提出"儒教中国"命题的列文森②还是呼吁"在中国发现历史"的柯文③,表面上看好像秉持"中国中心论",其深层次的思维方式仍然不可避免地将中国视为"异类"。诚如萨义德所说,"表述的外在性总是为某种似是而非的真理所控制:如果东方能够表述自己,他一定会表述自己;既然它不能,就必须由别人担负起这一职责"④,在"他们无法表述自己,他们必须被别人表述"的东方学视角下,任何对西方中心论的表面的纠正在理论底色上仍然是对普世主义的变相维护。于是,作为对西方主导的话语权力结构的反思与批评,一种更加激进的特殊主义应运而生,形形色色的"中国特殊论""中国模式论"崭露头角,但这些特殊主义取向研究或多或少地存在"矫枉过正"的问题,即在"解构"了普世主义的"迷思"之后并没有很好地"建构"起基于中国本土经验的广义理论,甚至因为一味强调中国的特殊性而丧失了与其他制度、其他文明的对话能力。

三、典型性:在普遍与特殊之间

随着比较研究的深入和细化,越来越多的人开始认识到"普遍—特殊"二元对立思维方式的弊端。在罗兹曼看来,无论是普遍主义还是特殊主义都具有狭隘性,"关于中国的学术研究,其盛行的观点所带有的那种中华中心论倾向,恐怕并不比中国人自己传统上所持有的那种唯我独尊的观点差到哪儿去。另外一种极端的狭隘的观念同样令人失望,这种狭隘的研究只是根据世界其他地区的情况,自以为是地对中国发表一通不着边际的议论,而毫不顾

---

① [美]詹姆斯·R. 汤森、布兰特利·沃马克:《中国政治》,顾速译,南京:江苏人民出版社2003年版,第17页。
② [美]约瑟夫·列文森:《儒教中国及其现代命运》,郑大华等译,南宁:广西师范大学出版社2009年版。
③ [美]柯文:《在中国发现历史:中国中心观在美国的兴起》,林同奇译,北京:中华书局2002年版。
④ [美]爱德华·W. 萨义德:《东方学》,王宇根译,北京:生活·读书·新知三联书店1999年版,第28页。

第三章 结构、变迁与比较：中国公众民主观念的多元考察

及这些议论究竟在多大程度上切合中国的实际……这两种极端皆不可取"①。在这种背景下，一些研究者逐渐摒弃"普遍—特殊"的简单化取向，将研究视角转向"典型性"。一方面，与"代表性"视角认为"个体是总体的再现或还原"不同，在"典型性"视角看来，个案所体现的只是某一类别现象的共性，至于这个类别的范围有多大则不确定。换句话说，个案只要能够集中体现某一类别的关键特征，不论这个类别的覆盖范围大小如何，我们都认为个案体现了某种典型性。② 另一方面，与"独特性"认为"个体独立于总体"不同，典型性在承认个体特征的同时更强调个体背后的类别特征与总体特征的异同。从这个意义上看，典型性是对普遍性与特殊性辩证关系的高度总结和概括。

对于中国公众的民主观念来说，它在反映某些普遍规律的同时也必然带有某些独特的特点，因此问题关键在于：中国人的民主观念中哪些是中国与其他国家所共有的，哪些是中国独特、独创和独有的，哪些又代表着某种趋势或规律？在"普遍"与"特殊"之间的"典型性"背后，体现的究竟是特定经济发展阶段的特征，抑或是特定政治制度、特定政治文化的影响？很显然，对于上述问题的回答不能主观臆断，而应该在全球比较中进行实证考察。

在本书所选取的调查中 ABS 和 WVS 均为全球性调查，统一的研究设计为公众民主观念的国际比较提供了可能。首先来看覆盖亚洲 13 个国家和地区的 ABS 2007，中国大陆受访者的民主观念呈现出下列特征：第一，以"经济平等"和"物质保障"为代表的实质取向民主观念非常强势。认为民主的本质是"穷人与富人所得不要差太多"的中国受访者比例为 24.1%，仅次于韩国（35.7%）、越南（24.9%），居第 3 位，而且高于平均值 6 个百分点；认为民主的本质是"每个人都有基本的生活所需，包括住的、吃的、穿的"的中国受访者比例为 30.8%，高于平均值 2.4 个百分点。在这两个选项上，中国大陆和中

---

① [美] 吉尔伯特·罗兹曼主编：《中国的现代化》，南京：江苏人民出版社 2005 年版，第 13 页。

② 王宁：《代表性还是典型性？个案的属性与个案研究方法的逻辑基础》，载《社会学研究》，2002 年第 5 期。

国台湾地区的比例分别为54.9%和63.7%,远远高于其他国家和地区。第二,"无内容型"民主观念比例相对较高。中国大陆受访者民主观念的无回答比例为19.3%,在13个国家和地区中是最高的,高于平均值7.6个百分点。第三,从整体上看,与中国大陆民主观念的分布结构最接近的是中国台湾地区,差别最大的是泰国、马来西亚、菲律宾等东南亚国家(见表3.14)。

表3.14 公众民主观念的比较(ABS 2007)

国家和地区	竞争性选举	言论自由	财富平等	基本生活保障	无回答/不知道
中国大陆(N=5098)	22.2%	3.6%	24.1%	30.8%	19.3%
中国台湾(N=1587)	26.9%	4.2%	18.5%	45.2%	5.2%
中国香港(N=849)	23.2%	18.0%	3.7%	40.9%	14.3%
日本(N=1067)	34.7%	11.9%	17.4%	27.3%	8.7%
韩国(N=1212)	35.4%	14.5%	35.7%	10.1%	4.3%
新加坡(N=1012)	27.9%	20.3%	17.7%	28.0%	6.2%
蒙古(N=1210)	19.4%	29.7%	20.7%	26.0%	4.1%
泰国(N=1546)	22.5%	38.0%	13.5%	13.8%	12.2%
越南(N=1200)	37.3%	5.8%	24.9%	19.6%	12.5%
菲律宾(N=1200)	30.8%	19.0%	7.2%	38.2%	4.9%
柬埔寨(N=1000)	36.8%	11.8%	3.9%	42.1%	5.4%
马来西亚(N=1218)	40.9%	21.3%	14.7%	16.9%	6.2%
印度尼西亚(N=1598)	26.8%	21.8%	10.9%	29.2%	11.3%
平均值(N=19797)	29.2%	12.6%	18.1%	28.4%	11.7%

为了进一步验证上述特点,我们将ABS 2011的Q86和Q88两道问题的16个选项均合并为"实质取向""程序取向"两类,并计算每类比例在四道题目上的平均值。与ABS 2007的分析结果类似,ABS 2011的数据同样表明:中国大陆受访者"程序取向"民主观念的比例(29.85%)偏低,在12个国家和地区中居第10位;"实质取向"民主观念比例与日本、中国台湾、新加坡等并列第一梯队[①],与此同时"无内容型"民主观念的比例(16%)仍然

---

① 2011年ABS的越南调查数据在这几道问题上的系统性缺失值超过50%,因此排除在统计分析之外。

• 第三章 结构、变迁与比较：中国公众民主观念的多元考察•

高居榜首（见图3.12）。

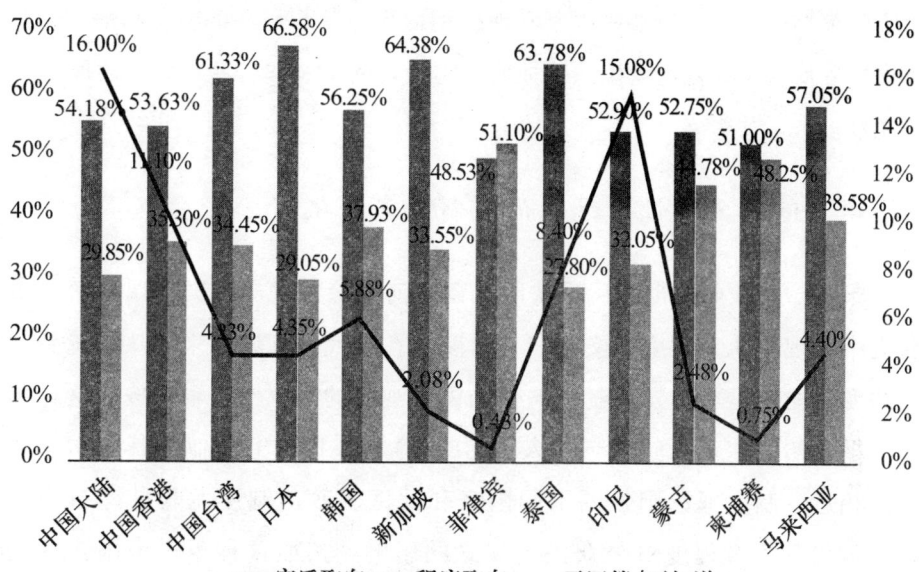

图3.12 公众民主观念的比较（ABS 2011）

如果说 ABS 的样本局限于亚洲国家和地区的比较，那么覆盖60个国家和地区的 2012 年的 WVS 则为我们提供了更为广阔的比较视野（见附表3）。数据分析表明，中国大陆地区受访者在对"政府向富人收税补贴穷人"是否是民主基本要素的判断上平均得分为 7.29 分[①]，高于世界平均值（6.23 分），在60个国家和地区中位居第 9 位；在对"政府提供失业救济"是否是民主基本要素的判断上平均得分为 8.22 分，高于世界平均值（6.99 分），在60个国家和地区中居第 4 位，仅次于摩洛哥（8.41 分）、巴基斯坦（8.38 分）和乌克兰（8.33 分）；在对"人们的自由不受侵犯是受宪法保护的公民权利"是否是民主基本要素的判断上平均得分为 8.39 分，高于世界平均值（7.36 分）；四道题目的回答率在 85% 左右，低于绝大多数国家（95% 左右）。

综合 ABS 和 WVS 的数据分析结果，我们认为从比较的角度看，中国公众

---

① 其中"1 分"代表不是民主的基本要素，"10 分"代表是民主的基本要素。

的民主观念既不是平均数、中位数或众数等代表集中趋势的统计量，也不是孤立的离群值，而是与某些国家和地区相似聚拢、与另一些国家和地区迥然不同、并反映某种特定规律的特征值，它呈现的是"在普遍与特殊之间"的典型性。

四、何种典型性：现代化、制度与文化

那么，这种典型性背后反映的究竟是何种趋势或规律呢？现有解释主要集中在现代化、制度和文化三个角度。在现代化理论看来，从传统到现代的变迁尤其是经济发展是影响公众民主观念的决定性因素，按照这种逻辑中国人的民主观念应该与在人均GDP等经济指标上类似的其他国家和地区相近；制度理论则强调不同国家和地区的政治制度尤其是"自由民主"制度的发育程度对公众民主观念的影响，按照这种逻辑中国人的民主观念应该与某种标准下"民主化水平"相似的国家和地区趋近；而文化理论则重视道德、宗教、价值观等文化传统对人们民主观念的影响，按照这种逻辑中国人的民主观念应该与日本、韩国、新加坡等同属"儒家文化圈"的国家和地区相近，与基督教文明、伊斯兰文明存在显著区别。

为了更加直观地检验上述假设，笔者利用SPSS软件绘制了2012年世界价值观调查所覆盖的60个国家和地区公众民主观念平均值的散点图（scatterplot），并采用局部加权回归散点平滑法（locally weighted scatterplot smoothing, LOESS）进行了局部多项式回归拟合（见图3.13、图3.14）[①]。

在现代化与公众民主观念的关系上，图3.13表明经济发展水平与公众民主观念显著相关。随着一个国家或地区人均GDP的提高，公众对"政府向富

---

① 局部多项式回归是查看二维变量之间关系的工具，其中LOESS是在二维散点图中拟合平滑曲线的常用方法，它结合了传统线性回归的简洁性和非线性回归的灵活性。当要估计某个响应变量值时，先从其预测变量附近取一个数据子集，然后对该子集进行线性回归或二次回归，回归时采用加权最小二乘法，即越靠近估计点的值其权重越大，最后利用得到的局部回归模型来估计响应变量的值。用这种方法进行逐点运算得到整条拟合曲线。此外，图中的虚线标出了变量的平均值以作参照。

人收税补贴穷人"是民主的基本要素的认可程度呈现"先上升，后下降"的趋势，拐点在平均值附近；对"政府提供失业救济"是民主的基本要素的认可程度整体呈现下降趋势；对"人民选举领导人"是民主基本要素的认可程度呈现上升趋势；对"自由不受侵犯是受宪法保护的公民权利"是民主基本要素的认可程度也呈现上升趋势。由此可见，经济发展水平的提高在整体上削弱着"实质取向"的民主观念、强化着"程序取向"的民主观念。中国大陆受访者在"税收调节贫富差距""政府提供失业救济""公民自由权利受保护"等选项上均位于第四象限，在"人民选举领导人"的选项上位于第三象限，基本符合上述趋势，较典型地反映了现代化发展阶段、经济发展水平与公众民主观念之间的关系规律。

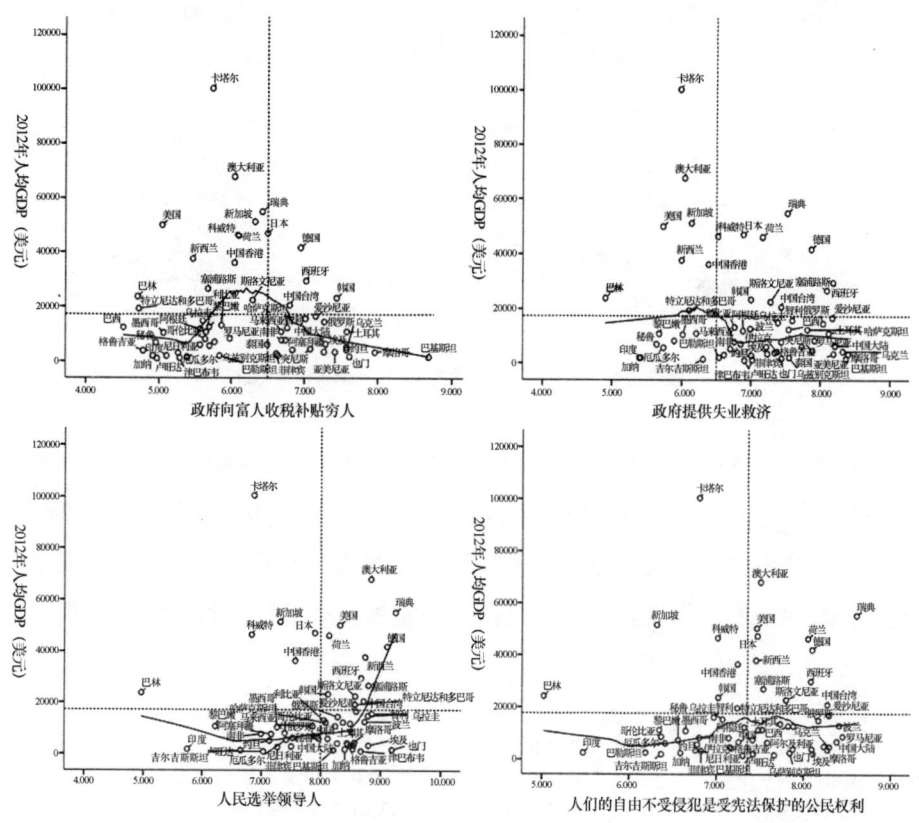

图 3.13　经济发展与民主观念（WVS 2012）

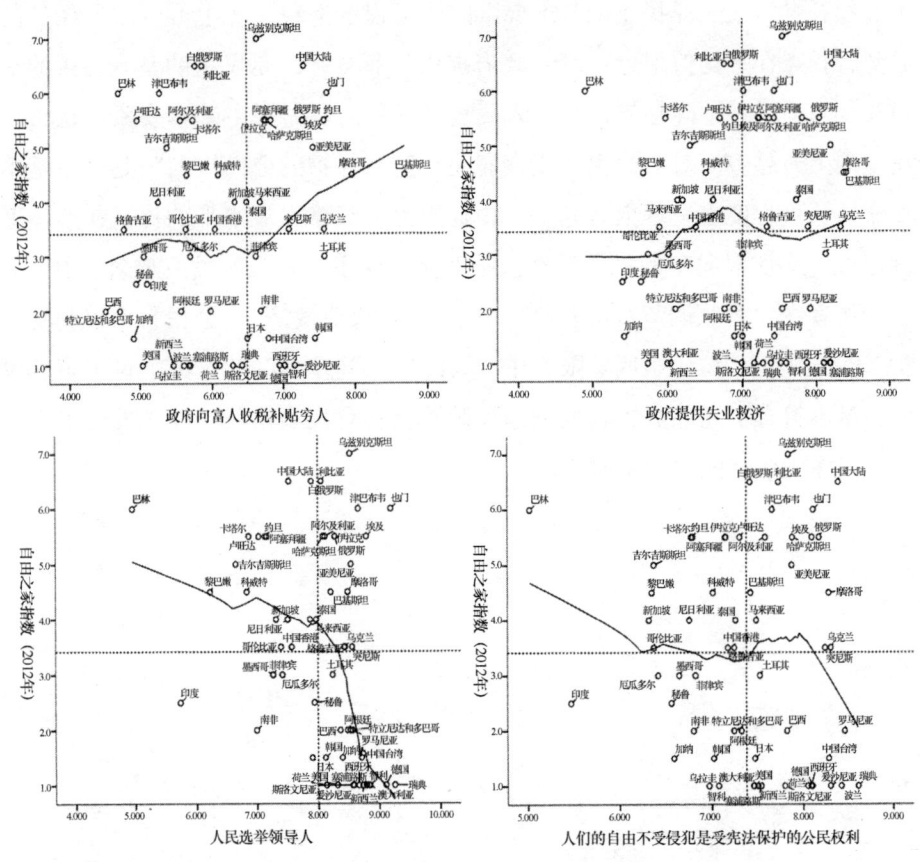

图 3.14　政治制度与民主观念（WVS 2012）

在制度与公众民主观念的关系上，图 3.14 表明政治制度与公众民主观念显著相关。随着一个国家或地区自由之家（Freedom House）①指数的提高，公众对"政府向富人收税补贴穷人"是民主的基本要素的认可程度呈现上升趋势；对"政府提供失业救济"是民主的基本要素的认可程度整体呈现上升

---

① 自由之家是一个非政府组织，它成立于 1941 年，总部位于美国华盛顿。自 1972 年起，自由之家每年都会发布《世界各国自由度调查报告》，该报告根据西方式民主观标准，按照政治权利（political rights）的 9 个要素和公民自由（civil liberties）的 13 个要素构建一个 1—7 分的顺序量表。应该认识到，尽管号称"中立""客观"，但实际上自由之家与美国政府机构、各种基金会有着千丝万缕的联系，其建立伊始就是为美国在全球范围输出和推广"民主制度"的战略目标服务的。因此，自由之家的指数比较典型地反映了西方式程序型民主观念，参见肃草：《西方民主测量的局限性和迷惑性：概述与分析》，载《国外社会科学》，2013 年第 6 期。

趋势；对"人们通过自由选举来选择领导人"是民主基本要素的认可程度呈现下降趋势；对"人们的自由不受侵犯是受宪法保护的公民权利"是民主基本要素的认可程度呈现下降趋势。由此可见，一个国家或地区的政治制度越符合西方的民主标准，公众"实质取向"的民主观念越弱，"程序取向"的民主观念越强。中国大陆受访者在"税收调节贫富差距""政府提供失业救济""公民自由权利受保护"等选项上均位于第四象限，在"自由选举领导人"的选项上位于第三象限，较典型地反映了政治制度与公众民主观念的关系规律。

在文化与民主观念的关系上，均值检验（compare means）表明中国大陆受访者的民主观念在内容构成上与中国香港、中国台湾以及同属儒家文化圈的日本、韩国、新加坡等趋近，而与基督教（包括新教、天主教、东正教）文化圈、伊斯兰文化圈及其他文化圈差别较大。尽管我们反对简单、抽象的"文化决定论"，但必须承认的是，文化因素在心理特征、行为模式等深层次因素上确实影响着人们的观念。客观地看，在以美国、北欧、西欧为代表的新教文化圈和以南欧、拉美为代表的天主教文化圈，公众民主观念的"程序取向"最为强烈；而在儒家文化圈和俄罗斯、东欧等东正教文化圈，以及中东和北非等伊斯兰文化圈，公众民主观念的"实质取向"较为明显（见表3.15）。

表3.15 文化传统与民主观念（WVS 2012）

国家和地区	税收调节贫富差距		政府提供失业救济		自由选举国家领导人		宪法保护公民自由权利	
	Mean	Std. D	Mean	Std. D	Mean	Std. D	Mean	Std. D
中国大陆	7.29	—	8.22	—	7.52	—	8.39	—
儒家文化圈（N=7）	6.69	0.51	7.08	0.71	8.05	0.70	7.62	0.84
新教文化圈（N=6）	5.88	0.65	6.82	1.03	8.65	0.36	7.68	0.30
天主教文化圈（N=13）	5.88	0.80	6.84	0.80	8.06	0.69	7.16	0.67
东正教文化圈（N=10）	6.48	0.95	7.64	0.66	8.06	0.66	7.71	0.67
伊斯兰文化圈（N=17）	6.64	1.08	7.00	0.97	7.76	1.06	7.31	0.82
其他文化圈（N=6）	5.25	0.64	6.43	0.94	7.73	1.14	6.92	0.79

总之，数据分析表明现代化理论、制度理论和文化理论对中国公众民主观念国际比较中的"典型性"均具有一定程度的解释力。首先，经济发展水平与"程序取向"民主观念之间呈现非线性的正相关关系，中国公众"多维复合"的民主观念在其他发展中国家和地区同样有迹可循；其次，与其他"非西方式民主"的政治体系类似，纯粹"程序取向"的民主观念在中国同样没有广泛市场；最后，中国与儒家文化圈内部国家和地区的差异小于儒家文化圈与其他文化圈之间的差异。

五、本节小结

本节通过全球比较揭示了中国公众民主观念"在普遍与特殊之间"的"典型性"。综合 ABS 和 WVS 的数据分析结果，我们发现：以"竞争性选举""自由权利"为代表的"程序取向"民主观念在中国相对弱势；以"经济平等"和"物质保障"为代表的实质取向民主观念在中国相对强势；"无内容型"民主观念的比例在中国相对较高。中国公众民主观念既不是平均数、中位数或众数等代表集中趋势的统计量，也不是孤立的离群值，而是与某些国家和地区相似聚拢、与另一些国家和地区迥然不同、并反映某种特定规律的"特征值"。"典型性"的研究视角有效地结合了普世主义和特殊主义两种研究取向的各自优点，在阐明中国公众民主观念基本面貌的同时也揭示了民主观念特征的一般性规律。中国公众民主观念是特定的现代化发展阶段、政治制度和传统文化的产物，这给予我们的启示在于：中国特色社会主义民主政治建设不能搞超越发展阶段的"大跃进"，尤其是不能从已经进入"后物质主义"时代的西方照搬经验，搞制度移植，而需要立足中国国情、民意和本土化经验，统筹协调、循序渐进地推进。

本章揭示了中国公众民主观念的内容特征、变化趋势、社会分布和全球比较，从事实层面回答了"当我们谈论民主时，我们在谈论什么"的问题。接下来本书将进入解释层面，对中国公众民主观念的成因与影响进行解释。

第四章 理性、文化与教化：中国公众民主观念的成因

> 最终的结果总是从许多单个的意志的相互冲突中产生出来的，而其中每一个意志，又是由于许多特殊的生活条件，才成为它所成为的那样。这样就有无数互相交错的力量，有无数个力的平行四边形，由此就产生出一个合力，即历史结果，而这个结果又可以看做一个作为整体的、不自觉地和不自主地起着作用的力量的产物。
>
> ——恩格斯

在1890年9月21—22日《致约·布洛赫的信》中，恩格斯提出了著名的"历史合力论"[①]。历史发展遵循"平行四边形法则"，观念的形成亦然。社会存在的复杂性决定了社会意识的复杂性，没有哪一种因素能够单独决定人们的观念。解释公众民主观念的成因，离不开对中国社会的细致分析与全面把握。本书第二章提出了"理性—文化—政治社会化"的分析框架，本章的任务是从上述视角探寻中国公众民主观念形成和演变的原因。

第一节 理性视角：现代化增量与民主观念

理性主义（rationalism）是公众民主观念成因的重要分析视角。哲学意义

---

① 《马克思恩格斯文集》第10卷，北京：人民出版社2009年版，第592页。

上的理性主义指在承认人的理性作为知识来源的基础上建立的一整套认识论和方法论，它强调理性启蒙和历史进步；政治学意义上的理性主义所依托的则是现代化（modernization）理论范式。现代化理论的兴起可以追溯至20世纪50年代的美国的社会科学界。在"二战"结束、冷战开始的时代背景下，政治学家、社会学家、经济学家在美国全球战略的指导下对新兴国家展开了大规模的比较研究。1959年，美国社会科学研究会（Social Science Research Council，简称SSRC）下属的比较政治委员会召开"政治现代化"研讨会，与会者一致认为政治现代化是发展政治学的研究主题。20世纪60年代见证了经典现代化理论的"黄金时代"，帕森斯（Parsons）的《现代社会的结构和过程》、罗斯托（Rostow）的《经济成长的阶段：非共产主义宣言》、阿尔蒙德和科尔曼（Almond and Coleman）的《发展中地区的政治》、英克尔斯（Inkels）的《人的现代化》、阿普特（Apter）的《现代化的政治》、列维（Levy）的《现代化和社会结构》、布莱克（Black）的《现代化的动力：比较历史研究》、埃森斯塔特（Eisenstadt）的《现代化：抗拒与变迁》、沃德（Ward）的《日本和土耳其的政治现代化》、维纳（Weiner）的《现代化：增长的动力》以及亨廷顿（Huntimgton）的《变化社会中的政治秩序》等一批现代化研究专著相继出版并取得广泛的学术影响。[①]

　　现代化理论将人类社会发展视为全方位变迁过程，包括从传统经济向以工业化、市场化、专业化为主要特征的现代经济，从传统社会向以城市化、流动化、平等化为主要特征的现代社会，从传统政治向以民主化、法治化、制度化为主要特征的现代政治以及从传统文化向以世俗化、理性化、自由化

[①] 参见：Lerner, Danniel. 1958. *The passing of traditional society: Modernizing the Middle East*. New York: Free Press; Parsons, Talcott, and I. Jones. 1960. *Structure and Process in Modern Societies*. New York: Free Press; Rostow, Walt Whitman. 1960. *The Stages of Growth: A Non-communist Manifesto*. Cambridge University Press; Almond, Gabriel A. and Coleman, James S. 1960. *The Politics of the Developing Areas*. Princeton: Princeton University Press; Inkeles, Alex. 1966. *The Modernization of Man*. Center for International Affairs, Harvard University; Apter, David Ernest. 1967. *The Politics of Modernization*. Chicago: University of Chicago Press; Levy, Marion Joseph. 1966. *Modernization and the Structure of Societies*. Princeton: Princeton University Press; Black, Cyril Edwin. 1967. *The Dynamics of Modernization: A Study in Comparative History*. New York: Harper & Row; Eisenstadt, Shmuel Noah. 1966. *Modernization: Protest and Change*. Englewood Cliffs: Prentice-Hall; Huntington, Samuel P. 1968. *Political Order in Changing Societies*, New Haven: Yale University Press.

第四章 理性、文化与教化：中国公众民主观念的成因

为主要特征的现代文化的变迁（见表4.1）。尽管由于鲜明的"线性历史观""终极目的论"等色彩，经典现代化理论曾遭到广泛的批评和诟病①，但应当承认的是，现代化理论为人类历史发展尤其是工业革命以来世界范围内政治、经济、社会和文化的变迁提出了卓有见识的解释视角。基于现代化理论构成的理性主义的核心观点在于，经济领域、社会领域和政治领域的现代化对文化领域的民主观念具有线性的、不可逆转的支配性影响。

表4.1 现代化理论的谱系

领域	核心特征	代表性研究者
经济领域	工业化、市场化、专业化	罗斯托、弗兰克、维纳
社会领域	城市化、流动化、平等化	帕森斯、列维、布莱克
政治领域	民主化、法治化、制度化	阿尔蒙德、阿普特、亨廷顿
文化领域	世俗化、理性化、自由化	英克尔斯、英格尔哈特

首先，理性主义认为经济现代化奠定着民主观念生成与演变的物质基础。正如恩格斯所说："一切社会变迁和政治变革的终极原因，不应当到人们的头脑中，到人们对永恒的真理和正义的日益增进的认识中去寻找，而应当到生产方式和交换方式的变更中去寻找；不应当到有关时代的哲学中去寻找，而应当到有关时代的经济中去寻找。"② 在理性主义看来，离开了经济基础，民主观念会成为"无源之水""无本之木"，不可能生成和存续。在经济现代化与民主的关系上，最经典的研究当属李普塞特（Lipst, 1959）的《民主的一些社会条件：经济发展与政治合法性》。通过对欧洲和拉丁美洲的比较，李普塞特指出一个国家的经济发展水平与民主密切相关，具体来说，经济发展水平越高（他选取的测量指标是人均收入）的社会，不仅实现民主转型（democratic transition）的概率更高，而且民主观念更有可能深入人心，从而更容易

---

① 参见：Bell, Daniel. 1976. "The Coming of Post-industrial Society", *The Educational Forum*, 40 (4): 574 – 579. O'Donnell, Guillermo A. 1973. *Modernization and Bureaucratic-authoritarianism: Studies in South American Politics*. Institute of International Studies, University of California.

② 《马克思恩格斯全集》第26卷，北京：人民出版社2014年版，第284页。

实现民主巩固（democratic consolidation）。①这个著名的"李普塞特命题"一经提出便受到了许多研究者的追捧②，循着"经济现代化带来民主"的理论逻辑，一个必然的推论是：民主观念也会随着经济现代化程度的消长而演变。在《寂静的革命：变化中的西方公众价值和政治方式》(1977)、《发达工业社会的文化转型》(1990)、《现代化与后现代化：43个国家的文化、经济与政治变迁》(1997)、《现代化、文化变迁与民主：人类发展时序》(2005)等一系列著作中，英格尔哈特等学者揭示了工业化、经济发展是如何导致文化转型的。在他们看来，经济增长带来的物质富足为人类文化实现由"物质主义价值观"向"后物质主义价值观"、由"生存价值"（survival values）向"自我表达价值"（self-expression values）、"解放价值"（emancipative values）的转型奠定了物质基础，而文化的转型则构成了"现代"民主观念的心理条件。此外，经济发展往往带来中产阶级的扩大和教育水平的提高，社会中涌现出更多具备独立思想和权利意识的"批判性公民"（critical citizens），他们对政府往往持批判和怀疑立场，重视民主制度对个人自由及政治权利的保障功能。③ 总之，理性主义将经济现代化视为公众民主观念的物质基础，对后者而言具有本源性、决定性。

其次，理性主义认为社会现代化塑造着民主观念生成与演变的利益结构。"'思想'一旦离开'利益'就一定会使自己出丑"④，现代化进程中社会结构的变迁、社会利益调整必然在某种程度上反映到人们的观念当中。在社会学家看来，社会领域的变迁与经济领域的变化具有密不可分的关系，社会现代化甚至在某种程度上可以被视为经济现代化的表现与结果。比如帕森斯（Parsons）就指出，现代社会与传统社会在特殊性与普遍性、广泛性与专一性、先

---

① Lipset, S. M. 1959. "Some Social Requisites of Democracy: Economic Development and Political Legitimacy", *American Political Science Review* 53, pp. 69–105.

② 参见：Jackman, Robert W. 1973. "On the Relation of Economic Development to Democratic Performance". American *Journal of Political Science*, 17 (3): 611–621; Bollen, Kenneth A. 1979. "Political Democracy and the Timing of Development", *American Sociological Review*, 44 (4): 572–587; Barro, Robert J. 1999. "Determinants of Democracy". *Journal of Political Economy*, 107 (6): 158–183.

③ Norris, Pippa ed, 1999. *Critical Citizens: Global Support for Democratic Government*. Oxford: Oxford University Press.

④ 《马克思恩格斯文集》第一卷，北京：人民出版社2009年版，第286页。

第四章 理性、文化与教化：中国公众民主观念的成因

赋性与自致性、情感性与感情中立性、集体倾向性与自我倾向性等五组"模式变项"（pattern variables）上具有显著区别，现代社会人们的价值取向是普遍性、专一性、自致性、感情中立性和自我倾向性的组合。① 在具体机制上，理性主义认为经济现代化通过改变国家—社会关系、社会阶级关系等方式调整社会利益结构，进而影响人们的民主观念。国家社会关系方面，社会现代化理论强调民间社会发育对于民主观念的影响②，尤其是社团、非政府组织、社区组织、专业协会构成公众民主观念得以生根发芽的社会土壤③；在阶级关系方面，社会现代化理论强调阶级力量对比是解释民主的关键变量，比如瑟本（Therborn）认为资本主义社会带来的资产阶级与工人阶级的基本矛盾和阶级冲突是民主的主要推动力④；鲁施迈耶（Rueschemeyer）等学者指出，利益决定着人们对民主的态度，在民主化过程中受益的阶级将成为民主的推动者和捍卫者，利益受损的阶级则会反对民主。⑤总之，理性主义强调社会现代化进程带来的利益结构分化对公众民主观念的影响。

最后，理性主义认为政治现代化构成了民主观念生成和演变的制度空间。尽管"每一历史时代的经济生产以及必然由此产生的社会结构，是该时代政治的和精神的历史的基础"⑥，但是民主观念与一般社会观念的最大区别在于其政治属性。既然民主本身是政治现代化所追求的重要目标，那么公众民主观念的生成和演变自然离不开政治现代化所释放的制度空间，"政治上层建筑"对于民主观念的影响自然不容忽视。阿尔蒙德和科尔曼（Almond and

---

① 参见［美］塔尔科特·帕森斯：《社会行动的结构》，张明德等译，南京：译林出版社2003年版。

② 这一传统可以上溯至托克维尔，他在《论美国的民主》中指出："在民主制度下蔚为大观的壮举并不是由国家完成的，而是由私人自力完成的。民主并不给予人民以最精明能干的政府，但能提供最精明能干的政府往往不能创造出来的东西：使整个社会洋溢持久的积极性，具有充沛的活力，充满离开它就不能存在和不论环境如何不利都能创造出奇迹的精力。这就是民主的好处。"参见［法］托克维尔：《论美国的民主》（上），董果良译，北京：商务印书馆1997年版，第280页。

③ Hadenius, A., and Uggla, F., 1996. "Making civil society work, promoting democratic development: what can states and donors do?". *World Development*, 24 (10): 1621–1639.

④ Therborn, Goran. 1977. "The Rule of Capital and the Rise of Democracy". *New Left Review*, 103: 3–41.

⑤ Rueschemeyer, Dietrich, Evelyne Huber Stephens, and John D. Stephens. 1992. *Capitalist Development and Democracy*. Cambridge: Cambridge University Press.

⑥《马克思恩格斯选集》第1卷，北京：人民出版社2012年版，第380页。

Coleman）强调政治结构分化对于政治现代化的重要性，在他们看来政治权力分散化、部门分工精细化以及政治子系统自主性的增加都会促进政治文化朝向理性化发展①；白鲁恂认为政治现代化就是个人平等精神的持续增长、政治系统能力的持续增长和政治系统结构的日益分化与专业化的过程②；艾森斯塔特将政治现代化的内容归纳为四个方面：国家最高权力的合法性从神的庇护逐渐向世俗力量转变、政治权力由少数人控制不断向广大的社会集团扩散、政治领域的范围的扩大，以及政治决策对象和政策受益者覆盖全体公民。③亨廷顿指出权威的理性化、政治功能专门化和社会各阶层广泛的政治参与是政治现代化的基本要素，作为"组织和程序获得价值与稳定性的过程"，以适应性、复杂性、自主性和凝聚性为衡量标准的政治制度化（political institutionalization）对于政治发展、政治秩序具有决定性的意义。④ 总之，在理性主义看来政治现代化进程中的制度变迁、制度改革，既决定着公众政治参与的场所和方式，同时也影响着公众对政治体系的认知和态度，从而在根本上构造着公众民主观念生成和演变的制度空间。

鉴于此，我们将基于理性主义视角对中国政治、经济、文化的现代化进程进行系统性考察，探寻上述因素对公众民主观念的影响。值得说明的是，现代化不是从所谓"传统社会"向"现代社会"的突变，而是一个动态的、连续的历史进程，不同社会以及同一社会不同发展阶段之间主要是现代化程度的差别，而非最终状态的差别，因此考察现代化程度应该采取增量视角。所谓增量（increment）是相对于存量（stock）而言的分析视角，后者强调的是现代化业已取得的成果，前者强调的则是现代化在原有基础和水平之上新的发展。对于中国的现代化进程而言，增量视角明显更具适用性。一方面，中国的改革开放本身就是一种增量改革，从中华人民共和国成立到改革开放

---

① Almond, Gabriel A. and Coleman, James S. 1960. *The Politics of the Developing Areas.* Princeton：Princeton University Press.
② 参见［美］鲁恂·W. 派伊：《政治发展面面观》，任晓等译，天津：天津人民出版社 2009 年版。
③ Eisenstadt, Shmuel Noah. 1966. *Modernization：Protest and Change.* Englewood Cliffs：Prentice-Hall.
④ 参见［美］萨缪尔·P. 亨廷顿：《变化社会中的政治秩序》，王冠华译，上海：上海人民出版社 2008 年版。

• 第四章　理性、文化与教化：中国公众民主观念的成因 •

前夕的社会主义建设所取得的成就、经验和教训不仅为改革开放以来中国经济、社会、政治和文化的全面发展积累了物质基础、制度基础，而且从根本上确立了中国特色社会主义现代化所要坚持的基本原则，即社会主义道路、人民民主专政、中国共产党领导以及马列主义毛泽东思想；另一方面，就本书选取的时间段来说，2002—2014 年只是改革开放以来中国现代化进程中的一个片段和缩影，我们的分析不能局限于这个特定时间段，而是要从整体上把握改革开放以来经济、社会和政治现代化进程对公众民主观念的影响。

一、经济现代化：民主观念的物质基础

改革开放以来，中国经济的现代化体现在经济总量的增长、经济结构的优化、供给能力的增强、基础设施的完善及人民生活水平的提高五个方面。

第一，中国经济总量保持高速增长。1978 年，全国国内生产总值为 3645 亿元，居世界第 10 位，约占世界份额的 1.8%；到了 2014 年，该数字增长到 636138 亿元，在三十多年的时间内翻了 170 多倍，跃居世界第 2 位，约占世界份额的 11.5%。相应地，人均 GDP 也实现同步快速增长，1978 年仅有 381 元，2003 年增长到 10542 元，首次突破万元大关，2007 年、2010 年、2013 年又相继突破两万元、三万元、四万元大关，到 2014 年已经增长到 46628 元。按照世界银行的标准，中国通过改革开放完成了由绝对的"低收入国家"（1035 美元以下）向"上中等收入国家"（4086 美元至 12615 美元）的转变（见附图 1）。除了 GDP，经济总量的增长还体现在财政收支规模、进出口总额、外汇储备等指标上。财政收支规模方面，1978 年，国家财政收入仅为 1132 亿元、财政支出仅为 1122 亿元，2014 年分别增长到 140370 亿元、151785 亿元，年均增长率超过 14%。收支规模的扩大意味着财政能力的提升，为促进经济发展、加强社会保障、减小城乡差距、切实改善民生提供了有力的资金保障（见附图 2）。进出口贸易方面，对外贸易总量不断攀升。1978 年我国进出口总额只有 206 亿美元，世界排名第 29 位，2014 年已达到 43015 亿美元，是 1978 年的 208 倍。外汇储备方面，改革开放之前我国是外汇严重短缺国，1978 年全国外汇储备仅 1.67 亿美元，世界排名第 38 位，人

均不足0.2美元。随着对外经济的发展壮大，1990年、1996年、2006年外汇储备相继超过百亿、千亿、万亿美元，2014年达到39500亿美元，占世界外汇总量的1/3，连续多年稳居世界第一（见附图3）。

第二，中国的经济结构发生深刻调整。随着党和国家对市场经济认识的深化（见表4.2），中国经济实现了从改革开放前"统购包销""统收统支""统包统配""统进统出"四位一体的计划经济体制向社会主义市场经济体制的转轨。所有制结构方面，改革开放尤其是1992年以来非公有制经济不断成长壮大，私营经济、个体户数量迅速攀升，总数已经超过6000万户，私营企业、个体户的就业人数分别于2006年、2009年超过国有单位就业人数（见附图4）。非公有制经济对GDP的贡献率超过60%，对税收的贡献率超过50%，对就业的贡献率超过80%，已经与公有制经济共同构成我国经济发展的重要基础。产业结构方面，农业基础地位强化、工业实现持续快速发展、服务业迅速发展壮大。第一、二、三产业增加值占GDP比例由1978年的27.9∶47.6∶24.5调整为2014年的9.2∶42.7∶48.1，第一、二、三产业对GDP的贡献率比例由1978年的9.9∶61.8∶28.3调整为4.8∶47.1∶18.1，产业结构持续优化（见附图5）。

表4.2　中国共产党对市场经济的认识发展历程（1978—2014）

时间	表述	出处
1978.12	"按经济规律办事，重视价值规律的作用"	十一届三中全会
1982.9	"坚持计划经济为主、市场调节为辅的原则"	十二大
1984.10	"社会主义经济是公有制基础上的有计划的商品经济"	十二届三中全会
1987.10	"国家调节市场，市场引导企业"	十三大
1992.10	"经济体制改革的目标是建立社会主义市场经济体制"	十四大
1993.3	"国家实行社会主义市场经济"	八届人大一次会议
1993.11	"使市场在国家宏观调控下对资源配置起基础性作用"	十四届三中全会
2002.11	"社会主义市场经济体制已经初步建立"	十六大
2003.10	"完善社会主义市场经济体制"	十六届三中全会
2007.10	"深化对社会主义市场经济规律的认识"	十七大
2013.11	"使市场在资源配置中起决定性作用"	十八届三中全会

• 第四章　理性、文化与教化：中国公众民主观念的成因 •

第三，中国经济的供给能力大大增强。改革开放以来，商品和服务的供给实现了由短缺到丰裕的巨大转变。农业方面，粮食、蔬菜、水果产量均保持稳定增长。与1978年相比，2014年农林牧副渔总产值翻了近6倍（见附图6）。农业供给能力的提高不仅解决了占世界1/5人口的温饱问题，而且为工业化快速推进提供了重要支撑。工业方面，煤、石油、天然气、水泥、钢铁、电力等主要工业产品产量迅猛增长，目前我国有220多种工业品产量居世界第一位，制造业增加值占世界的比重将近20%，已经成为名副其实的制造业大国。此外，第三产业不断发展，金融、旅游、信息、邮电、电信、物流等现代服务业保持良好的发展势头，并日益成为经济增长的新引擎（见附图7）。

第四，中国的基础设施日趋完善。交通设施方面，铁路、公路、航空、管道运输网络覆盖范围扩大、运输能力增强、运输效率提高，有力地支撑经济发展。比如邮电通信方面，基础设施规模不断扩大、服务种类不断丰富，信息化水平不断提高，电话普及率由1978年的每百人0.38部提高到2014年的每百人112.26部；移动电话业务从无到有，2014年手机普及率达到每百人94.03部，几乎人手一部；互联网更是取得迅猛发展，1997年全国只有62万网民，互联网普及率不到0.05%，2014年的网民人数已达6.48亿，互联网普及率已经达到47.9%，几乎一半的中国人都使用互联网（见附图8）。

第五，中国人民的生活水平获得显著改善。改革开放以来是我国历史上人民群众得到实惠最多、生活水平提高最快的时期。收入方面，2012年城镇和农村居民人均可支配收入分别达到24565元和7917元，比1978年分别增长71倍和58倍，扣除价格因素，年均增长速度约为7.5%；财富方面，2012年城乡居民人民币储蓄存款余额39.96万亿元，比1978年增长1896倍，年均增长24.9%；消费方面，2012年城镇和农村居民人均现金消费支出分别为16674元和5908元，是1978年的59倍左右。而且消费结构明显优化，城乡家庭恩格尔系数从1978年的57.5%和67.7%分别下降至36.2%和39.3%，实现了从温饱不足到总体小康并向全面小康迈进的历史性跨越（见附图9）。

从理性主义的视角来看，中国经济在上述五个领域的现代化进程势必对公众民主观念带来深远影响。一方面，经济发展、物质富足带来了民主观念

"能力"维度的提升,"无内容型"民主观念比例下降。尽管在亚里士多德看来"人是天生的政治动物",但该论断成立的前提是生产力发展到了一定水平,很难想象人们在食不果腹的情况下会把主要精力放在政治领域。只有"仓廪实"才有可能"知民主",公众的民主认知能力与生产力发展水平成正比,民主观念的启蒙归根结底需要以经济发展为依托,经济现代化是民主观念"从无到有"的物质基础。另一方面,经济现代化带来了"实质"维度的民主观念与"程序"维度的民主观念的此消彼长。根据马斯洛的"需求层次"理论,人类的生理需求、安全需求、社交需求、尊重需求和自我实现需求按照由低到高的顺序呈阶梯状排列。在人们的温饱等生理需求(physiological needs)没有得到满足的情况下,作为自我实现需求(self-actualization needs)的民主只能是奢侈品。即使关心民主,人们对民主的诉求也是其"现实功能",尤其是提供衣、食、住、行等基本生活保障的功能。国民经济发展所取得的巨大成就彻底解决了中国百姓的温饱问题,既然公众的"生存权利"得到有效保障,不必再为基本的"匮乏型需求"而担心,那么人们对民主的关注点自然随之转移到更高层次"成长型需求",尤其是自由、平等、尊严、程序正义等"发展权利"。总之,物质的富足为"后物质主义价值观"的兴起提供了条件,经济现代化是人们形成明确的民主观念以及民主观念内容结构走向多维复合的物质基础。

二、社会现代化:民主观念的利益结构

改革开放以来,在经济发展所奠定的物质基础上体现为快速城市化、基本公共服务体系建设、社会保障体系建设、民生导向的公共政策以及社会组织发展的社会现代化,构成了中国公众民主观念生成和演变的利益结构。

第一,中国社会经历了快速的城市化进程。1949年到1978年我国的城市化进程相当缓慢,在三十年的时间里城镇人口比例仅仅由11.2%上升到19.4%,而同一时段全世界城镇人口比重由28.4%上升到41.3%。1978年以后,伴随着国民经济的高速增长和城乡壁垒的松动,中国社会的城市化进程明显加快:城市建设用地面积不断扩大,2014年达到49982平方公里;2014

年城镇人口比例上升至54.8%，城镇人口年均增加1586万人（见附图10）。

第二，中国建立了较为完善的基本公共服务体系。改革开放以来我国的教育、卫生、文化等各项公共服务事业取得长足进步。九年义务教育在城乡全面普及，国民教育程度明显提高，人均受教育年限由不足5年提升到8.9年；2014年高校招生人数721万人，比1978年增长18倍。公共卫生支出从1978年的110亿元增长到2014年的35312亿元；医院数由9293个增长到25860个，医疗卫生机构床位数由204.17万张增长到660.12万张，居民预期寿命由67岁提高到75岁。公共文化服务体系得以完善，2014年全国有公共图书馆3117个，是1978年的2.6倍；出版图书44.8万种，各类报纸463.9亿份、各类期刊33.5亿册；广播、电视综合人口覆盖率分别达到97.51%和98.20%（见附图11）。

第三，中国基本实现了社会保障体系的全面覆盖。为了应对现代社会的"高风险"特征，改革开放以来中国的社会保障事业经历了从低层次到制度建立完善再到全面推进的演变过程，目前已基本建成覆盖城乡的社会保障体系。养老保险方面，1991年6月国务院发布《关于企业职工养老保险制度改革的决定》（国发〔1991〕33号），提出在城市建立基本养老保险、企业补充养老保险和个人储蓄养老保险相结合的多层次养老保险体系，2014年全国参加城镇职工基本养老保险人数达到3.4亿人。在农村，从2009年起开始开展新型农村社会养老保险（简称"新农保"）试点，2011年参保人数达3.2亿人。医疗保险方面，1998年开始在城市建立城镇职工基本医疗保险制度，2014年参保人数达5.9亿人；2003年开始在农村建立以大病统筹为主的新型农村合作医疗制度（简称"新农合"），2014年参合人数达7.3亿人，参合率达到98.9%。生育保险、失业保险方面，1994年颁布《企业职工生育保险试行办法》，1999年开始实施《失业保险条例》，2014年全国已有1.7亿城镇职工纳入两项保险的覆盖范围；工伤保险方面，2010年国务院对2004年开始实施的《工伤保险条例》进行修改，扩大了工伤保险的适用范围，简化了工伤认定程序，提高了工伤补偿标准。1992年至2014年，由上述五大险种构成的社会保险总收入由377.4亿元增长到39827.7亿元；总支出由327.1亿元增长到33002.7亿元（见附图12）。

表 4.3 民生导向的公共政策（2002—2014）

领域	时间	内容
就业	2002	实施"积极的就业政策"
	2007	十届全国人大制定《就业促进法》
	2011	"十二五规划"正式提出"就业优先战略"
住房	2005	《关于切实稳定住房价格的通知》（国八条）
	2006	《关于调整住房供应结构稳定住房价格的意见》（国六条）
	2007	《关于解决城市低收入家庭住房困难的若干意见》（24号文）
	2008	《关于促进房地产市场健康发展的若干意见》（国十三条）
	2009	增加供给、抑制投机、加强监管、推进保障房建设（国四条）
	2010	《关于促进房地产市场平稳健康发展的通知》（国十一条）
	2011	《关于进一步做好房地产市场调控工作的通知》（新国八条）
	2013	《关于继续做好房地产市场调控工作的通知》（新国五条）
教育	2005	《关于进一步推进义务教育均衡发展的若干意见》
	2006	修改《义务教育法》；确立义务教育经费保障机制
	2007	建立家庭贫困学生资助政策体系；实施师范生免费教育
	2008	城乡义务教育阶段全部免除学杂费
收入分配	2003	农村税费改革在全国推开
	2005	个税起征点从800元调至1600元
	2006	废止《农业税条例》全面取消农业税
	2008	个税起征点从1600元调至2000元
	2011	个税起征点从2000元调至3500元
	2013	《关于深化收入分配制度改革的若干意见》

第四，中国政府出台了一系列民生导向的公共政策。改革开放以来，国家不断加强民生政策的输出力度，着力解决公众关心的就业、住房、教育、收入分配等民生领域问题（见表4.3）。就业方面，中国经历了从计划色彩浓厚的"统分统配"向"劳动者自主择业、市场调节就业和政府促进就业"的市场导向就业机制的转轨。针对在经济结构调整、国有企业改制过程中出现的大量工人下岗的问题，2002年国家出台"就业能力提升计划"，实施积极的就业政策，2007年全国人大专门制定《就业促进法》，2011年"十二五规

• 第四章 理性、文化与教化：中国公众民主观念的成因 •

划"正式提出"就业优先战略"，着力解决"就业难"问题、夯实"民生之本"。住房方面，随着1994年、1998年国务院相继下发《关于深化城镇住房制度改革的决定》和《关于进一步深化城镇住房制度改革加快住房建设的通知》，以"三改四建"①为基本特征的住房市场化改革迅速推进，在带来房地产业空前发展和繁荣的同时，也带来了"高房价"的民生问题。为了解决"住房贵"问题、实现"居者有其屋"，国务院相继出台了2005年"国八条"、2006年"国六条"、2007年"24号文"、2008年"国十三条"、2009年"国四条"、2010年"国十一条"、2011年"新国八条"、2013年"新国五条"等一系列宏观调控政策以稳定房价。教育方面，20世纪90年代中国教育经历了以"教育产业化"为主要特征的跃进式发展②，虽然教育规模得以扩大，但日益严重的高收费、乱收费等混乱现象使教育成为严重的民生问题领域。为了纠正上述弊端，2005年教育部发出《关于进一步推进义务教育均衡发展的若干意见》，要求各级教育行政部门有效遏制城乡、地区和校际之间教育差距扩大的势头，并对改变公办学校的公益性、以教育牟利的"改制学校""名校办民校"进行清理整顿；2006年新修改的《义务教育法》确立了各级政府分担义务教育经费的保障机制，明确宣布"义务教育阶段不收取学杂费"；2007年国家开始建立普通高校、高等职业院校和中等职业学校家庭贫困学生资助政策体系，并开始在教育部直属的六所师范院校实施师范生免费教育；2008年城乡义务教育学杂费全部免除，免费九年义务教育全面实现。收入分配方面，为调节城乡、区域以及居民之间的收入差距，农村税费改革、财政转移支付、个人所得税改革、提高职工工资

---

① 所谓"三改"即改变计划经济体制下的福利型住房体制，包括住房建设投资由国家、单位统包改为国家、单位、个人三者合理负担；各单位建房、分房和维修、管理住房改为社会化、专业化运行体制；住房实物福利分配改为住房分配货币化。"四建"即建立与社会主义市场经济体制相适应的新型住房制度，包括建立以中低收入家庭为对象、具有社会保障性质的经济适用住房供应体系和以高收入家庭为对象的商品房供应体系；建立住房公积金制度；发展住房金融和住房保险，建立政策性和商业性并存的住房信贷体系；建立规范化的房地产交易市场和房屋维修、管理市场。

② 1992年颁布的《义务教育法实施细则》规定"实施义务教育的学校可收取杂费"。在"人民教育人民办""多渠道集资办学"的名义下，一批具有优质教育资源的公立中小学实行"民营机制""名校办民校"，高收费、乱收费的现象愈演愈烈，高等教育的产业化特征则更为明显，20世纪90年代高等院校经历了大规模合并、扩招，普遍实行收费制度以及后勤的社会化改革。

收入等领域得到不断推进。2003年农村税费改革在全国推开，2006年全面取消农业税并清理了农业特产税、牧业税、屠宰税、乡统筹、村提留和各种专门面向农民征收的政府性基金、行政事业性收费，2014年全国各级财政对"三农"的总投入超过3万亿元，税费减免和财政扶持有效地减轻了农民负担；2014年中央对地方转移支付资金达4.68万亿元，有力平衡了地区间收入差距；在"逐步提高居民收入在国民收入分配中的比重、提高劳动报酬在初次分配中的比重、初次分配和再分配都要处理好效率和公平的关系、再分配更加注重公平"原则的指导下，个人所得税起征点在2005年、2008年、2011年经历三次调整，从800元提高到3500元；与此同时，城镇居民平均工资不断提高，2002年城镇单位就业人员平均工资为12373元，2014年增长到56360元。

第五，中国的社会组织如雨后春笋般发展。作为国家治理体系和治理能力现代化的有机组成部分，社会组织是社会治理的重要主体和依托。伴随着社会改革和社会建设进程的加快，计划经济时代的"单位体制"逐渐松动，社会组织的社会主体地位不断提升，社会管理服务功能不断增强、社会影响力不断扩大，社会组织日益成为激发社会活力、推动社会建设、促进社会和谐的重要力量。2002—2014年，社会组织单位数由244509家增长至606048家；社会团体单位数由133297家增长至309736家；民办非企业单位数由111212家增长至292195家；社区服务机构由206743家增长至251368家；基金会单位数由954家增长到4117家，一个适应国家经济和社会发展要求、结构优良、布局合理、规模适度的社会组织新格局正在逐步形成（见附图13）。

从理性主义的视角来看，中国社会在上述五个领域的现代化进程势必对公众的民主观念产生多方面的影响。第一，城市化、国有企事业单位改革分别突破了基于地域、血缘和宗族等纽带的传统乡村"熟人社会"和计划经济体制下的"单位制度"，在社会流动性增强并"陌生人化"的背景下，以"权利—义务"为纽带的市场规则和契约精神成为转型社会的主要运作逻辑，人们权利意识、规则意识的觉醒为"程序取向"民主观念的兴起提供了条件；第二，医疗、教育、文化等现代公共服务体系的建立让老百姓切身感受到政府公共服务的质量,进而产生作为纳税人的政治意识,一旦人们普遍认为政府运用公共财政提供公共产品和服务是理所应当,"权利取向"民主观念的产生就成为必然;第三,中国建立了世界上规模最大的社会保障体系,数亿人被纳入社会保障体系覆盖的范围内既有效保障了人们的"安全需求",为民主观念的内容向"更高层次"延伸奠定了基础,同时也导致社会保障体系建设过程中出现的问题极其容易"政治化",甚至将社会经济领域存在的问题归咎于缺乏"民主";第四,民生导向的公共政策使老百姓得到实惠的同时,也导致他们更多地卷入跟政府打交道的过程中,如果对基层政府工作人员的办事效率、廉洁程度不满意,公众的政治态度、民主观念则很容易向激进、批判的方向转化;第五,社会组织的蓬勃发展使社会利益分化重组、利益主体日趋多元,促进了多维复合民主观念的形成。总之,中国社会现代化归根结底是改革开放所带来的巨大制度红利重新分配和不断调整的过程,它构成了现时期中国公众民主观念得以生成和演变的基本利益结构。

三、政治现代化:民主观念的制度空间

现时期中国的政治现代化进程主要指改革开放以来中国特色社会主义政治文明建设。政治文明是人类政治智慧的结晶,也是人类理性在政治生活中的体现。从静态的角度看,政治文明代表了人们在获取、运用、影响公共权力以分配利益的政治过程中的文明程度,是以特定物质文明为基础的制度文明;从动态角度看,政治文明则是政治发展的具体过程,表现为政治理念的更新、政治制度的健全和政治行为的合理化。① 在思想、制度和行为这三个基本维度中,政治制度塑造和影响着政治思想、约束和规范着政治行为,是政治文明建设的核心与关键。改革开放以来,中国政治现代化在制度层面的理性增量主要体现为党的建设、民主建设、法治建设、人权建设、政府建设等五个方面的成果,它们共同构成了中国公众民主观念生成和演变的制度空间。

---

① 参见虞崇胜:《政治文明论》,武汉:武汉大学出版社2003年版。

第一,党的建设取得明显成效。中国共产党是中国特色社会主义事业的领导核心,"办好中国的事情关键在于党",理解中国政治发展当然离不开对中国共产党的考察。改革开放以来,中国共产党在思想建设、组织建设、作风建设、制度建设等方面取得了明显成效(见表4.4)。

表4.4 中国共产党的建设(1978—2014)

领域	时间	内容
思想建设	1978.11	确立解放思想、实事求是的思想路线
	1997.9	邓小平理论确立为党的指导思想
	2002.11	"三个代表"重要思想写入党章
	2007.10	"科学发展观"写入党章
组织建设	2004.9	《关于加强党的执政能力建设的决定》
	1994.9	《关于加强党的建设的几个重大问题的决定》
	2009.8	《关于加强和改进新形势下党的建设若干重大问题的决定》
作风建设	1983.10	《中共中央关于整党的决定》
	1984.12	《关于严禁党政机关和党政干部经商、办企业的决定》
	1986.2	《关于进一步制止党政机关和党政干部经商、办企业的规定》
	1990.3	《关于加强党同人民群众联系的决定》
	1998.11	"三讲"(讲学习、讲政治、讲正气)教育活动
	2001.9	《关于加强和改进党的作风建设的决定》
	2005.1	"保持共产党员先进性"教育活动
	2012.12	"八项规定""六项禁令""反四风"
	2013.4	党的群众路线教育实践活动
制度建设	1980.2	《关于党内政治生活的若干准则》
	1982.2	《关于建立老干部退休制度的决定》
	1982.9	《中国共产党章程》
	1987.10	中共中央委员实行差额选举
	2002.7	《党政领导干部选拔任用工作条例》[a]
	2003.12	《中国共产党党内监督条例(试行)》
	2003.12	《中国共产党纪律处分条例》[b]
	2004.9	《中国共产党党员权利保障条例》

第四章 理性、文化与教化：中国公众民主观念的成因

（续表）

领域	时间	内容
制度建设	2007.10	实行"党代表任期制"
	2009.7	《中国共产党巡视工作条例（试行）》c
	2010.1	《中国共产党党员领导干部廉洁从政若干准则》d
	2012.11	县（市、区）党代会常任制试点
	2013.5	《中国共产党党内法规制定条例》
	2014.8	《深化党的建设制度改革实施方案》

注：a. 2014.1 修订；b. 2015.10 修订；c. 2015.8 修订；d. 2015.10 修订为《中国共产党廉洁自律准则》。

思想建设方面，与时俱进的意识形态创新增强了党对社会变迁的适应能力。1978年党的十一届三中全会之后，以邓小平为核心的党中央在"拨乱反正"的基础上重新确立了马克思主义的思想路线，以巨大的政治魄力和理论勇气对毛泽东思想做出科学评价，彻底否定了"以阶级斗争为纲"的错误理论和实践，将工作重心从"阶级斗争为纲"转移到经济建设上来。在意识形态领域"适应性调整"的过程中，中国共产党积极借鉴人类所有优秀的政治文明成果，重视总结人类社会发展规律、社会主义现代化建设规律和世界各国共产党的执政规律，不断推进思想解放和理论创新，打造"学习型政党"。

组织建设方面，面对市场经济带来的社会利益分化和新兴社会力量的崛起，党的组织体系不断地拓展横向与纵向覆盖面以巩固政治核心地位，并通过大规模的政治吸纳不断扩充阶级基础。《党章》规定"企业、农村、机关、学校、科研院所、街道社区、社会组织、人民解放军连队和其他基层单位凡是有正式党员三人以上的都应当成立党的基层组织"。为了实现党组织在各个领域的"全覆盖"，中国共产党尤其重视不断发展壮大"两新组织"①的基层党建工作。通过广泛吸纳民营企业家、个体工商户及"新社会

---

① 即新经济组织、新社会组织。新经济组织指私营企业、外商投资企业、港澳台商投资企业、股份合作企业、民营科技企业、个体工商户、混合所有制经济组织等各类非国有集体独资的经济组织；新社会组织指社会团体和民办非企业单位。

阶层"①入党，党员的社会阶层比例中，新兴的经济、社会精英则有明显的上升趋势。党员吸纳标准和党员社会构成的调整与变化，既展现出中国共产党对市场经济"创意性导向"的适应逻辑②，也体现了中国共产党对当前社会多元利益主体的包容和整合，并且在拓展政治体制和制度弹性空间的过程中渐进地增强了执政党的调适性。

作风建设方面，从1983年的"整党"运动③、1998年的"三讲"教育活动、2005年的"保持共产党员先进性"教育活动到2013年开始的"党的群众路线"教育实践活动，中国共产党一直通过定期开展教育学习活动的方式保持求真务实、艰苦奋斗、密切联系群众等优良作风，在此基础上积极探索作风建设的长效机制。2001年9月中共十五届六中全会通过的《关于加强和改进党的作风建设的决定》是历史上第一份专门针对作风建设制定的指导性文件。在"全面从严治党"的宏观背景下，中国共产党的反腐倡廉工作紧抓不懈，尤其是十八大之后"苍蝇老虎一起打"的高压反腐态势已经成为中国政治的"新常态"。

制度建设方面，通过确立党章和制度的权威、完善党内各种规章制度、规范党内权力运行机制和民主决策机制、保障党员的基本权利、加强党内民主的各项制度建设，中国共产党已经成为高度制度化、民主化和理性化的现代政党。④ 1982年党的十二大制定的现行《党章》是明确规定党必须在宪法

---

① 新社会阶层主要由"私营企业、外资企业的管理人员和技术人员""中介组织从业人员"、"自由职业人员"和"新媒体从业人员"等组成，集中分布在"两新"组织中。官方对新社会阶层的定位是"作为中国特色社会主义事业的建设者，在促进共同富裕、构建社会主义和谐社会、全面建设小康社会中发挥着重要作用"。

② Shevchenko, Alexei. 2004. "Bringing the Party Back In: The CCP and the Trajectory of Market Transition in China". *Communist and Post-Communist Studies*, 37 (2): 161 – 185.

③ 这次整党运动是为了解决"文革"导致的党的思想、作风、组织不纯、纪律松弛、软弱涣散等问题而进行的，1983年10月党的十二届二中全会作出了关于整党的决定，主要任务包括：1. 统一思想，进一步实现全党思想上政治上的高度一致，纠正一切违反四项基本原则、违反十一届三中全会以来党的路线的"左"的和右的错误倾向；2. 整顿作风，发扬全心全意为人民服务的革命精神，纠正各种利用职权谋取私利的行为，反对对党、对人民不负责任的官僚主义；3. 加强纪律，坚持民主集中制的组织原则，反对无组织、无纪律的家长制、派性、无政府主义、自由主义，改变党组织软弱涣散的状况；4. 纯洁组织，按照新党章的规定，把坚持反对党、危害党的分子清理出来，开除出党。1987年5月，全面整党运动基本结束。

④ 唐皇凤：《变革型政党：对中国执政党建设历史经验与未来愿景的一种理论解读》，载《武汉大学学报（哲学社会科学版）》，2013年第3期。

第四章 理性、文化与教化：中国公众民主观念的成因

和法律范围内活动，并禁止任何形式的个人崇拜。此后，党的历次全国代表大会都会根据新形势对党章进行修改。作为党的根本法规，《党章》权威的确立为健全和完善党的各项制度提供了根本依据。在组织制度上，通过以健全民主集中制为重点加强组织制度建设，我们党形成了比较完整的制度体系。1982年中共中央通过《关于建立老干部退休制度的决定》，为实现干部队伍的年轻化、知识化、专业化奠定了制度基础。2002年，中共中央又颁布《党政领导干部选拔任用工作条例》，公开选拔、竞争上岗成为选人用人的常态制度。1980年党的十一届五中全会通过了《关于党内政治生活的若干准则》，此后陆续颁布了《中国共产党党内监督条例》《中国共产党纪律处分条例》《中国共产党廉洁自律准则》《中国共产党党员权利保障条例》，党内民主不断制度化，党员的主体地位和知情权、参与权、选举权、监督权等民主权利得到充分保障，其中最引人瞩目的是党内差额选举的扩大。1987年党的十三大对中央委员会的预选实行了候选人多于应选名额5%的差额选举，2007年党的十七大中央委员的差额选举比例进一步扩大到8.13%、候补中央委员的差额比例扩大到9.16%，而且在中央政治局委员候选人的提名上也首次实行了民主推荐的方法。到了党的十八大，党代表选举差额比例已经超过15%。与此同时，党代表任期制、党代会代表提案制、党的代表大会常任制、党内情况通报制度、党内情况反映制度、党内重大决策征求意见制度、巡视制度、党委新闻发言人制度不断建立健全。2013年5月颁布的《中国共产党党内法规制定条例》是中国共产党历史上第一部党内"立法法"，标志着党的建设制度化、规范化、程序化，党的执政水平的科学化、民主化、法治化程度迈上新的台阶。

对于中国共产党的上述变化，沈大伟（David Shambaugh）、狄蒲忠（Bruce Dickson）等学者归纳为政党的调适性（adaptability），即政党组织在政治发展过程中所形成的适应环境挑战能力的增强。[①] 总之，中国共产党通过制度建设不断巩固意识形态创新、组织建设、作风建设的成果，在"调试"与"适应"的过程中执政党依法执政的能力、驾驭复杂局面的能力不断增强，党

[①] 参见：Shambaugh, David L. 2008. *China's Communist Party: Atrophy and Adaptation*. Berkeley, Los Angeles and London: University of California Press. Dickson, Bruce J. 2000. "Cooptation and Corporatism in China: The Logic of Party Adaptation". *Political Science Quarterly*, 115 (4): 517–540.

内治理的民主化和制度化水平不断提升，这是现时期中国政治体制保持弹性和活力的重要源泉，也是民主观念形成的重要制度背景。

第二，中国的民主政治建设在多个维度上展开。除了前面提到的党内民主之外，改革开放以来中国特色社会主义民主政治建设在选举民主、协商民主、基层民主等方面均取得突破性进展。选举民主方面[①]，早在新民主主义革命时期，中国共产党就创造了"工农兵代表大会""三三制""豆选法""人民代表会议"等选举民主实践。1953年2月颁布的《选举法》对选举的基本原则、程序和方法作出了具体规定。改革开放之后，选举民主随着人民代表大会制度的恢复而得以重新推进（见表4.5）。1979年7月，五届全国人大二次会议通过了第二部《选举法》，此后于1982年、1986年、1995年、2004年和2010年又先后对《选举法》进行了五次修订。[②]《选举法》连同《地方组织法》《全国人大组织法》《县级人大直选规定》《全国人大常委会议事规则》《全国人大议事规则》《人民代表大会代表法》《人大常委会监督法》共同奠定了选举民主的法律规范体系（见表4.5）。从1978年到2014年，我国先后进行了10次乡级人大代表直接选举、9次县级人大代表直接选举、7次设区的市级以上人大代表间接选举。在选举民主的发展过程中，直接选举的范围不断扩大，由乡镇一级扩大到县一级。差额选举的原则得以确立，《选举法》规定"由选民直接选举人民代表大会代表的，代表候选人的人数应多于应选代表名额的三分之一至一倍；由县级以上的地方各级人民代表大会选举上一级人民代表大会的，代表候选人的人数应多于应选代表名额的五分之一至二

---

① 需要说明的是，本书对选举民主采取狭义定义，即代议机关的选举民主。鉴于人民代表大会制度是我国的根本政治制度，也是人民民主政权的组织形式，人大代表选举的制度化、规范化是本书所分析的"选举民主"的主要内涵。除了人大代表的选举，一些研究者还将党内选举以及村民委员会选举、城市居民委员会选举等形式的基层选举也视为选举民主的组成部分。但我们在前文中已经对党内选举民主进行了论述，后文也将专门分析中国的基层民主建设，因此这里分析的重点是人大代表选举。参见郭中军：《中国的选举民主》，上海：学林出版社2014年版。

② 这五次修订的重点是完善选举程序和进一步推进选举民主，其主要内容包括：规范代表名额和分配，逐步实行城乡按相同人口比例选举人大代表；对代表候选人扩大提名权、改进介绍方式；完善投票选举程序，简化选民登记手续，明确选区划分标准；完善代表罢免、辞职等程序；增设"选举机构"专章，对选举委员会的产生和职责分别作出规定；完善选举保障制度，加大对破坏选举违法行为的制裁力度。此外，2015年8月全国人大常委会对《选举法》作出了第六次修改。

分之一"。与此同时,城乡按相同人口比例选举人大代表的原则逐步实现。1953年的《选举法》规定农村和城市每个人大代表所代表人口比例为县级4∶1、省级5∶1、全国8∶1,1995年修改为4∶1。2010年第五次修订的《选举法》明确提出城乡按相同人口比例选举人大代表的原则。2013年,十二届全国人大代表按1∶1的比例选举,最终实现了城乡公民选举的"同票同权"。

表4.5 选举民主的法律规范体系(1978—2014)

时间	内容
1979.7	《地方各级人民代表大会和地方各级人民政府组织法》(第二部)
1979.7	《全国人民代表大会和地方各级人民代表大会选举法》(第二部)
1981.6	《中国人民解放军人大代表选举办法》(第一部)
1982.12	《全国人民代表大会组织法》(第二部)
1982.12	《全国人民代表大会和地方各级人民代表大会选举法》(第一次修订)
1983.3	《关于县级以下人民代表大会代表直接选举的若干规定》
1986.12	《全国人民代表大会和地方各级人民代表大会选举法》(第二次修订)
1987.11	《全国人大常委会议事规则》(第一部)
1989.4	《全国人大议事规则》(第一部)
1992.4	《全国人民代表大会和地方各级人民代表大会代表法》(第一部)
1995.2	《全国人民代表大会和地方各级人民代表大会选举法》(第三次修订)
2004.10	《全国人民代表大会和地方各级人民代表大会选举法》(第四次修订)
2006.8	《各级人民代表大会常务委员会监督法》(第一部)
2010.3	《全国人民代表大会和地方各级人民代表大会选举法》(第五次修订)

在协商民主方面,1949年9月中国人民政治协商会议的召开以及《共同纲领》的提出,标志着作为新型民主形式的协商民主开始在全国范围内实施。从中华人民共和国成立到改革开放,以中国共产党领导的多党合作和政治协商制度为主要载体的协商民主对于民主党派参政议政、民主监督、参与国家事务的管理、促进党和国家决策民主化和科学化以及解决人民内部矛盾均发挥了重要积极作用。改革开放以来,随着利益主体、价值取向的多元化以及民众政治参与意识的增强,中国特色社会主义民主政治建设开始把协商民主作为重要民主形式广泛运用到国家政治社会生活

中,并不断推动协商民主的制度化、规范化、程序化。1987年党的十三大报告明确提出建立党、政府与群众之间的协商机制,"正确处理和协调各种不同的社会利益和矛盾,是社会主义条件下的一个重大课题。各级领导机关的工作,只有建立在倾听群众意见的基础上,才能切合实际,避免失误。领导机关的活动和面临的困难,也只有为群众所了解,才能被群众所理解。群众的要求和呼声,必须有渠道经常地、顺畅地反映上来。建议有地方提,委屈有地方说。这部分群众同那部分群众之间,具体利益和具体意见不尽相同,也需要有互相沟通的机会和渠道。因此,必须使社会协商对话形成制度,及时地、畅通地、准确地做到下情上达,上情下达,彼此沟通,互相理解"[①]。1991年江泽民同志提出了社会主义民主有两种重要形式的观点:"人民通过选举、投票行使权利与人民内部各方面在选举、投票之前进行充分协商,尽可能就共同性问题取得一致意见,是我国社会主义民主的两种重要形式。"[②] 1993年八届全国人大一次会议将"中国共产党领导的多党合作和政治协商制度将长期存在和发展"载入《宪法》;2006年《中共中央关于加强人民政协工作的意见》第一次把社会主义有两种民主形式的问题写入中央文件:"在我们这个幅员辽阔、人口众多的社会主义国家里,关系国计民生的重大问题,在中国共产党领导下进行广泛协商,体现了民主与集中的统一。人民通过选举、投票行使权利和人民内部各方面在重大决策之前进行充分协商,尽可能就共同问题取得一致意见,是我国社会主义民主的两种重要形式。"[③] 2007年11月国务院新闻办发表的《中国的政党制度》白皮书首次提出了"协商民主"的概念,并指出,"选举民主与协商民主相结合,拓展了社会主义民主的深度和广度;经过充分的政治协商,既尊重了多数人的意愿,又照顾了少数人的合理要求,保障最大限度地实现人民民主,促进社会和谐发展"[④]。

---

① 《十三大以来重要文献选编》上,北京:人民出版社1991年版,第43页。
② 《江泽民论有中国特色社会主义(专题摘编)》,北京:中央文献出版社2002年版,第347页。
③ 《十六大以来重要文献选编》下,北京:中央文献出版社2008年版,第260页。
④ 转引自李君如:《协商民主在中国——中国特色协商民主的理论思考》,载《中共天津市委党校学报》,2014年第4期。

第四章 理性、文化与教化：中国公众民主观念的成因

2012年党的十八大报告明确提出，"社会主义协商民主是我国人民民主的重要形式，要完善协商民主制度和工作机制，推进协商民主广泛、多层、制度化发展"①。2014年10月中央全面深化改革领导小组审议通过的《关于加强社会主义协商民主建设的意见》则将协商民主具体概括为"政党协商""人大协商""政府协商""政协协商""人民团体协商"和"基层协商"六大方面。在中央对协商民主的认识不断深化、重视程度不断提高的同时，各地对协商民主制度实践的探索方兴未艾（见表4.6）。其中最典型的当属浙江温岭的"民主恳谈"和"参与式预算"②。2001年温岭市委将全市各地开展的"民情恳谈""村民民主日""农民讲台""民情直通车"等收集民意、践行民主的活动统一命名为"民主恳谈"，并于2005年将其引入乡镇人大工作。以新河镇、泽国镇为试点的参与式公共预算改革则让民众切实参与到政府预算的审核和监督过程之中，此后参与式预算逐步推广至全市各镇、街道及市级政府部门。协商民主的理论和实践不仅拓展了中国特色社会主义民主的制度空间，也丰富着公众对民主的认识。

表4.6 协商民主的地方实践（2002—2014）

时间	地点	内容
2005	浙江省温岭市	民主恳谈、参与式预算
2005	江苏省徐州市沛县	村级事务"1+5"管理法③
2005	浙江省衢州市常山县	"民情沟通日"制度
2005	浙江省绍兴县夏履镇	夏履程序④

---

① 《十八大以来重要文献选编》上，北京：中央文献出版社2014年版，第21页。
② "民主恳谈"的前身是1999年6月浙江省温岭市松门镇举办的"农业农村现代化教育论坛"。在这次论坛上，松门镇党委和政府开创了邀请村民同镇领导座谈交流的工作方法。
③ "1+5"管理办法起源于江苏省沛县栖山镇胡楼村农民建设新社区的协商民主实践，"1"是指一个核心，即村级党组织的领导；"5"指由大家协同参与村级事务管理的提议、商议、决议、执行、监督五个环节。该方法是决定村级重大事项、解决村级重大问题的协商民主程序设计。
④ "夏履程序"是发源于浙江省绍兴县夏履镇莲东村的村级民主管理制度。该制度规定凡涉及村民利益的重大事项，如集体资产经营、村干部报酬、重大工程招投标、财务审批等，全部按照"征求收集村民意见—村两委提出初步方案—民主听证—党员讨论完善方案—村民代表表决确定—村务公开"的民主程序进行办理。

(续表)

时间	地点	内容
2006	贵州省锦屏县平秋镇圭叶村	"五合章"理财办法①
2007	江苏省南京市六合区	自然村"农民议会"
2008	贵州省湄潭县	村民集中诉求会议制度
2009	内蒙古通辽市开鲁县嘎查村	"532"工作法②
2013	浙江省余姚市	公共事务决策协商咨询平台

在基层民主方面,改革开放以来基层群众自治制度逐步建立和完善,构成了中国特色社会主义民主政治建设的有机组成部分。基层是国家和社会的最小单位,基层民主往往具有"直接""参与"的特点,因此又被称为"草根民主"(grass-roots democracy)。在农村,以村民委员会选举为核心的基层民主润物细无声地改变着农民的生活、行为、关系和思想观念。1980年,广西宜州屏南乡合寨村85户村民通过差额选举的方式选出6名村委会领导开创了农村基层民主的先河。1981年6月通过的《关于建国以来若干问题的决议》明确规定"在基层政权和基层社会生活中逐步实现人民的直接民主"③。1982年《宪法》第111条规定,"城市和农村按居民居住地区设立的居民委员会或者村民委员会是基层群众性自治组织。居民委员会、村民委员会的主任、副主任和委员由居民选举。居民委员会、村民委员会同基层政权的相互关系由法律规定",村民委员会作为农村基层群众自治组织的法律地位正式确

---

① "五合章"理财办法发源于贵州省锦屏县平秋镇圭叶村的"五瓣公章"实践,即将刻有"平秋镇圭叶村民主理财小组审核"字样的印章分为五瓣,分别由四名村民代表和一名党支部委员保管,村里的开销须经他们中至少三人同意后才可将其合并起来盖章入账。2007年锦屏县在全县推广五合章的村级民主理财制度。

② "532"工作法来源于内蒙古开鲁县嘎查村的行政程序,即村级重大事项的决策管理、组织实施,都必须严格履行"五道程序"、依次通过"三次审核"、坚持实行"两个公开"。"五道程序"即党支部提议、"两委"商议、党员大会审议、嘎查村民代表会议或嘎查村民会议决议以及"两委"共同组织实施。"三次审核"即苏木乡镇成立由党政主要负责人任组长,党委委员和农经、土地、司法、公安派出所及其他相关单位负责人为成员的嘎查村务协调指导小组,对嘎查村"两委"商议形成的意见进行把关,对党员大会和嘎查村民代表会议或嘎查村民会议审议表决的程序进行把关,对嘎查村议定事项执行后的财务收支账目进行入村"审结"把关。"两个公开"即决议执行前向群众公开实施方案,决议执行后向群众公开实施过程及结果。

③ 《三中全会以来重要文献选编》下,北京:人民出版社1982年版,第841页。

立。1987年11月，六届全国人大常委会通过了《中华人民共和国村民委员会组织法（试行）》。1992年，吉林省梨树县平安村以村民直接投票的方式"海选"出新一届村委会，由此"海选"成为基层民主选举的代名词。1998年11月，九届全国人大常委会正式颁布《村民委员会组织法》。2010年，十一届全国人大常委会对《村民委员会组织法》进行了修订，对村委会的民主选举、民主决策、民主管理和民主监督内容进行了充实完善。在城市，1980年1月，全国人大常委会重新颁布了1954年制定的《居民委员会组织条例》和《城市街道办事处组织条例》。1989年12月，七届全国人大常委会通过了《中华人民共和国城市居民委员会组织法》，规定"居民委员会主任、副主任和委员，由本居住地区全体有选举权的居民或者由每户派代表选举产生；根据居民意见，也可以由每个居民小组选举代表二至三人选举产生"。伴随着城市经济体制改革和城市社会结构的变迁，城市单位制度逐步解体、私营经济大量涌现，旧的居民委员会制度难以适应日益复杂的城市社会管理需要，"社区"逐渐成为城市基层民主建设的重要场所。2000年11月，中共中央办公厅转发《民政部关于在全国推进城市社区建设的意见》（"23号文件"），2004年民政部又发布《社区居民委员会直接选举规程》，对社区居民委员会的构成、选民登记、候选人资格和提名、竞争选举、投票、选举结果认定、辞职、罢免、补选等一系列程序作出具体规定，并明确了普遍选举权、平等选举权、直接提名、直接选举、差额选举、竞争选举、秘密投票、公开计票等选举原则。与此同时，"一人一票""公推直选""两票制""两推一选""两票推选"等基层民主的地方实践如火如荼地展开（见表4.7），转型期的基层民主建设已经成为人民行使自我管理、自我服务的民主权利、实现人民当家作主最有效的途径之一。

表4.7 基层民主的地方实践（1978—2014）

时间	地点	内容
1980	广西宜州屏南乡	村委会差额选举
1992	吉林省梨树县	村委会"海选"
1997	山西省河曲县	村党支部"两票制"

(续表)

时间	地点	内容
1997	山东省日照市	村务大事村民公决
1998	四川省遂宁市	"公推公选"
1999	陕西省临猗县	"两票选任制"
1999	安徽省凤阳县	"两推一选"
2002	湖北省京山县	"两推一选"
2003	湖北省咸宁市	"两票推选"
2003	江苏省宿迁市	"公推直选"
2003	浙江省宁波市海曙区	社区居委会直接选举
2003	江苏省南京市白下区	社区居委会直接选举
2004	四川省平昌县	"三轮投票"
2005	广东省深圳市盐田区	社区居委会直接选举
2006	上海市闸北区	社区居委会"海选"

第三，中国的法治建设迈上新的台阶。尽管中华人民共和国成立初期制定的《宪法》和一系列法律法规初步奠定了中国法治建设的基础，但是"文革"期间，正常的司法活动和程序遭到严重破坏，法律的尊严遭到严重践踏。1978年党的十一届三中全会在汲取"文革"惨痛教训的基础上，提出"为了保障人民民主，必须加强社会主义法制，使民主制度化、法律化，使这种制度和法律具有稳定性、连续性和极大的权威，做到有法可依、有法必依、执法必严、违法必究"，标志着社会主义法制建设成为中国政治发展的重要维度。1979年3月全国人大法制委员会成立，同年举行的五届全国人大二次会议颁布了《刑法》《刑事诉讼法》《地方组织法》《选举法》《人民法院组织法》《人民检察院组织法》以及《中外合资经营企业法》等7部法律。1982年，五届全国人大五次会议通过了《中华人民共和国宪法》，史称"八二宪法"，法治建设的根本大法地位得以确立。在整个转型期，为了适应市场经济体制，经济立法方面先后出台了《经济合同法》《商标法》《专利法》《反不正当竞争法》《公司法》《劳动法》等法律；为了规范"官""民"关系，行政立法方面先后出台了《行政诉讼法》《国家赔偿法》《行政处罚法》《行政监察法》《行政复议法》等法律；为了调整社会矛盾，民事立法方面通过了

《民法通则》《治安管理处罚条例》《民事诉讼法》等法律法规;为了规范立法,2000年又出台了《立法法》。与此同时,法治建设在社会主义政治文明建设中的地位逐渐明确和巩固。1997年党的十五大报告提出"依法治国是中国共产党领导人民治理国家的基本方略"。1999年九届全国人大二次会议将"中华人民共和国实行依法治国、建设社会主义法治国家"载入宪法。2004年国务院印发的《全面推进依法行政实施纲要》正式提出建设"法治政府"的目标。2011年全国人大宣布"一个立足中国国情和实际、适应改革开放和社会主义现代化建设需要、集中体现党和人民意志的,以宪法为统帅,以宪法相关法、民法商法等多个法律部门的法律为主干,由法律、行政法规、地方性法规与自治条例、单行条例等三个层次的法律规范构成的中国特色社会主义法律体系已经形成"。2014年党的十八届四中全会通过的《中共中央关于全面推进依法治国若干重大问题的决定》则进一步提出"建设中国特色社会主义法治体系"。"建设社会主义法治国家"是全面推进依法治国的总目标,即"在中国共产党领导下,坚持中国特色社会主义制度,贯彻中国特色社会主义法治理论,形成完备的法律规范体系、高效的法治实施体系、严密的法治监督体系、有力的法治保障体系,形成完善的党内法规体系,坚持依法治国、依法执政、依法行政共同推进,坚持法治国家、法治政府、法治社会一体建设,实现科学立法、严格执法、公正司法、全民守法,促进国家治理体系和治理能力现代化"。① (见表4.8)

表4.8 中国的法治建设(1978—2014)

时间	内容
1979	《刑法》《刑事诉讼法》《人民法院组织法》《人民检察院组织法》
1982	《宪法》《商标法》《国家建设征用土地条例》
1984	《专利法》《民族区域自治法》《兵役法》《药品管理法》
1986	《民法通则》《义务教育法》《土地管理法》《治安管理处罚条例》
1988	《宪法修正案》(第一次)

---

① 《十八大以来重要文献选编》中,北京:中央文献出版社2016年版,第147页。

(续表)

时间	内容
1989	《行政诉讼法》《集会游行示威法》《环境保护法》
1991	《民事诉讼法》《未成年人保护法》
1993	《宪法修正案》（第二次）、《反不正当竞争法》、《公司法》
1994	《国家赔偿法》《劳动法》《预算法》《审计法》
1996	《行政处罚法》《律师法》《乡镇企业法》
1997	《行政监察法》《价格法》
1999	《宪法修正案》（第三次）、《行政复议法》、《合同法》
2000	《中华人民共和国立法法》
2001	《行政许可法》《国家司法考试实施办法（试行）》
2004	《宪法修正案》（第四次）
2005	《中华人民共和国公务员法》
2007	《中华人民共和国物权法》
2014	《中共中央关于全面推进依法治国若干重大问题的决定》

第四，中国的人权事业取得举世瞩目的成就。改革开放以来，党和国家采取切实有效措施促进人权事业发展，尊重和保障人权成为治国理政的重要原则。1991年，国务院新闻办公室发布《中国的人权状况》白皮书，阐明了中国政府对公民生存权利、政治权利、经济文化和社会权利的保障状况，并提出"生存权是中国人民长期争取的首要人权"等观点。[①] 1997年、1998年，中国分别签署联合国《经济、社会及文化权利国际公约》和《公民权利和政治权利国际公约》。2004年十届全国人大二次会议通过的宪法修正案将"国家尊重和保障人权"写入宪法，尊重和保障人权成为国家根本大法的重要原则。2009年和2012年，国务院相继制定《国家人权行动计划（2009—2010年）》和《国家人权行动计划（2012—2015年）》，明确提出中国政府在促进和保护人权方面的工作目标和具体措施，标志着人权事业的系统性建设开始

---

① 这是中国政府向世界公布的第一份以"人权"为主题的官方文件，首次以政府文件的形式正面肯定了"人权"概念在中国社会主义政治发展中的地位。迄今中国政府先后发布12个人权白皮书，包括2001年的《中国人权发展50年》白皮书以及1995年、1997年、1999年、2000年、2004年、2005年、2010年、2013年、2014年、2015年的《中国人权事业的进展》年度白皮书。

成为国家规划。截至 2014 年，中国签署、加入或批准的国际人权公约已达 27 个（见表 4.9）。总的来说，以民生建设为重点，以保障公民生存权和发展权为特色的中国人权事业在蒸蒸日上的发展既是政治文明建设的基本维度，也是公众民主观念的重要影响因素。

表 4.9 中国的人权建设（1978—2014）

时间	内容
1980	《消除对妇女一切形式歧视公约》
1981	《消除一切形式种族歧视国际公约》
1982	《关于难民地位的公约》
1983	《防止及惩治灭绝种族罪公约》
1983	《禁止并惩治种族隔离罪行国际公约》
1984	《农业工人的集会结社权公约》
1984	《工业企业中实行每周休息公约》
1984	《制定最低工资确定办法公约》
1984	《本国工人与外国工人关于事故赔偿的同等待遇公约》
1986	《禁止酷刑和其他残忍、不人道或有辱人格的待遇或处罚公约》
1987	《反对体育领域种族隔离国际公约》
1990	《男女工人同工同酬公约》
1991	《中国的人权状况》白皮书
1992	《儿童权利公约》
1997	《就业政策公约》
1997	《经济、社会及文化权利国际公约》
1998	《公民权利和政治权利国际公约》
1998	《最低就业年龄公约》
2002	《禁止和立即行动消除最有害的童工形式公约》
2004	"国家尊重和保障人权"写入宪法
2005	《消除就业和职业歧视公约》
2008	《残疾人权利公约》
2009	《国家人权行动计划（2009—2010 年）》
2012	《国家人权行动计划（2012—2015 年）》

第五，中国的行政管理体制改革不断深入。改革开放以来，中国的行政管理体制改革全方位展开，既包括政府职能和机构的调整，也包括政府运行机制和管理方式的创新；既包括政府内部机制的改革，也包括政府与党委、人大、政协、司法、群团等方面的协同配套改革。从1982年至2014年，中央和地方政府先后进行了七轮改革（见表4.10）。1982年第一轮改革主要任务是适应党和国家工作中心向经济建设转移的需要，通过精简党政机构和领导干部队伍着力改变机构臃肿、层次繁多、人浮于事的状况。经过这轮改革，国务院各部门从100个减为61个，人员编制从原来的5万人减为3万人。1988年第二轮改革首次提出"转变职能是行政管理体制改革的关键"，通过裁撤专业经济管理部门和综合部门内设专业机构，减少政府对企业的干预，同时理顺党委部门和政府部门的职责关系。经过这轮改革，国务院部委由45个减为41个，直属机构从22个减为19个，非常设机构从75个减到44个，机构人员编制比原来的实际人数减少19.2%。1993年第三轮改革的最大特点是提出"建立适应社会主义市场经济体制要求的行政管理体制"的目标，通过改革计划、投资、财政、金融等管理体制将综合经济部门的工作重点移至宏观调控。1998年第四轮改革在转变职能方面迈出更大步伐，裁撤了电力工业部、煤炭工业部、冶金工业部、机械工业部、电子工业部、化学工业部、邮电部、地质矿产部等15个专业经济部门和职能交叉机构，国务院组成部门由40个减少到29个，人员编制减少115万人，移交给企业、地方、社会组织和行业组织的行政职能超过200项。2003年第五轮改革是在加入世界贸易组织（WTO）的背景下进行的，这轮改革在对国有资产管理、宏观调控、金融监管、流通管理等体制进行调整的同时，强调推进健全民主决策机制、强化行政监督等方面的制度建设，实现"三权协调"。2008年的第六轮改革也被称为"大部制改革"，主要是通过对职能相近部门的整合以理顺部门权责关系。2012年开始的第七轮改革最大的亮点是通过行政审批制度改革、"负面清单"等制度向市场、社会和地方政府进一步放权。经过七轮改革，中国政府逐渐从"全能型政府"向"职能明确的有限政府"、从"管理型政府"向"服务型政府"转变。

表4.10　中国的行政管理体制改革（1978—2014）

时间	改革前机构数	改革后机构数	主要内容及特点
1982	100	61	精简机构、实现干部"四化"
1988	67	60	转变政府职能、减少政府对企业的干预
1993	68	41	建立适应社会主义市场经济的行政管理体制
1998	40	29	消除"政企不分"的组织基础
2003	29	28	"决策、执行、监督"三权相协调
2008	28	27	实行"大部门制"、理顺部门权责关系
2012	27	25	行政审批制度改革、"负面清单"、放权

归纳这一时期中国政治现代化的进程，我们可以看到从执政党建设到行政体制改革，从选举民主、协商民主到基层民主的实践，从人权建设到法治建设，改革开放以来的中国政治都逐渐走向理性化、程序化、制度化。中国政治现代化所带来的政治理性增量对公众民主观念产生了直接而且深远的影响。其一，中国共产党指导思想的调整和意识形态的创新直接引发公众民主观念由带有明显"左"倾色彩和阶级斗争意识的民主观向市场经济条件下强调公民权利的民主观转变，并逐渐通过"党内民主带动人民民主"的方式向公众扩散。其二，中国公众多元化的民主观念在社会主义民主政治的建设过程中得到强化，从人大代表选举到村级事务自治，选举民主、协商民主和基层民主的制度实践丰富了公众对民主的亲身经历，增进了公众对民主的具体感知。民主政治的参与过程既为公众带来了政治效能感、主人翁意识并强化了人们对民主价值认同，也引发了人们对民主的思考。民主政治实践把不同形式的民主制度绩效和体验客观地呈现在公众面前，给公众带来了独立判断的机会，很多人已经不再把以党争为核心的"西式民主"奉为圭臬。其三，全面推进的法治建设构筑了公众民主观念的关键维度，法治背后的契约精神以及程序正义原则影响着人们的思维方式，法治观念与民主观念得以贯通和融合。其四，中国人权事业的发展极大地丰富了公众民主观念的内涵，除了强调生存权利、发展权利等"民生权利"是人权的核心与基础，中国政府也明确承认和加强了对公民政治权利的保护，人权构成了民主观念不可或缺的内容。其五，以转变政府职能为重点的行政管理体制改革使人们的政府观从

"全能政府"向"有能力的有限政府"转变,进而导致民主观从"政府替人民作主"向"人民自己作主"转变。总之,中国特色社会主义政治建设为中国公众民主观念的形成和演变构筑了制度空间。

综上所述,从理性主义的视角来看经济、社会和政治现代化所带来的"理性增量"对中国公众民主观念产生了重要影响。表现为经济总量高速增长、经济结构深刻调整、物质供给能力大大增强、基础设施日趋完善、人民生活水平显著改善等五个方面的经济现代化是人们形成明确的民主观念以及民主观念内容结构走向"多维复合"的物质基础;表现为城市化高速推进、基本公共服务体系日益完善、社会保障体系覆盖面逐步扩大、民生导向的公共政策、迅速发展的社会组织等五个方面的社会现代化构成了中国公众民主观念得以生成和演变的基本利益结构;表现为党的建设、民主政治建设、法治建设、人权建设、行政管理体制改革等五个方面的政治现代化构成了中国公众民主观念得以形成并发生"巨变"的制度空间。

第二节 文化视角:政治文化存量与民主观念

与理性主义强调现代化因素不同,文化主义(culturism)认为政治文化作为一种重要的政治现象是寻找政治因果关系时必须考虑的解释变量,政治文化传统是公众民主观念的决定性因素。政治文化是渗透和贯穿于政治系统并内化于民众的关于政治过程的认知、情感和评价[①],代表了一个群体或社会流行的政治信念、规范和核心价值。作为政治学实践意义最丰厚、研究成果最丰富的分支学科之一,政治文化研究源远流长,从亚里士多德、孟德斯鸠、托克维尔到拉斯韦尔,政治文化始终是政治学研究的核心议题。迈克尔·布林特(Michael Brint)曾指出,在政治文化研究谱系的演变过程中,形成了阐释主义和实证主义两大研究范式和法国社会学、德国文化哲学、美国政治科

---

① [美]加里布埃尔·A. 阿尔蒙德、西德尼·维巴:《公民文化:五个国家的政治态度和民主制》,徐湘林等译,北京:东方出版社2008年版,第13页。

学等三大理论流派。法国社会学流派强调从社会宏观背景的差异去理解各国政治文化的差异，进而理解各国政治制度的差异；德国文化哲学流派则强调政治文化是一个国家历史、文化象征、图腾长期积累的产物，政治文化研究的任务在于理解特定国家政治文化的历史由来；美国的政治科学流派则强调以政治心理、政治观念的调查为基础对各国政治文化进行精确、科学的测量，这也是当代政治文化研究的主流谱系。①

20 世纪六七十年代，政治文化研究曾因为受到来自左翼思潮和行为主义革命两方面的挑战和批评而一度被边缘化：一方面，左翼学者认为文化视角具有保守性、静止性，政治文化研究本身存在文化偏见和文化决定主义倾向；另一方面，行为主义认为政治文化是"残余变量"，只能为现代化、理性选择等"主流理论"所不能解释的部分内容提供注解，它本身并不具有单独的解释力。到了 20 世纪 80 年代，由于西方物质主义和个人主义政治学的衰退以及社会学、文学评论和历史学等学科在文化研究方面的新进展，政治文化再次成为政治科学研究的重要议题②，政治文化决定政治主体的行为准则和支配其政治活动的功能受到了重新的重视和挖掘，理解政治文化对于理解正式制度框架下的政治行为以及特定国家的政治发展模式被认为具有不可替代的价值，尤其是对于民主研究来说，政治文化与经济发展、国际环境、政治精英、利益博弈、策略选择等因素共同构成了民主化的重要解释变量，政治文化研究迎来了强势"复兴"③。

对于中国政治研究来说，政治文化视角具有更加特殊的意义。作为世界上最古老、规模最大、延续时间最久的政治体系之一，中国有着悠久的、发达的政治文明；经过长期历史积淀形成的独特民族性格和政治文化是研究中国政治不容忽视的因素，也是中国公众民主观念的重要来源。中国传统政治文化的内核是以君臣、父子、夫妇、兄弟、朋友等五类社会关

---

① ［美］迈克尔·布林特：《政治文化的谱系》，卢春龙等译，北京：社会科学文献出版社 2013 年版。

② 徐湘林：《把政治文化找回来："公民文化"的理论与经验反思》，载《政治学研究》，2012 年第 1 期。

③ Inglehart, Ronald. 1988. "The Renaissance of Political Culture". *American Political Science Review*, 82（4）：1203 – 1230.

系作为社会基本架构的儒家思想,其核心特征包括"重视道德,不相信制度""强调秩序与和谐,反对混乱与竞争""强调群体利益、反对个人主义""推崇父权政治和家长统治,主张国家统治者像爱护子女一样爱护老百姓",等等。① 在一些研究者看来,中国政治文化传统的上述基本面与现代民主观念存在巨大的张力,比如白鲁恂在《中国政治的精神》一书中就用文化分析的视角解释了中国近代以来民主化历程的悖论与困境,他认为建立在儒家信仰体系之上的中国政治文化使中国人很难建立一套复杂的法律和制度②;而在另外一些研究者看来,尽管中国传统政治文化与西方民主观念之间差别显著,但其实也存在贯通和融合的空间。③ 比如狄百瑞(Wiliam Theodore de Bary)以"社学"和"乡约"为例说明儒家在加强社群组织生活、建设齐心协力的信约制度方面作出的各种努力,他认为尽管儒家对价值的理解在某些方面不同于西方"自由至上"的个人概念,但儒学与人权并非水火不容,反而能促进人权。④ 还有学者认为中国传统政治文化中的和谐理念、忧患意识、人格尊严、以民为本、求贤纳谏、义利之辩、政统与道统、道德契约、政治合法性、教化之道、孝亲伦理、官民合治、义务对等、修身自持、宽容仁智、以德治国、公利优先、公平正义等内容都具有超越历史时代而蕴含普遍性、永恒性的价值,与现代政治理念并不冲突⑤,经过改造与转化可以与现代民主观念相容。⑥

---

① Walder, Andrew G. 1986. *Communist Neo-traditionalism*: *Work and Authority in Chinese Industry*. Berkeley: University of California Press.
② Lucian W. Pye. 1992. *The Spirit of Chinese Politics*. Cambridge: Harvard University Press, 1992.
③ 参见梁漱溟:《中国文化要义》,上海:上海人民出版社2005年版;邹谠:《二十世纪中国政治:从宏观历史和微观行动的角度看》,香港:牛津大学出版社1994年版;金耀基:《从传统到现代》,北京:中国人民大学出版社1999年版;余英时:《现代儒学的回顾与展望》,北京:生活·读书·新知三联书店2004年版;[美]墨子刻:《摆脱困境:新儒学与中国政治文化的演进》,颜世安等译,南京:江苏人民出版社1996年版。
④ 参见[美]狄百瑞:《亚洲价值与人权:儒家社群主义的视角》,尹钛译,北京:社科文献出版社2012年版。
⑤ 即使在实践的层面形成的专制制度也并不是儒家思想的初衷,对专制制度弊端的非议在中国传统政治文化中一直存在,并在明清之际形成了一股强烈的批判君主专制的思潮。参见江荣海:《传统的拷问:中国传统政治文化的现代化研究》,北京:北京大学出版社2011年版。
⑥ 参见江荣海《传统的拷问:中国传统政治文化现代化研究》,北京:北京大学出版社2011年版。

第四章 理性、文化与教化：中国公众民主观念的成因

"冲突论"也好，"融合论"也罢，传统政治文化对当代政治观念至深至远的影响是不容争议的事实。即便在经历了试图破除儒家社会等级思想的革命的中国，政治关系和政治文化仍然经常反映儒家伦理文化的延续。[①] 鉴于此，只有对中国政治文化的"存量"了然于胸，才能准确把握当代中国社会文化心理、政治态度和价值观念。本节的目标就是通过对中国古代"民本"观念、近代"民主"观念以及新民主主义革命时期逐渐形成的"人民民主专政"观念生成和流变过程的历史考察，找寻民主观念形成的文化逻辑，并评估政治文化"存量"对中国公众民主观念的影响。

一、以"治理绩效"为核心的古代民本观念

尽管中国古代并没有形成现代意义上的民主制度，但中国传统政治文化中其实蕴含着丰富的类似现代民主的思想观念，其中最具典型性的当属民本思想。所谓民本，就是以人民为根本和基础，在《先秦政治思想史》中，梁启超专辟"民本的思想"一章，使用"民本主义"的概念讨论中国古代政治思想。在梁启超看来，先秦政治思想一方面强调"天道观念"，另一方面又强调民意是天道的体现，"民本主义"是间接的"天治主义"，也是中国古代政治思想的精神内核。[②] 概括而言，中国古代民本思想经历了从"重天敬鬼"到"敬德保民"、从"重民轻天"到"民贵君轻"的发展历程，最终形成了由权力归属、政治过程和施政目标等三方面内容构成的民本观念。在权力归属方面，民本观念强调"天下为公""以民为本""民贵君轻""立君为民"等"民有"政治理念；在政治过程方面，民本思想强调"天视自我民视，天听自我民听"，因此要重视民意、顺应民心；在施政目标方面，民本观念则强调仁民爱民、安民养民、保民恤民、利民惠民等"民生""民享"内容（见表4.11）。

[①] 参见[美]唐文方：《中国民意与公民社会》，胡赣栋等译，广州：中山大学出版社2008年版。

[②] 梁启超：《先秦政治思想史》，北京：东方出版社1996年版，第35—37页。

表 4.11 中国古代民本观念

内容	经典表述	出处
权力归属 天下为公 以民为本 民贵君轻 立君为民	大道之行也，天下为公。	《礼记·礼运篇》
	民为贵，社稷次之，君为轻。	《孟子·尽心下》
	天不可信，我道惟宁王德延续。	《尚书·君奭》
	天下非一人之天下，天下人之天下。	《吕氏春秋》
	民可近，不可下，民惟邦本，本固邦宁。	《尚书·五子之歌》
	天之生民，非为君也；天之立君，以为民也。	《荀子·大略》
	夫民，神之主也，是以圣王先成民而后致力于神。	《左传·桓公六年》
	天下为主，君为客，凡君之毕世而经营者，为天下也。	《明夷待访录·原君》
	君者，舟也，庶人者，水也，水则载舟，水则覆舟，此之谓也。故君人者欲安，则莫若平政爱民矣。	《荀子·王制》
政治过程 重视民意 顺应民心	政之所兴，在顺民心。	《管子·牧民》
	人无与水监，当与民监。	《尚书·酒诰》
	天视自我民视，天听自我民听。	《尚书·泰誓》
	国将兴，听之民；国将亡，听于神。	《左传·庄公二十二年》
	天聪明自我民聪明；天明畏自我民明威。	《尚书·皋陶谟》
	得其民，斯得天下矣；得其民有道，得其心，斯得民矣；得其心有道，所欲与之聚之，所恶勿施尔也。	《孟子·离娄》
施政目标 仁民爱民 安民养民 保民恤民 利民惠民	安民则惠，黎民怀之。	《尚书·皋陶谟》
	严以治吏，宽以养民。	《读通鉴论·桓帝》
	天下之务，莫大于恤民。	《宋史·朱熹传》
	天生民而树之君，以利之也。	《左传·文公十三年》
	古之治民者，劝赏而畏刑，恤民不倦。	《左传·襄公二十六年》
	圣王之生民也，皆使富厚优犹知足，而不得以有余过度。	《荀子·正论篇》
	凡足以奉给民用，则止，诸加费不加于民利者，圣王弗为。	《墨子·节用中》
	闰以正时，时以作事，事以厚生，生民之道，于是乎在矣。	《左传·文公六年》

第四章　理性、文化与教化：中国公众民主观念的成因

在梁启超看来，中国古代民本观念与现代意义上的民主观念存在联系。"所谓 of people，for people，by people……of，for，这两义，尤为看的真切，所以他们向来不承认国家为某一君主或某种阶级所有，向来不承认国家为一个君主或某种阶级的利益而存在。所以他们认革命为一种正当权利，易经说'汤武革命，顺乎天而应乎人。'孟子说'残贼之人，谓之一夫，闻诛一夫纣矣，未闻弑君也'。这种道理，儒家阐发最透。各家精神，亦大略相同。所以中国阶级制度，消灭最早，除了一个皇帝以外，在法律之前万人平等。而皇帝也不是什么'神圣不可侵犯的东西'。"① 但他同时强调，民本与民主之间存在本质的区别，民本思想缺乏"政由民出"的"民治"理念。"徒言民为邦本，政在养民，而政之所从出，其权力乃在人民以外，此种无参政权的民本主义，为效几何？我国政治论之最大缺点，毋乃在是"②，"中国人对于国家性质和政治目的，虽看的不错，但怎么样才能贯彻这种目的呢？可惜没有彻底的发明。申而言之，中国人很知民众政治之必要，但从没有想出个方法叫民众自身执行政治。所谓 by people 的原则，中国不惟事实上没有出现过，简直连学说上也没有发挥过"③。

循着梁启超的思路，后世许多研究者都将民本视为与民主对立的概念，并据此认为长期根植于专制主义的社会土壤的中国古代民本思想无法给中国带来自由精神、法治秩序等现代民主观念所应有的内容。④ 比如陈独秀就站在批判的立场指出"所谓民视民听，民贵君轻，所谓民为邦本，皆以君主之社稷即君主祖遗之家产为本位。此等仁民、爱民、为民之民本主义，皆自根本上取消国民之资格，而与以人民为主体、由民主制民主政治，绝非一物。……以古时之民本主义为现代之民主主义，是所谓蒙马以虎皮耳，换汤不换药耳"⑤；张灏认为儒家的抗议精神和批判意识与西方民主政治传统之间存在重要差异，"民主宪政是从客观制度着眼对权力加以防范，而儒家的抗议

---

① 梁启超：《先秦政治思想史》，北京：东方出版社1996年版，第245—246页。
② 梁启超：《先秦政治思想史》，北京：东方出版社1996年版，第5页。
③ 梁启超：《先秦政治思想史》，北京：东方出版社1996年版，第246页。
④ 参见张分田：《民本思想与中国古代传统思想》，天津：南开大学出版社2009年版，第13—17页。
⑤ 陈独秀：《陈独秀文章选编》上，北京：生活·读书·新知三联书店1984年版，第353页。

精神则是着眼于主观德性的培养以期待一个理想的人格主政,由内在的德性对权力加以净化"①;吴世昌强调,"民本之'本',亦即近人所谓'政治资本'之'本','主'动者仍为统治者,而不是被当着资本的'民'"②;冯天瑜认为,中国传统政治文化中的重民思想"向左翼发展便成就了民本主义,向右翼发展便成就了尊君主义"③;刘泽华甚至将民本观念视为"专制王权"的补充,"重民的主体是君主,民仅是被君主重视的对象。重民思想在局部问题上与专制君主虽有矛盾,但从全局看,它不是对专制君主的否定,而是提醒君主注意自己存在的条件,因此它可以使君主专制主义的一种补充"④;还有学者认为民本观念实质上是以"为民作主"为核心的封建意识形态,是由人民群众对封建统治者的人身依附关系所决定并以官本位为基础的价值体系,强调"中国历史上的民本位包含着遏制民主的因素,在本质上具有反民主的性质,民本位的全部运作理念都与民主政治相背离。因此,中国历史上的民本主义具有很大的欺骗性。这是中国传统的民本位没有产生民主政治的根本原因"⑤。

诚然,民本与民主在"民"的界定、治理主和手段、官民关系等方面存在区别,但与其说两者是水火不容的反义词,毋宁说是一对"家族相似"的概念。在维特根斯坦看来,传统哲学所强调的事物之间的本质联系是一种严重的认识论偏差。各种语言现象并不存在一种共同的特征,只有以种种不同方式相关联的语言游戏。在某个概念所指称的一类事物中,范畴的成员不必具有该范畴的所有特性,更不必完全相同,只是基于交叉重叠的家族相似性(family resemblance)才关联在一起并归属于同一范畴。范畴的边界并不明确,是随着社会发展水平和人类认知能力的提高而不断变化的。⑥ 如果仅以竞

---

① 张灏:《幽暗意识与民主传统》,北京:新星出版社2006年版,第40页。
② 吴世昌:《从中国的历史看民主政治》,载《观察》,1947年第18期,转引自闫小波:《化理念为制度——民本主义转化为社会公正的路径探索》,载《吉林大学社会科学学报》,2013年第1期。
③ 冯天瑜:《中华元典精神》,上海:上海人民出版社1994年版,第282页。
④ 刘泽华主编:《中国传统政治思维》,长春:吉林教育出版社1991年版,第304—305页。
⑤ 蒋德海:《法政治学要义》,北京:社会科学文献出版社2014年版,第163页。
⑥ 参见[英]路德维希·维特根斯坦:《哲学研究》,陈嘉映译,上海:上海人民出版社2005年版。

第四章 理性、文化与教化：中国公众民主观念的成因

争性选举作为衡量标准，中国古代民本观念当然与现代民主相去甚远。然而我们在第二章中已经指出，即便在西方政治传统中民主都属于"本质可争议"的概念，不能因为民本观念产生于皇权社会中我们就武断地认为民本与民主就是截然对立的。广义的民主至少包括权力归属上的"民有"、政治过程上的"民治"和施政目标上的"民享"三个维度，无论从其中哪个角度看，民本观念与广义的民主观念之间的"家族类似性"都远远大于互斥性。

首先，从"民有"角度来说，天下为公、立君为民的理念包含"合法性源于人民""统治是人民选择的"的内涵。其次，从"民享"角度来说，民本观念比民主至少是西方自由主义民主观念走得更远。"选贤与能，讲信修睦，故人不独亲其亲，不独子其子，使老有所终，壮有所用，幼有所长，矜、寡、孤、独、废疾者皆有所养，男有分，女有归。货恶其弃于地也，不必藏于己；力恶其不出于身也，不必为己。是故谋闭而不兴，盗窃乱贼而不作，故外户而不闭，是谓大同"，《礼记》中关于大同社会的追求和想象就是"民享"理念最强有力的表达。最后，即便是在被梁启超批评为"我国政治最大缺点"的"民治"方面，在中国古代民众也绝非完全没有参与治理的途径和方式，从采风制度到监察制度，中国历史上形成了一系列制度化手段保障政治决策顺应民意，民众间接参与治理的渠道在理论上是畅通的，更何况隋唐之后的科举制度又从实质上为民众提供了"学而优则仕"的社会阶梯（social ladder）。应该说，与现代民主强调的选举等制度相比，民本观念只是在"民治"的程度和手段上有所不同而已。

综上所述，在中国古代历史长河中形成的"民本"观念是中国政治文化传统中举足轻重的组成部分，具有不可低估的历史价值和现实意义。以"治理绩效"为核心的民本观念所具有的精神内涵，建构起了中国人认识民主、接受民主、追求民主的思想传统资源。

二、以"救亡图存"为核心的近代民主观念

如果说民本观念构成了中国政治文化的历史遗产，那么当中国从传统向现代剧烈转型，尤其是民主的概念、理论、思想及制度从西方经由日本传入

近代中国后,中国古代民本观念便产生了与现代民主观念交融会通的可能。在中国古代,"民主"一词的使用频率较低。从构词法来看,古汉语中的"民主"属于偏正结构的短语,"民"是修饰"主"的,"民主"即"民之主",也就是"人民的主人",主要代指君主、天子、帝王等最高统治者(见表4.12)。

表4.12 "民主"在古代中国的用法

例句	出处
天惟时求民主,乃大降显休命于成汤	《尚书·多方》
齐君之语偷,臧文仲有言曰:"民主偷必死"	《左传·文公十七年》
赵孟将死矣,其语偷,不似民主。	《左传·襄公三十一年》
肇命民主,五德初始	《文选·班固〈典引〉》
自古已来,能除民害为百姓所归者,即民主也	《三国志·武帝纪》

到了近代,随着西方列强以坚船利炮轰开中国的国门,大量新名词、新思想迅速涌入长期闭关锁国的中国,猛烈地冲击了传统的概念、理论和思想体系。从语言学的角度看,语言作为文化的载体"很少是自给自足的"。在近代中国"数千年未有之大变局"的宏观历史背景下,思想的转型注定直观地表现为语言的更新,而"一个语言里头最任意的部分就是它的词汇"[①],词汇对于社会和文化所具有的强烈依附性和共变性意味着在社会与文化急剧演化的转型时代,新词涌现、旧词消亡或内涵转换格外频繁。近代中国社会及文化变迁直接、快速地影响着词汇的发展,其中最明显的特征就是大量"新语"的诞生。根据冯天瑜的研究,"新语"的产生主要有四种途径:吸收方言词、复活旧词、遵循造词法创制新词和译介外来词,其中译介外来词通常使用直接音译、古典翻新和概念涵化等方式。[②]

值得注意的是,近代中国许多新词的译介并不是直接来源于"西洋",而是借道"东洋"日本。作为儒家文明圈、汉字文化圈成员,日本在古代长期

---

① 赵元任:《语言问题》,台北:商务印书馆1968年版,第37页。
② 冯天瑜:《新语探源:中西日文化互动与近代汉字术语生成》,北京:中华书局2004年版,第10页。

第四章 理性、文化与教化:中国公众民主观念的成因

以中国为师,汉字、汉文是其效法的对象。在近代化的起步阶段,日本对西学的译介与中国基本同步,甚至魏源的《海国图志》、徐继畬的《瀛寰志略》所厘定的新术语曾被日本借用。① 然而甲午战争彻底改变了中日之间的实力对比,这种"反转"不仅体现在经济、军事实力上,更深深地根植于两国社会精英的心理。中国的有识之士开始重视并借鉴日本学习西方的经验,"师东洋"被认为是"师西洋"的捷径、走廊。正如郭沫若所概括,"资本主义以前的文化,是从中国流到日本;资本主义以来的文化,是从日本流到中国"②。在日本对中国进行文化"逆输入"的过程中,"日制汉字词"成为近代中国新语的重要来源。同我们今天熟悉的"经济""社会""共和""革命""共产主义"等许多概念一样,"民主"也是经由日本舶来的新词。③ 在幕府末期到明治初期的日本,"democracy"的翻译经历了一个迂回曲折的过程。19世纪中叶,日本学者往往将其翻译为"万民同权""上下同治""共和"等。1871年,西周在其名著《百学连环》中首次将"democracy"译为"民主之治,谓无君主,万民相聚议而行政治",但"民主"的译法一直没有固定,译法还有"民政""公平""平民主义""民本主义""共生主义"等等(见表4.13)。众所周知,"民政"是"为民之政"的简称,包括人们的衣、食、住、行,而"公平""民本""共生"也都是中国古代文化典籍中反复强调的政治价值。可见,在儒家思想的影响下近代日本人对民主的理解一开始就包含着"实质性导向"。"democracy"在日语中的翻译对近代中国产生了深远的影响,在历史学家任达(Douglas R. Reynolds)看来,"中国要把西方概念和词汇译为中国惯用语的一切努力,从林则徐和魏源在19世纪30—40年代粗

---

① 陈力卫:《近代中日概念的形成及其相互影响:以"民主"与"共和"为例》,载《东亚观念史集刊》,2011年第1期。
② 郭沫若:《沫若文集》,北京:人民文学出版社1959年版,第59页。
③ 当然也有学者指出近代中日语言交流是双向互动的,比如近代汉语多用"民主"、日文多用"共和"来表述"democracy"。19世纪后半叶,中国的汉译西书及英华字典等均为日本所引进,"民主"一词也进入日语。19世纪末留学日本的中国学生将"republic"翻译为"共和"的做法带回国,一时间中日两国都用"民主""共和"来表示同一外来概念"republic"。经过半个多世纪的磨合,日语将"democracy"译作"民主"或片假名的"デモクラシー"的用法才逐渐固定。参见陈力卫:《近代中日概念的形成及其相互影响:以"民主"与"共和"为例》,载《东亚观念史集刊》,2011年第1期。

陋的翻译到西方传教士们翻译中各式各样而并不协调的新造词语，以及严复在这世纪之交的颇为优雅但同样无效的创造，全都失败了。明治时期日本的汉字现代词汇于19世纪90年代已完全标准化，机能上也连贯一致。如果没有这些词汇，中国任何改革的努力，都要在词汇战争和争吵中失败"①。

表4.13 近代日本对"democracy"的翻译②

翻译	代表人物	著作及时间
万民同权	加藤弘之	《邻草》（1861）
上下同治	加藤弘之	《立宪政体略》（1869）
共和	藏田屋清右卫门	《英和对译袖珍辞书》（1869）
民主	西周	《百学连环》（1871）
民政	查井上哲次郎	《哲学字汇》（1881）
平民主义	德富苏峰	《将来之日本》（1886）
公平	新渡户稻造	《武士道》（1899）
众民政治	小野塚喜平次	《政治学大纲》（1903）
民本主义	吉野作造	《论宪政本意及其贯彻》（1916）
共生主义	佐佐木惣一	《立宪非立宪》（1918）

表4.14列举了近代中国对"democracy"的翻译。在马礼逊（Robert Morrison，1782—1834）、麦都思（Walter Henry Medhurst，1796—1857）、罗存德（Wilhelm Lobscheid，1822—1893）、卢公明（Justus Doolittle，1824—1880）、童文献（Paul Hubert Perny，1818—1907）等近代来华西方传教士所编纂的词典中，他们大多强调"democracy"背后的"多数统治"意涵，认为它是"众人的治理"。然而，不知是出于西方政治文化传统中对民主可能带来"多数暴政"的警惕，还是为了使中国人能够更直观地理解这种中国历史上从未出现的现象，传教士们对"democracy"的翻译往往带有贬义，认为它是"多人乱管""小人专权"的代名词。随着两次鸦片战争的惨败，中国的精英阶层逐渐

---

① ［美］任达：《新政革命与日本：中国，1898—1912》，李仲贤译，南京：江苏人民出版社1998年版，第218页。
② 根据［日］川尻文彦：《"民主"与democracy：中日之间的"概念"关联与中国近代思想》整理，见孙江主编：《新史学（第二卷）：概念、文本、方法》，北京：中华书局2008年版，第76—94页。

• 第四章 理性、文化与教化：中国公众民主观念的成因 •

将中国落后的根源归咎于政治制度，以郭嵩焘、薛福成、王韬、郑观应为代表的早期改良派开始用"民权""共和"等概念翻译"democracy"。在他们那里，"democracy"中的人民统治的权力归属性质被有意或无意地淡化了，他们更愿意把这种孕育于西方的政治制度理解为"上下一心、君民共治"，并认为它是西方强盛的根源，比如郑观应"苟欲安内攘外，君国子民，持公法以永保升平之局，其必自设立议院始矣"的论断就典型地反映了时人对"democracy"有助于"富国强兵"的理解与诉求。①

表4.14 近代中国对"democracy"的翻译

翻译	代表人物	著作及时间
既不可无人统率，亦不可多人乱管	[英] 马礼逊	《五车韵府》(1822)
多人乱管，小民弄权	[英] 麦都思	《英汉字典》(1847)
民政，众人管辖，百姓弄权	[德] 罗存德	《英华字典》(1866)
无王国	[法] 童文献	《西语译汉入门》(1869)
众人的国度，众人的治理	[美] 卢公明	《英华萃林韵府》(1872)
民权②	郭嵩焘	《郭嵩焘日记》(1878)
共和③	薛福成	《出使四国日记》(1890)
民主政体④	梁启超	《饮冰室文集》(1902)
德谟克拉西⑤	陈独秀	"本志罪案之答辩书"(1919)

---

① 熊月之：《中国近代民主思想史》，上海：上海人民出版社1986年版，第135页。
② "西洋政教以民为重，故一切取顺民意，即诸君主之国，大政一出之议绅，民权常重于君。"郭嵩焘：《郭嵩焘日记》，长沙：湖南人民出版社1980年版，第393页。
③ "泰西立国有三类：曰蔼姆派牙（empire），译言王国，主政者或王或皇帝；曰恺痕特姆（kingdom），译言候国，主政者侯或侯妃；二者皆世及。曰而立泼勃立克（republic），译言民主国，主政者伯理玺天德（president），俗称总统，民间公举，或七岁或四岁而一易。"薛福成：《出使四国日记》，长沙：湖南人民出版社1981年版，第39页。
④ "亚世最有功于政治学者在其区别政体。彼先以主权所归或在一人或在多人，分为三种政体；一曰君主政体Monarchy；二曰贵族政体Aristocracy；三曰民主政体Democracy。"梁启超：《梁启超全集》第四卷，北京：北京出版社1999年版，第1021页。
⑤ "本志同人本来无罪，只因为拥护那德谟克拉西（democracy）和赛因斯（Science）两位先生，才犯了这几条滔天的大罪。要拥护那德先生，便不得不反对孔教、礼法、贞节、旧伦理、旧政治。要拥护那赛先生，便不得不反对旧艺术、旧宗教。"陈独秀：《本志罪案之答辩书》，载《新青年》，1919年1月15日。

(续表)

翻译	代表人物	著作及时间
民治主义①	陈独秀	"实行民治的基础"（1919）
平民主义②	李大钊	"平民主义"（1923）
民权主义③	孙中山	《三民主义》（1924）

注：根据金观涛、刘青峰：《观念史研究：中国现代重要政治术语的形成》，北京：法律出版社2009年版整理。

尽管近代早期也有人尝试用"民主"翻译"democracy"，但在保守派看来"中国自尧舜禅让以来已成家天下之局，亦以地大物博、奸佞丛生，以君主之尤且治日少乱日多；以民主之，则政出多门、割据纷争，伤哉斯民，不日在疮痍水火之中哉"，而"民权"的概念则因为不触动君主制而显现出"调试性"的优势。"民权者，其国之君仍世袭其位；民主者，其国之权由民选立。以几年为期。吾言民权者，谓欲使中国之君世代相承，践天位勿替，非民主之国之谓也"④，所以在这一阶段将"democracy"翻译为"民权"更为流行。不过，社会与思想的双重转型毕竟是近代中国最突出的

---

① "原来的'民治主义'（Democracy），欧洲古代单是用做'自由民'（对奴隶而言）参与政治的意思，和'专制政治'（Autoracy）相反；后来人智日渐进步，民治主义的意思也就日渐扩张；不但拿他来反对专制帝王，无论政治、社会、道德、经济、文学、思想，凡是反对专制的、特权的，遍人间一切生活，几乎没有一处不竖起民治主义的旗帜。"陈独秀：《实行民治的基础》，载《新青年》，1919年12月1日。

② "'平民主义'是Democracy的译语：有译为'民本主义'的，有译为'民主主义'的，有译为'民治主义'的，有译为'唯民主义'的，亦有音译为'德谟克拉西'的。民本主义，是日本人的译语，因为他们的国体还是君主，所以译为'民本'，以避'民主'这个名词，免得与他们的国体相抵触。民主主义，用在政治上亦还妥当，因为他可以示别于君主政治与贵族政治，而表明一种民众政治。但要用他表明在经济界、艺术界、文学界及其他种种社会生活的倾向，则嫌他政治的意味过重，所能表示的范围倒把本来的内容弄狭了。民治主义，与Democracy的语源实相符合……（但是）现代的民主政治，已不含统治的意思，因为'统治'是以一人或一部分人为治者，以其余的人为被治者；一主治，一被治；一统治，一服从；这样的关系，不是现代平民主义所许的。故'民治主义'的译语，今已觉得不十分惬当。余如'平民主义'、'唯民主义'及音译的'德谟克拉西'，损失原义的地方较少。今为便于通俗了解起见，译为'平民主义'。"李大钊：《李大钊文集》（下卷），北京：人民出版社1984年版，第501页。

③ "现在要把民权来定一个解释，便先要知道什么是民。大凡有团体有组织的众人，就叫做民。什么是权呢？权就是力量，就是威势。那些力量大到同国家一样，就叫做权。……把民同权合拢起来说，民权就是人民的政治力量。"孙中山：《三民主义》，长沙：岳麓书社2000年版，第69页。

④ 熊月之：《中国近代民主思想史》，上海：上海人民出版社1986年版，第138页。

时代特征。随着维新思想的传播和变法运动的开展,"民主"一词逐渐突破用法的单一性。金观涛、刘青峰的计量研究表明,除了延续"最高统治者"的传统用法之外,"民主"逐渐被赋予多重含义,出现了"与君主相反的政治制度""人民统治国家的政治制度""民选政治领袖"等不同用法(见表4.15)。更为关键的是,"民主"一词的传统用法比例逐渐下降,新兴用法比例逐渐上升,尤其是1897年戊戌变法前夕和1906年清末预备立宪之际,"民主"一词先后出现两次使用高峰,"人民统治国家的政治制度"的含义在使用频率上超过了"与世袭君主制相反的政治制度","民主"从偏正结构的词汇转变为主谓结构的词汇,即从"民之主"变为"民主之"。①

表 4.15 "民主"在近代中国的用法

含义	例句	出处
传统用法	各邦之内治有所变,而其民主之权有增焉。	《万国公法》(1864)
	令巴西与葡萄牙分治而自成一国。十二月十二日,国会公议国例,以巴西为传代民主国。	《列国岁计政要》(1875)
与君主制相反的制度	君主者,权偏于上;民主者,权偏于下。	郑观应《盛世危言》(1894)
	法为民主之国,似乎入官者不由世族矣。不知互为朋比,除智能杰出之士,如点耶诸君。	马建忠《适可斋记言》(1877)
	有向宗室传而顿更民主者。	《西国近事汇编》(1873)
	泰西有君主之国,有民主之国,有君民共主之国。	郑观应《易言·论公法》(1875)
	有一人专制称为君主者,有庶人议政称为民主者,有上与下分任事权,称为君民共主者。	黄遵宪《日本国志》(1887)
	英国固为君主立宪之国,法兰西民主立宪。	《民报》(1907)

---

① 金观涛、刘青峰:《观念史研究:中国现代重要政治术语的形成》,北京:法律出版社2009年版,第12—13页。

(续表)

含义	例句	出处
多数人的统治	若民主之国，则公举首领官长，均由自主。	《万国公法》(1864)
	夫阿美利坚……故英国流裔居之。后困于英之苛政，遂叛英自立，民主是邦，称为合众国。	张德彝《航海述奇》(1867)
	国家有事，下之议院，众以为可行则行，不可则止，统领但总其大成而已，此民主也。	王韬《重民》(1878)
	方孔之初立教也，黜古学，改今制，废君统，倡民主，变不平等为平等，亦汲汲然动矣。岂谓为荀学者，乃尽亡其精意而泥其粗迹。反授君主以莫大无限之权，使挟持一孔教以制天下。	谭嗣同《仁学》(1897)
	一七八九年法兰西的革命是十八世纪一个大潮，其结果能将民主的精神布满各国。	《新潮》(1919)
民选政治领袖	国君被俘，众议改为民政……而民主执国政焉。	张德彝《随使法国记》(1873)
	美国民主，曰：伯理玺天德(president)，自华盛顿为始已百年矣，例以四年换举。	《万国公报》(1874)
	仅抚有一国而无蜀国者称王，除本国而兼有属国者称皇，至伯理玺天德无论有无属国，俱称民主。	《万国公报》(1874)
	美国将届选举民主之期。	《时务报》(1896)
	北美民主林肯，与南美连兵数年。	《湘学新报》(1897)
	华盛顿拿破仑，民主中之杰出者也。	《实学报》(1897)

当然，如何翻译一个外来词汇固然重要，但更重要的是如何从思想和理论上理解这一概念的内涵和外延。虽然人们开始用"民主"翻译"democracy"，但近代在中国很少有人真正了解因历史积淀蕴含于概念表层形式中的深层要旨，因为概念的译介者、传播者以及接收者很少在思想和理论上对之加以探讨。① 通过对1864—1909年出版的介绍西方民主思想的著作和译著的分

---

① 方维规：《"议会"、"民主"与"共和"概念在西方与中国的嬗变》，载《二十一世纪》，2004年第2期。

第四章 理性、文化与教化：中国公众民主观念的成因

析，我们不难发现民主的理论在近代中国"先天不足、后天失调"的特征。以1898年戊戌变法为界，早期涉及"民主"的出版物多为对西方国家历史地理、风土人情、政治制度、法律体系的综合性介绍，"民主"只是一个用以描绘西方国家政体的抽象概念，至于"民主"背后的思想传统、理论脉络则很少涉及；戊戌变法之后，以上海的商务印书馆、文明书局、广智书局为主要阵地，严复、梁启超、杨廷栋、马君武等翻译了包括卢梭、密尔、斯宾塞、伯伦知理、孟德斯鸠等西方学者的著作，也以传记、学案等形式介绍了边沁、霍布斯、斯宾诺莎的学说（见附表4），但今天看来这些令人眼花缭乱的译著与著作更像是出自于对"时髦"的追逐，而非对基础学理的把握。事实上，观念、运动与制度的演进是非常复杂的关系，观念的演进通常是一个新陈代谢的缓慢过程，不可能在一夜之间得到刷新。近代中国民主观念的引入、建构与传播，本身就时间短促、深度不足，而在"救亡压倒启蒙"的时代背景下，轰轰烈烈的政治运动又缩短了观念生成与行动展开之间的时间差，导致多数人的民主观念实际上处于"一知半解"的状态。①

马克思曾深刻地指出，"理论在一个国家的实现程度，总是决定于理论满足这个国家的需要的程度"②，既然"救亡"在近代中国是压倒一切的时代要务，那么民主观念的构建和传播就注定服务于这个总体目标。在民主理论"先天不足、后天失调"的情况下，我们看到近代中国许多引领社会思潮的思想家在介绍西方民主思想与制度时就不得不借助于本土文化资源，尤其是以源远流长的中国古代"民本"思想作为参照物。比如薛福成就认为，"大抵民主之国，政柄在贫贱之愚民；而为之君若相者，转不能不顺适其意求媚。夫至可凭者，民情也，所谓'天视自我民视，天听自我民听'也。至无定者，亦民情也"，"民主之国，其用人行政，可以集思广益，曲顺舆情；为君者不能以一人肆于民上，而纵其无等之次；即其将相诸大臣，亦皆今日为官，明日即可为民，不敢有恃势凌人之意。此合于孟子'民为贵'之说，政之所以公而溥也。然其弊在朋党角立，互为争胜，甚且各挟私见而不问

---

① 参见闾小波：《近代中国民主观之生成与流变》，南京：江苏人民出版社2012年版。
② 《马克思恩格斯全集》第3卷，北京：人民出版社2002年版，第209页。

国事之损益"①。类似地，康有为在《孟子微》中也认为法国、美国等民主制度与孟子的"民主之制"相契合。"此孟子立民主之制，太平法也。盖国之为国，聚民而成之，天生民而利乐之。民聚则谋公共安全之事。故一切礼乐政法皆以为民也。但民事众多，不能人人自为公共之事，必共举人任之。所谓君者，代众民任此公共保全安乐之事。为众民之所公举，即为众民之所公用。民者如店肆之东人，君者乃聘雇之司理人耳。民为主而君为客，民为主而君为仆，故民贵而君贱易明也。众民所归，乃举为民主。如美、法之总统。然总统得任群官，群官得任庶僚，所谓'得乎邱民为天子，得乎天子为诸侯，得乎诸侯为大夫'也。今法、美、瑞士及南美各国皆性质，近于大同之世，天下为公，选贤与能也。孟子已早发明之"②。再比如，孙中山介绍"民权主义"时也利用了古代"民本"思想："两千多年前的孔子、孟子便主张民权。孔子说：大道之行也，天下为公。便是主张民权的大同世界。又'言必称尧舜'，就是因为尧舜不是家天下。尧舜的政治，名义上虽然是用君权，实际上是行民权，所以孔子总是宗仰他们。孟子说：'民为贵，社稷次之，君为轻。'又说：'天视自我民视，天听自我民听。'又说，'闻诛一夫纣矣，未闻弑君也。'他在那个时代已经知道君主不必一定是要的……中国人对于民权的见解，二千多年前已经早想到了。"③

概括而言，近代是中国思想文化由传统向现代转型的关键时期，由于"中学"与"西学"属于完全不同的思想体系，国人在译介西方新思想的过程中必然面临"语汇不足"的问题，只能通过从中国古典著作中汲取灵感创造新词，赋予古汉语中已经存在的词以新的含义，从日本引进"日制汉语新词"或者直接音译的方式对应翻译西方的观念。"democracy"在翻译上的相互竞争，一方面带来了概念的混淆、混乱，另一方面也赋予了人们的民主观念以巨大的"文化想象空间"。近代中西交杂的语言与思想特征提醒我们，必须在新词从创发、竞争、淘汰重组到最后建立稳定的对应关系的过程中去理解西方

---

① 转引自颜德如：《近代中国人对"民主"的七种理解》，载《黑龙江社会科学》2010年第3期。
② 康有为：《孟子微》，北京：中华书局1987年版，第20—21页。
③ 孙中山：《孙中山全集》第九卷，北京：中华书局2011年版，第262页。

民主观念与中国人所理解的民主观念之间的差异。与近代舶来的许多新概念类似,民主的内涵经历了传统思想与西学交互影响的脉络中迂回反复、内涵推陈出新的过程。根据黄克武先生的总结,中国传统政治文化中的两种"乐观主义"(即缺乏"幽暗意识"的人性论、缺乏悲观主义的知识论)和近代中国"救亡图存"的历史危机感,决定了人们对民主的基本看法,包括民主就是中国古代"民本"或"贵民"理想的实现;民主包括一些新的政治程序与制度,如政党、宪法、地方自治等;民主是一个道德上完美的政治社会体系,不但可以实现个人的自由解放,而且可以"通上下之情",达成社会内部的和谐并形成整体团结;民主可以带来"大公无私"的贤人政府,可以贯彻"仁政",实现"大同"的道德理想;民主与科学密切相关;民主与进步密切相关,是"浩浩汤汤,顺之者昌,逆之者亡"的世界历史潮流等。① 总之,对古代"民本"观念的承接和对近代民族危亡情景的回应,使得以"救亡图存"为核心的近代民主观念成为形塑当代中国人民主观念的重要政治文化心理纽带。

三、以"人民民主专政"为核心的中国共产党人民主观念

在近代以来围绕"民主"概念本身及其背后所蕴含的理论、制度、政治发展道路的激烈竞争中,以"人民民主专政"为核心的中国共产党人的民主观念最终脱颖而出。中国共产党是在近代以来"救亡图存"的时代背景下应运而生的,其诞生具有丰富的思想资源和深刻的社会背景。从思想资源来看,近代盛行的各种政治学说都具有理想主义的特征,无政府主义、国家主义、社会主义、三民主义等思想的传播一直处于自发的、零星的水平,而且始终停留在精英层面,受众十分有限。但自从苏俄革命成功后,马克思主义、社会主义学说的影响力迅速扩大,日益成为受到追捧的社会思潮。正如毛泽东所说,"十月革命一声炮响,给我们送来了马克思列宁主义"②,马克思主义的输入和广泛传播为中国共产党的建立完成了意识形态准备;从社会背景来

---

① 参见黄克武:《近代中国转型时期的民主观念》,见许纪霖等编:《现代中国思想的核心观念》,上海:上海人民出版社2011年版。

② 《毛泽东选集》第四卷,北京:人民出版社1991年版,第1471页。

看，任何革命主张、革命组织、革命心理的出现都是源于社会矛盾激化、源于民众对现行生活秩序及制度的强烈不满。晚清以降，中国先后尝试了君主立宪、民主共和、议会制、总统制、多党制等不同形式的政治制度，经历了半殖民地半封建社会、军阀割据混战等曲折的政治发展进程，但近代以来一盘散沙、积贫积弱、任人宰割的状况不仅没有得到改善，而且有愈演愈烈之势，尤其是"五四运动"爆发之后，"社会主义底思潮在中国可以算得风起云涌了。报章杂志底上面，东也是研究马克思主义，西也是讨论鲍尔希维主义，这里是阐明社会主义底理论，那里是叙述劳动运动底历史，蓬蓬勃勃，一唱百和，社会主义在今日的中国，仿佛有'雄鸡一唱天下晓'的情景"①。正如李泽厚指出，"五四运动提出科学与民主，正是补旧民主主义革命的思想课，又是开新民主主义革命的启蒙篇。然而，由于中国近代始终处在强邻四逼外侮日深的救亡形势下，反帝任务异常突出，由爱国而革命这条道路又为后来好几代人所反复不断地在走，又特别是长期处在军事斗争和战争形势下……资产阶级民主观念也始终居于次要地位"②，全体国人改变现状的共识构成了中国共产党的民主观念取代资产阶级民主观念成为主导性意识形态的社会心理基础。

马克思列宁主义关于民主的核心观点包括：政治民主是阶级统治、民主为一定的经济基础服务、社会民主高于政治民主、新型专政与新型民主是共生的、社会主义民主是历史上新的更高类型的民主（见表4.16）。③ 在马克思恩格斯列宁等马克思主义经典作家看来，民主是一个具有阶级性、手段性、有效性和模式多样性的概念。首先，民主并不是纯粹的、抽象的、绝对的原则，而是一种政治制度和意识形态，作为上层建筑的范畴，民主归根到底是由一定的经济基础决定的。在阶级社会里，民主是阶级统治的工具和手段，因此抽象地谈"一般民主""纯粹民主"没有实质意义。人类历史上先后出现过奴隶主阶级内部的民主、替代封建专制制度的资本主义民主和替代资产

---

① 潘公展：《近代社会主义及其批评》，载《东方杂志》第18卷第4号，1921年2月25日，转引自闫小波：《近代中国民主观之生成与流变》，南京：江苏人民出版社2012年版，第363页。

② 李泽厚：《20世纪初中国资产阶级革命派思想论纲》，载李泽厚：《李泽厚集》，哈尔滨：黑龙江教育出版社1988年版，第205页。

③ 参见王沪宁：《政治的逻辑：马克思主义政治学原理》，上海：上海人民出版社2004年版。

阶级民主的社会主义民主，西方资本主义民主不管形式如何，在实质上都是资产阶级的统治，是少数人的民主。社会主义民主与资本主义民主最大的区别在于人民当家作主，是对资本主义民主的继承、扬弃和超越，属于更高类型的民主形态。其次，竞争性选举只是民主的形式和方法，而不是民主的目的。在现代政党政治中统治阶级通过赢得选举取得执政地位，其目的在于为实现本阶级的利益服务，因此在阶级社会从来就没有超越阶级利益的选举。社会主义民主的目的在于通过实现广大人民在经济、政治、社会上的平等，推动生产力的发展，实现国家制度和人民权利的有机统一，实现人们在经济、政治和社会上的彻底解放，最终实现马克思所说的人的自由而全面的发展，实现民主形式与实质的统一。再次，无论是历史上还是现实中，民主制度从来就没有固定的、单一的、永恒的模式。每个国家的政体都受到各种历史和现实条件的制约，所以民主制度的表现形式也千差万别，因此马克思列宁主义强调民主的差异性、多样性、复杂性，主张用具体的、历史的眼光看民主，反对简单化、绝对化地认识民主。最后，在特定的制度背景、历史时期和社会发展阶段，一个国家究竟选择什么样的民主制度，要考虑民主的有效性。对于资本主义民主来说，其有效性在于维护资产阶级的统治、实现资产阶级的利益；而社会主义民主的有效性关键要看民主是否适应本国条件、符合本国实际、有利于本国人民的根本利益。①

表4.16 马克思列宁主义的民主观念

表述	出处
国家内部的一切斗争——民主政体、贵族政体和君主政体相互之间的斗争，争取选举权的斗争等，不过是一些虚幻的形式——普遍的东西一般说来是一种虚幻的共同体的形式——在这些形式下进行着各个不同阶级间的真正的斗争。	《马克思恩格斯选集》第1卷，北京：人民出版社2012年版，第164页。

---

① 参见陈曙光：《论马克思主义民主观》，载《马克思主义研究》，2015年第5期；姜辉、赵培杰：《树立科学的马克思主义民主观》，载《政治学研究》，2010年第3期；于幼军：《马克思主义民主理论的基本内涵——读书札记》，载《学术研究》，2014年第1期；许耀桐：《民主是社会主义固有的东西——马克思主义政治学学习笔记》，载《北京行政学院学报》，2007年第5期。

(续表)

表述	出处
民主制是国家制度的类。君主制则只是国家制度的种,并且是坏的种。民主制是内容和形式,君主制似乎只是形式,然而它伪造内容。在君主制中,政体,即人民,从属于他们的一种存在方式,即政治制度。在民主制中,国家制度本身只表现为一种规定,即人民的自我规定。在君主制中是国家制度的人民;在民主制中则是人民的国家制度。民主制是一切形式的国家制度的已经解开的谜。	《马克思恩格斯全集》第3卷,北京:人民出版社2002年版,第39页。
其他一切国家构成都是某种确定的、特定的、特殊的国家形式。而在民主制中,形式的原则同时也是物质的原则。因此,只有民主制才是普遍和特殊的真正统一。	《马克思恩格斯全集》第3卷,北京:人民出版社2002年版,第40页。
一切国家形式都以民主作为自己的真实性,正因为这样,它们有几分不民主,就要几分不真实。	《马克思恩格斯全集》第3卷,北京:人民出版社2002年版,第41页。
在英国,民主制反对贵族制的斗争就是穷人反对富人的斗争。英国所走向的民主制是社会的民主制。单纯的民主制并不能消除社会的祸害。民主制的平等是空想,穷人反对富人的斗争不能在民主制的或整个政治的基础上进行到底。因此,这个阶段也只是一个过渡,是最后一种纯粹政治的手段,这一手段还有待进行试验,从中必定马上会发展出一种新的要素,一种超出一切政治事物的原则。这种原则就是社会主义的原则。	《马克思恩格斯全集》第3卷,北京:人民出版社2002年版,第585页。
无产阶级为了夺取政权也需要民主的形式,然而对于无产阶级来说,这种形式和一切政治形式一样,只是一种手段。	《马克思恩格斯文集》第10卷,北京:人民出版社2009年版,第514页。
马克思主义者却决不会忘记提出这样的问题:这是对哪个阶级的民主?	《列宁选集》第3卷,北京:人民出版社2012年版,第593页。
一切民族都将走向社会主义,这是不可避免的,但是一切民族的走法却不会完全一样,在民主的这种或那种形式上,在无产阶级专政的这种或那种形态上,在社会生活各方面的社会主义改造的速度上,每个民族都会有自己的特点。	《列宁选集》第2卷,北京:人民出版社2012年版,第777页。

● 第四章　理性、文化与教化：中国公众民主观念的成因 ●

（续表）

表述	出处
高谈什么纯粹民主、一般民主、平等、自由、全民性，就是嘲弄被剥削的劳动者，就是践踏马克思主义的基本真理。因为马克思主义教导工人说：你们应该利用资产阶级民主，看到它同封建制度相比是历史上的一大进步，但是一分钟也不要忘记这种"民主"的资产阶级性质，忘记它是有历史条件的和有历史局限性的，不要"迷信""国家"，不要忘记，不仅在君主制度下，就是在最民主的共和制度下，国家也无非是一个阶级镇压另一个阶级的机器。	《列宁选集》第3卷，北京：人民出版社2012年版，第684－686页。
苏维埃制度是供工人和农民享受的最高限度的民主制，同时它又意味着与资产阶级民主制的决裂，意味着具有世界历史意义的新型民主制即无产阶级民主制或无产阶级专政的产生。	《列宁选集》第4卷，北京：人民出版社2012年版，第566页。
任何民主，和任何政治上层建筑一样（这种上层建筑在阶级消灭之前，在无阶级的社会建立之前，是必然存在的），归根到底是为生产服务的，并且归根到底是由该社会中的生产关系决定的。所以把"生产民主"跟任何其他的民主分割开来，是不能说明任何问题的。	《列宁选集》第4卷，北京：人民出版社2012年版，第405页。
民主是国家形式，是国家形态的一种。因此，它同任何国家一样，也是有组织有系统地对人们使用暴力。	《列宁选集》第3卷，北京：人民出版社2012年版，第201页。
在资产阶级制度下（就是说只要土地和生产资料的私有制继续存在），在资产阶级民主下，"自由和平等"只是一种形式，实际上是对工人（他们在形式上是自由的和平等的）实行雇佣奴隶制，是资本具有无限权力，是资本压迫劳动。	《列宁全集》第36卷，北京：人民出版社1985年版，第362页。

马克思列宁主义的民主观塑造了早期中国共产党人认识民主的理论框架（见表4.17）。建党初期，中国共产党人对民主的认识一方面承接了"五四"时期流行的平民主义、庶民主义，另一方面与马克思列宁主义的阶级分析立场、实质结果导向相结合，形成了以"人民民主专政"为核心的民主观念。在阶级分析方面，1921年中共"一大"提出了中国共产党的第一个政治纲领，即"革命军队必须与无产阶级一起推翻资本家阶级的政权"，实现"无产阶级专政"。所谓"无产阶级专政"，其理论基础是马克思列宁主义的阶级斗

争学说；1922年中共"二大"明确提出中国共产党的任务是"为工人和贫农的目前利益计，引导工人们帮助民主主义的革命运动，使工人和贫农与小资产阶级建立民主主义的联合战线"①，由此可见，共产党人的民主观念从一开始就将"人民"定义为无产阶级及其政治联盟，民主是"人民"专属的权利。在实质导向方面，共产党人认为判断一个国家是否民主不能只看宪法上写着什么，而要看人民在国家政治生活中实际的地位和作用，具体来说，即人民究竟居于"主人地位"抑或"从属地位"。陈独秀在《吾人最后之觉悟》中就一针见血地指出，"所谓立宪政体，所谓国民政治，果能实现与否，纯然以纯然以多数国民能否对于政治，自觉居于主人的主动的地位为唯一根本之条件。自居于主人的主动的地位，则应自进而建设政府，自立法度而自服从之，自定权利而自尊重之，倘立宪政治之主动地位属于政府而不属于人民，不独宪法乃一纸空文，无永久厉行之保障，且宪法上之自由权利，人民将视为不足轻重之物，而不以生命拥护之；则立宪政治之精神已完全丧失矣。是以立宪政治而不出于多数国民之自觉，多数国民之自动，惟仰望善良政府，贤人政治，其卑屈陋劣，与奴隶之希冀主恩，小民之希冀圣君贤相施行仁政，无以异也……共和立宪而不出于多数国民之自觉与自动，皆伪共和也，伪立宪也，政治之装饰品也，与欧美各国之共和立宪绝非一物"②。由此可见，"人民主权"及其通俗化表达"人民当家作主"是早期中国共产党人民主观念的理想形态。

表 4.17 早期中国共产党人的民主观念

表述	代表人物
现代生活的种种方面，都带着 Democracy 的颜色，都沿着 Democracy 的轨辙。政治上有他，经济上也有他；社会上有他，伦理上也有他；教育上有他，宗教上也有他；乃至文学上、艺术上，凡在人类生活中占一部位的东西，靡有不受他支配的……Democracy 的意义，就是人类生活上一切福利机会均等。	李大钊③

---

① 《建党以来重要文献选编（1921—1949）》第一册，北京：中央文献出版社2011年版，第133页。
② 陈独秀：《陈独秀文集》第一卷，北京：人民出版社2013年版，第138—139页。
③ 李大钊：《李大钊文集》第二卷，北京：人民出版社1999年版，第274页。

第四章　理性、文化与教化：中国公众民主观念的成因

（续表）

表述	代表人物
单靠"宪法保障权限"，"用代议制表现民意"，恐怕我们生活必须的几种自由权，还是握在人家手里，不算归我们所有。我们政治的民治主义的解释：是由人民直接议定宪法，用宪法规定权限，用代表制照宪法的规定执行民意；换一句话说：就是打破治者与被治者的阶级，人民自身同时是治者又是被治者。	陈独秀①
我现认清社会主义为资本主义的反映。其重要使命在打破资本经济制度。其方法在无产阶级专政，以政权来改建社会经济制度。故阶级战争质言之就是政治战争、就是把中产阶级那架机器打破（国会政府）。而建设无产阶级那架机器——苏维埃。工厂的苏维埃、地方的苏维埃、邦的以至全国的苏维埃，只有工人能参与，不容已下野的阶级参与其中，这就叫做阶级专政。	蔡和森②
各种对抗强权的根本主义，为"平民主义"。（兑莫克拉西。一作民本主义，民主主义，庶民主义。）宗教的强权，文学的强权，政治的强权，社会的强权，教育的强权，经济的强权，思想的强权，国际的强权，丝毫没有存在的余地，都要借平民主义的高呼，将他打倒。	毛泽东③

在政党组织原则上，人民民主专政表现为"民主集中制"。所谓民主集中制，即"民主的集中制"，其理论体系和制度结构主要由以下原则构成：秘密的组织形式、党员必须参加党的一个组织、少数服从多数、严格的组织纪律、职业革命家组织、党的委员会集权制、地方委员会和党员个人服从中央委员会。④在1928年召开的中共"六大"上，民主集中制被确立为党的"组织原则"并写入《党章》第三章"党的组织系统"之中："中国共产党与共产国际的其他支部一样，其组织原则为民主集中制。民主集中制的根本原则如下：（1）下级党部与高级党部由党员大会、代表会议及全国大会选举之；（2）各

---

① 陈独秀：《陈独秀文集》第一卷，北京：人民出版社2013年版，第495—496页。
② 蔡和森：《蔡和森文集》，北京：人民出版社1980年版，第50—51页。
③ 毛泽东：《〈湘江评论〉创刊宣言》，载《湘江评论》第1号，1919年7月14日。
④ 民主集中制来自俄语复合词 демократический централизм，是"民主的集中制"的简称。它首次出现在俄国社会民主工党1905年11月召开的孟什维克第二次代表大会的决议中，1906年4月载入俄国社会民主工党党章。参见管怀伦：《"民主集中制"并非列宁首创考》，载《江苏社会科学》，2004年第6期。

级党部对选举自己的党员,应作定期的报告;(3)下级党部一定要承认上级党部的决议,严守党纪,迅速且切实地执行共产国际执行委员会和党的指导机关之决议。管辖某一区域的组织,对该区域的各部分的组织为上级机关。党员对党内某个问题,只有在相当机关对此问题的决议未通过以前可以举行争论。共产国际代表大会或本党代表大会或党内指导机关所提出的某种决议,应无条件的执行,即或某一部分的党员或几个地方组织不同意于该项决议时,亦应无条件的执行。"①在制度设计上,人民民主专政集中表现在"苏维埃制度"上。1928年11月11日的《中共中央告全体同志书》指出,"苏维埃政权,是彻底的民权制度,是一切生产者直接管理政权的最好的方式。他的形式虽然很便利于无产阶级的独裁,但是在中国目前的阶段,还应该建立工农民权独裁,而不能马上建立无产阶级的独裁,就是功能联合的政权而不是单纯无产阶级独裁的政权。"②

在中国共产党的民主观念中,"人民主权"是民主的理论形态和价值目标,"民主集中制""苏维埃制度"是民主的制度设计和实现路径,理论与制度的结合、目标与方法的统一是中国共产党民主观念的核心特征。既然是理想与现实的结合,中国共产党人的民主观念一定不是脱离于具体的时空情境设定而恒久不变的,而是在不同的历史时期具有不同的侧重点。比如在抗日战争时期其主要表现就是对于边区民主政权的"建构"和对于"国统区"宪政运动的"解构"。

一方面,中国共产党在陕甘宁边区建立起"三三制"抗日民主政权并创造性地开展"豆选",广泛地开展选举民主、基层民主,营造了"团结合作、共同抗日"的民主政治文化。1937年11月23日通过的《陕甘宁特区政府民主选举运动宣传大纲》明确提出,"我们这里是全国最民主、最自由的区域,所以我们要从这次特区政府选举运动中,使特区成为全国抗战与民主的模范区域,去影响与推动南京政府及旧式军队的改造,去争取抗战的

---

① 《建党以来重要文献选编(1921—1949)》第五册,北京:中央文献出版社2011年版,第472页。

② 《建党以来重要文献选编(1921—1949)》第五册,北京:中央文献出版社2011年版,第710页。

• 第四章　理性、文化与教化：中国公众民主观念的成因 •

胜利。"① 1938年7月2日，毛泽东同世界学联代表团谈话时也指出，"边区的作用，就在做出一个榜样给全国人民看，使他们懂得这种制度是最于抗日救国有利的，是抗日救国唯一正确的道路，这就是边区在全国的意义与作用……边区是中国之一部分，在中央政府领导之下，与中国其他部分是一样的，但有一点不同，这里是实行了民主制度的区域"②。1939年12月，毛泽东在《中国革命和中国共产党》中，进一步指出新民主主义的革命"和历史上欧美各国的民主革命大不相同，它不造成资产阶级专政，而造成各革命阶级在无产阶级领导之下的统一战线的专政。在抗日战争中，在中国共产党领导的各个抗日根据地内建立起来的抗日民主政权，乃是抗日民族统一战线的政权，它既不是资产阶级一个阶级的专政，也不是无产阶级一个阶级的专政，而是在无产阶级领导之下的几个革命阶级联合起来的专政。只要是赞成抗日又赞成民主的人们，不问属于何党何派，都有参加这个政权的资格"③。

另一方面，共产党反对国民党的"一党独裁"，要求尽快结束"训政"，成立各党派的联合政府以保障人民的选举权和被选举权以及言论出版集会结社的政治自由。1944年，毛泽东明确指出："现在唯一挽救时局的办法，就是要求国民政府与国民党立即结束一党专政的局面，由现在的国民政府立即召集全国各抗日党派、各抗日部队、各地方政府、各民众团体的代表，开紧急国是会议，成立各党派联合政府，并由这个政府宣布并实行关于彻底改革军事、政治、经济、文化各方面的新政策。只有这样的新政府，但决不是请客式的、不变更一党专政实质的、不改变政策的所谓新政府，才能一新天下之耳目，才能实行孙中山先生的革命三民主义，才能保障人民有充分民主自由的权利，才能发出积极抗战的军令与民主主义的政令，才能取得人民的信任，而把全国人民动员起来，增强抗战力量，停止敌人的进攻与实行我们的反攻，也才能实行真正由人民选举的国民大会与实现民主选举的政府。"④ 1945年4

---

① 西北五省区编纂领导小组、中央档案馆编：《陕甘宁边区抗日民主根据地：文献卷》下，北京：中共党史资料出版社1990年版，第6页。
② 《毛泽东文集》第二卷，北京：人民出版社1993年版，第131页。
③ 《毛泽东选集》第二卷，北京：人民出版社1991年版，第648页。
④ 《毛泽东文集》第三卷，北京：人民出版社1996年版，第214页。

月，毛泽东在中共七大上作了《论联合政府》的报告，专门论述了"民主建国"的主张，即"需要在广泛的民主基础之上，召开国民代表大会，成立包括更广大范围的各党各派和无党无派代表人物在内的同样是联合性质的民主的正式的政府，领导解放后的全国人民，将中国建设成为一个独立、自由、民主、统一和富强的新国家"①。

随着抗日战争和解放战争的胜利，中国共产党的民主观念呈现得更加清晰和明朗，即通过"人民内部民主"与"对敌人专政"的结合突出强调民主的阶级性。1949年6月30日，毛泽东对"人民民主专政"进行了全面地阐述："人民是什么？在中国，在现阶段，是工人阶级，农民阶级，城市小资产阶级和民族资产阶级。这些阶级在工人阶级和共产党的领导之下，团结起来，组成自己的国家，选举自己的政府，向着帝国主义的走狗即地主阶级和官僚资产阶级以及代表这些阶级的国民党反动派及其帮凶们实行专政，实行独裁，压迫这些人，只许他们规规矩矩，不许他们乱说乱动。如要乱说乱动，立即取缔，予以制裁。对于人民内部，则实行民主制度，人民有言论集会结社等项的自由权。选举权，只给人民，不给反动派。这两方面，对人民内部的民主方面和对反动派的专政方面，互相结合起来，就是人民民主专政。"②作为对中国共产党在新民主主义革命时期关于民主看法的最系统、最权威的理论总结，"人民民主专政"成为集中反映中国共产党民主观念的标识性概念。这一提法一直沿用到中华人民共和国成立以后的"五四宪法"，在社会主义三大改造完成后逐渐被"无产阶级专政"所取代。"文化大革命"结束后，1982年颁布的《宪法》第一条就规定"中华人民共和国是工人阶级领导的、以工农联盟为基础的人民民主专政的社会主义国家"，不仅恢复了"人民民主专政"的提法，而且明确规定为中华人民共和国的"国体"，"坚持人民民主专政"与"坚持社会主义道路""坚持中国共产党领导""坚持马克思列宁主义、毛泽东思想"一道被列为"四项基本原则"。1982年11月26日，宪法修改委员会副主任委员彭真在五届全国人大五次会议上作《关于中华人民共和国宪

---

① 《毛泽东选集》第三卷，北京：人民出版社1991年版，第1029—1030页。
② 《毛泽东选集》第四卷，北京：人民出版社1991年版，第1475页。

第四章 理性、文化与教化：中国公众民主观念的成因

法改草案的报告》，指出："我国的人民民主专政实质上就是无产阶级专政。宪法修改草案在《序言》里指明了这一点。无产阶级专政在不同国家可以有不同形式，人民民主专政是中国共产党领导人民所创造的适合我国情况和革命传统的一种形式。在一九四九年《共同纲领》中，在一九五四年宪法中，在一九五六年中国共产党第八次全国代表大会的文件中，我们一直把我国的国家政权称为人民民主专政。现在的宪法修改草案仍然这样规定。工人阶级是我国的领导阶级，它在总人口中是少数，但有广大农民作为巩固的同盟者，并且在长期的革命和建设过程中形成了共产党领导的极其广泛的统一战线。我们国家能够在最广大的人民内部实行民主，专政的对象只是极少数人。人民民主专政的提法，确切地表明我国的这种阶级状况和政权的广泛基础，明白地表示出我们国家政权的民主性质。"[①]

总之，从1921年宣告成立到1949年夺取全国政权，中国共产党在28年的革命历程中逐渐形成的以"人民民主专政"为核心的民主观念，是马克思列宁主义中国化的重要理论成果。中国共产党人的民主观念既深刻地影响了中国的革命进程，也对1949年新中国成立后的政治发展发挥着很大影响，它构成了当代中国人认识民主的重要文化心理根源。

本节以文化视角梳理了影响中国公众民主观念的政治文化因素。如果说理性视角下的现代化"增量"是民主观念形成与变迁的动力机制，那么文化视角下的政治文化"存量"则充当着民主观念的约束条件。正如汤森等学者所指出的，"像中国这样一个持续如此长久并具有如此高度自主性的体系，其影响力不可能仅限于自身制度在形式上存在的那段时期。甚至在新体制超出旧类型时，传统价值和行为也可无限长久地持续下去"[②]，对当代中国政治现象的解释离不开对文化传统的考察，民主观念亦不例外。作为一脉相承、薪火相传的政治文化存量，以"治理绩效"为核心的中国古代民本观念、以"救亡图存"为核心的中国近代民主观念和以"人民民主专政"为核心的中国共产党人民主观念共同构成了影响中国公众民主观念的关键因素。

[①] 《十二大以来重要文献选编》上，北京：人民出版社1986年版，第138—139页。
[②] ［美］詹姆斯·R. 汤森、布兰特利·沃马克：《中国政治》，顾速译，南京：江苏人民出版社2003年版，第23页。

第三节 教化视角：政治社会化过程与民主观念

从宏观机制来看，经济增长、社会变迁、政治发展所代表的"理性因素"与传统政治文化所代表的"文化因素"对于公众民主观念的影响均具有一定程度的解释力，不能将二者截然分开。基于上述认识，我们在第二章中提出了超越"理性—文化"二分法的公众民主观念成因分析框架，该框架将"政治社会化"视为联结理性路径与文化路径的中观机制，其核心逻辑在于：政治社会化既是个体社会成员逐步获取有关政治体系的知识、规则、价值、规范并转变为具有一定政治认知、情感、态度和信仰的"政治人"的过程，也是政治文化形成、变迁和广泛传播的过程和政治体系得以维系的重要机制，因此无论理性因素抑或文化因素，均需借助社会学习、政治传播等政治社会化途径影响人们的民主观念。随着时代的发展，政治社会化的内容、目标、方式、机制和作用等要素都在不断更新变化，而作为政治社会化结果的公众民主观念必然呈现出与政治社会化相一致的特点。鉴于政治社会化是人们在社会生活中受到政治文化潜移默化和国家有意施加的影响，通过政治交往、社会学习形成特定政治观念、态度、信仰和行为倾向的过程，即所谓的"上行而化成以下"，因此我们将该研究进路称为公众民主观念研究的教化（indoctrination）视角。

在教化视角中，主体、客体和媒介是最为关键的三个要素。对于民主观念来说，教化的主体（官方）和客体（公共舆论）都是固定的，因此分析的重点应放在教化的媒介即政治社会化过程上。在阿尔蒙德等学者看来，"任何政治结构，甚至任何活动形式，都可作为公民政治社会化的一个动因而起作用。为公民提供信息，暗示的也好，明示的也好，影响他们的政治行为倾向"[①]，也就是说包括政治制度结构、政治运作机制、政治生活方式、政治文

[①] [美] 加里布埃尔·A. 阿尔蒙德、小 G. 宾厄姆·鲍威尔：《比较政治学：体系、过程和政策》，曹沛霖等译，上海：上海译文出版社1987年版，第101页。

化心理、政治机构以及政治人在内的政治体系中的各个组成环节和要素共同构成了执行政治社会化功能的媒介，家庭、共同体、社区、同侪、教会、学校系统、工作场所、各种社会组织、大众传播工具、利益集团、政党、立法机关、行政机构和法院等都可能成为政治社会化的机构或场所。而社会学习理论和政治传播理论则决定了学校教育和大众媒介是其中最为重要的两条途径。

一、学校教育与民主观念：基于中小学政治教科书的文本分析

首先，作为最系统、最正规的教育机构，学校在政治社会化过程中扮演着关键的角色。尤其是在现代社会，无论政治决策还是经济发展对知识的依赖程度均日益加深，学校教育的地位和作用受到越来越多的重视。学校教育一方面承担向学生传授知识的"教书"功能，另一方面还肩负着"育人"功能，即根据统治者的需要向学生灌输特定的政治观念、政治态度、政治技能、政治价值、政治信念，将学生培养成为符合政治体系规范的"政治人"，从而使得政治体系得以维持稳定、政治文化得以延续和发展。[①] 无论东方还是西方，无论发达国家还是发展中国家，无论资本主义社会还是社会主义社会，学校教育在维护政治基本价值体系上的目的性都十分明确，只不过在具体称谓上存在"公民教育"（civic education）、"思想政治教育"（ideological and political education）等区别而已。通过对美国、英国、联邦德国、意大利和墨西哥等五国调查的比较研究，阿尔蒙德和维巴发现教育程度与人们政治态度之间存在紧密关联，即受教育程度越高的人越能够感知到政府对个人生活的影响，因此更关心政治事务，并更倾向于认为自己的参与能够对政治过程、政府决策产生影响。这意味着，随着政治社会化程度的加深，人们的政治参与意愿、政治效能感都得到了强化，以学校教育为核心的政治社会化所带来的"参与型"公民文化构成了民主制的重要心理支撑。[②] 在中国，学校教育

[①] 董雅华：《知识、信仰、现代化：中国政治社会化中的高等教育》，上海：复旦大学出版社2005年版，第55页。

[②] 参见［美］加里布埃尔·A. 阿尔蒙德、西德尼·维巴：《公民文化：五个国家的政治态度和民主制》，北京：东方出版社2008年版。

作为政治社会化的重要环节更是具有根深蒂固的历史传统。从儒家学说创立之初，政治和教育就紧密联系在一起，"学而优则仕"，儒家认为教育的目标就是培养能够经世致用的从政者，因此在教育内容上除了"诗书礼乐射御"等"六艺"，还包括忠、孝、仁、义等道德教化。在宗教传统薄弱、世俗理性昌盛的中国古代，学教教育不仅承担着合法性基础的论证和宣教功能，还肩负着为官僚体系选拔人才的政治吸纳责任，尤其科举制发明之后，中国传统社会逐渐形成了以维护政治统治为目的、以儒家思想为教义、以学校教育和科举考试为主要机制的政治社会化体系。[1]

中华人民共和国成立后，学校教育的政治社会化功能非但没有弱化，其重要性反而得以更加凸显。究其原因，在于新生的社会主义政权是建立在半殖民地半封建社会的基础之上的，旧的上层建筑比旧的生产关系的改造难度更高、更具长期性，因此尤其需要受到社会主义思想和现代文化知识教育、"又红又专"的"新人"作为社会主义事业的建设者和接班人。新政权与旧政权、新社会与旧社会之间的天壤之别决定了新中国的学校政治社会化在基本导向、实施手段和核心内容上均发生了巨大变化。在基本导向方面，新中国的学校教育形成了以实现共产主义为最高理想、以建设社会主义为现实目标、以爱国主义为民族的凝聚力量的教育目标。具有宪法性质的《共同纲领》在第五章"文化教育政策"中对教育的性质和任务进行了明确规定："中华人民共和国的文化教育为新民主主义的，即民族的、科学的、大众的文化教育。人民政府的文化教育工作，应以提高人民文化水平，培养国家建设的人才，肃清封建的、买办的、法西斯主义的思想，发展为人民服务的思想为主要任务。"其第四十七条规定，"给青年知识分子和旧知识分子以革命的政治教育，以应革命工作和国家建设工作的广泛需要"[2]。在教育方式方面，思想政治教育被认为是经济工作和其他一切工作的生命线，"掌握思想政治教育是团结全党进行伟大政治斗争的中心环节，如果这个任务不解决，党的一切政治任务是不能完成的"[3]，思想政治

---

[1] 董雅华：《知识、信仰、现代化：中国政治社会化中的高等教育》，上海：复旦大学出版社2005年版，第59页。
[2] 《建国以来重要文献选编》第一册，北京：中央文献出版社1992年版，第11页。
[3] 《毛泽东选集》第三卷，北京：人民出版社1991年版，第1094页。

第四章 理性、文化与教化：中国公众民主观念的成因

教育成为政治社会化的基本形式与手段。1950—1952年国家先后制定并颁布包括学前教育、初等教育、中等教育和高等教育在内的各级各类学校规程，把思想政治教育工作摆在重要位置，建立政治教育工作制度。根据该制度，各级各类学校实行"教导合一"原则，既要负责教学又要负责对学生进行思想政治教育，二者不可偏废。作为必修课程，思想政治理论课程必须在教学计划中达到一定比重，此外各级学校还要对学生进行经常性的时事政策教育并组织学生参加政治运动和社会运动。在核心内容方面，思想政治教育主要围绕马克思列宁主义（辩证唯物主义和历史唯物主义哲学、马克思主义政治经济学、科学社会主义）、毛泽东思想、中国特色社会主义理论体系、思想道德修养和法律基础、党的路线、方针、政策等开展。

在"目标—手段—内容"所组成的学校教育政治社会化基本体系中，内容居于核心地位，因为它直接反映着思想政治教育的方向和重点，而且往往与一定历史时期党的基本路线和中心任务相一致。革命时期党的中心任务是夺取全国政权，思想政治教育主要围绕革命斗争进行；从新中国成立到改革开放之前，思想政治教育带有浓厚的革命意识形态色彩，党和国家发动的历次政治运动严重干扰了正常的社会主义建设，到了"文化大革命"甚至发展出"以阶级斗争为纲"的极左路线；改革开放之后党的中心工作迅速转移到经济建设上来，思想政治教育自然要围绕现代化建设这一中心任务展开，努力将青少年培养成为有理想、有道德、有文化、有纪律的社会主义"四有"新人以服务于"四个现代化"的目标。与此同时，改革开放以来经济成分和社会利益急剧分化、国内和国际思潮复杂交错也带来了大量新情况、新问题，出于巩固国家政权和社会主义基本制度的目的，党和国家都强调充分发挥思想政治教育在引导公众"坚持四项基本原则""反对资产阶级自由化""保证改革的社会主义方向"等方面的作用。据此，我们一方面有理由认为改革开放以来政治、经济、社会的"理性增量"会带来思想政治教育与时俱进的内容创新，另一方面也必须认识到这种创新归根结底受到"文化存量"的制约。作为政治社会化过程的"一体两面"，"理性增量"和"文化存量"均发挥着重要的作用。为了检验理性和文化因素对政治社会化过程的影响，本节将以

中小学政治教科书为研究对象①,从文本分析的角度解读学校教育是如何塑造中国公众民主观念的。

在各种版本的中小学教科书中,以人民教育出版社出版的教材(简称"人教版")的覆盖范围最广、影响力最大。中华人民共和国成立以来,人教版政治教科书历经《政治课本》《政治常识》《道德品质教育》《社会发展简史》《公民》《中国社会主义建设常识》等沿革(见表4.18),现行的第十一套教科书(又称"义务教育课程标准实验教科书")的政治课程主要由小学低年级(1—2年级)的《思想与生活》、小学中高年级(3—6年级)的《思想与品德》(3—6年级)、初中《思想品德》和高中《思想政治》等课程构成。其中直接涉及"民主"问题的主要包括小学《品德与社会》(五年级上册)、初中《思想品德》(八年级下册、九年级全一册)和高中《思想政治·政治生活(必修2)》等四册教材。

表4.18 人教版十一套中小学政治教科书

名称	使用时间	政治教科书
第一套	1951—1956年	《政治课本》
第二套	1956—1961年	《政治常识》
第三套	1961—1963年	《道德品质教育》
第四套	1963—1978年	《政治》
第五套	1978—1982年	《科学社会主义》《社会发展简史》
第六套	1982—1987年	《青少年修养》《法律常识》《社会发展简史》
第七套	1987—1990年	《公民》《中国社会主义建设常识》《社会发展简史》
第八套	1990—1993年	《思想政治》
第九套	1993—2006年	《思想政治》
第十套	2006—2011年	《思想品德》《思想政治》
第十一套	2012年至今	《品德与生活》《品德与社会》《思想品德》《思想政治》

---

① 事实上高校也设置了以"两课"(马克思主义理论课和思想政治教育课)为核心的思想政治教育课程体系,从本科到博士阶段都有相应的必修课程。但鉴于中小学是青少年身心迅速发展和学习参与社会公共生活的重要阶段,处于思想品德和价值观念形成的关键时期,因此我们将分析重点放在中小学教科书上。

• 第四章　理性、文化与教化：中国公众民主观念的成因 •

　　《品德与社会》（五年级上册）是小学生首次正式接触"民主"的教科书。在2011年教育部制定的课程标准中，这门课程的定位是"旨在培养学生的良好品德，促进学生的社会性发展，为学生认识社会、参与社会、适应社会，成为具有爱心、责任心、良好行为习惯和个性品质的公民奠定基础"，其中明确指出"引导和帮助学生初步形成规则意识和民主、法制观念，崇尚公平与公正"是课程的重要目标。《品德与社会》（五年级上册）由五个单元组成，其中第二单元题为"我们的民主生活"，包括"我们的班队干部选举""集体的事情谁说了算""我是参与者""社会生活中的民主"等四节课。在"怎样选干部"中，教科书指出"每个少先队员都是少先队组织的主人，在队里都有选举权和被选举权，队干部的任职要充分尊重广大少先队员的意愿，严格实行队干部的民主选举，禁止由成人指定或变相指定队干部"，并提出了"个人自荐—队员推荐—全体队员无记名投票选举—监票员统计票数—公布选举结果"的选举步骤。[①] 在"有事大家商量"中，教科书强调作出一个让大家满意的决定应该在征求大家意见的基础上"由队委会商量决定"或"选举代表举行少代会"，并指出"少先队代表大会有商讨、决定一个时期队的重大事务，选举产生队工作领导委员会的权力……少先队代表大会是队组织实施民主集中制领导和管理方法的具体体现，是少先队员实施民主权利、当家作主的保证，是队员学习民主、发扬民主、培养民主能力和主人翁意识的重要形式"[②]。在"我是参与者"中，教科书强调民主权利和义务的对等，"集体讨论的时候，我们有积极发表自己意见的权利和义务，经过民主决策定出的行动计划，我们也有遵照执行的责任"[③]。前三节课主要从学校生活的角度出发帮助学生理解"什么是民主"，第四节课则从社会生活的角度出发简要介绍了我国的村民委员会选举、居委会选举、人民代表选举、国家主

[①] 课程教材研究所等编：《品德与社会》五年级上册，北京：人民教育出版社2013年版，第22—23页。

[②] 课程教材研究所等编：《品德与社会》五年级上册，北京：人民教育出版社2013年版，第28—29页。

[③] 课程教材研究所等编：《品德与社会》五年级上册，北京：人民教育出版社2013年版，第34—35页。

要领导人选举等民主制度，并指出"民主选举可以充分体现大多数人的利益和选择，每个年满 18 周岁的公民都有选举权和被选举权"①。由此可见，作为小学政治教科书的《品德与社会》在介绍民主时重点强调了"选举""协商""参与"三个维度，尤其是将"选举"摆到了重中之重的位置。

在对小学生进行民主观念启蒙的基础上，初中阶段的《思想品德》则旨在促进初中生道德品质、法律意识和公民意识的进一步发展，从而引导他们树立正确的世界观、人生观、价值观。其中，与民主观念密切相关的包括八年级下册和九年级全一册。八年级下册主要介绍了公民的权利和义务，其中第一单元"权利义务伴我行"包括"国家主人广泛的权利"和"我们应尽的义务"两节课，主要向学生传递"我国是人民当家作主的国家，人民作为国家和社会的主人在享有广泛公民权利的同时应该忠实地履行法定义务"的观念②；第二单元"我们的人身权利"、第三单元"我们的文化、经济权利"分别介绍了平等权、政治权利和自由、宗教信仰自由、人身自由权利、对国家机关和国家工作人员的批评、建议、申诉、控告、检举、取得赔偿的权利、社会经济权利、教育、科学、文化权利和自由等基本公民权利。③ 九年级全一册则在介绍基本国情、基本国策和发展战略的基础上引导学生"参与政治生活"，其中第二单元第三课介绍了社会主义国家的性质和党的基本路线，指出"我国是工人阶级领导的、以工农联盟为基础的人民民主专政的社会主义国家，社会主义民主的本质是人民当家作主"④；第三单元第六课则强调我国是"人民当家作主的法治国家"，因此必须"依法参与政治生活"。教科书指出"宪法是我国的根本大法和全国各族人民、一切国家机关和武装力量、各政党

---

① 参见课程教材研究所等编：《品德与社会》五年级上册，北京：人民教育出版社 2013 年版，第 40—45 页。

② 参见课程教材研究所等编：《思想品德》八年级下册，北京：人民教育出版社 2013 年版，第 4—9 页。

③ 参见课程教材研究所等编：《思想品德》八年级下册，北京：人民教育出版社 2013 年版，第 23—97 页。

④ 参见课程教材研究所等编：《思想品德》九年级全一册，北京：人民教育出版社 2013 年版，第 30—41 页。

和各社会团体、各企业事业组织的根本活动的准则，依法治国就是依照宪法和法律的规定管理国家"，强调"依法治国基本方略的实施有赖于每个公民的参与，是全体公民的共同责任"，"公民的政治权利是宪法和法律规定的公民参加国家管理、参政议政的民主权利"，每个人都要"增强公民意识，学会行使自己享有的知情权、参与权、表达权、监督权"[①]。由此可见，作为初中政治教科书的《思想品德》引导学生从"基本权利保障""法治"等角度认识民主。

与小学和初中的政治教科书相比，高中《思想政治》的教学内容与民主观念之间的关联则更为直接。2004年3月2日，教育部在教基[2004]5号文件中指出："高中思想政治课进行马克思列宁主义、毛泽东思想、邓小平理论和'三个代表'重要思想的基本观点教育，以社会主义物质文明、政治文明、精神文明建设常识为基本内容，引导学生紧密结合与自己息息相关的经济、政治、文化生活，经历探究学习和社会实践的过程，领悟辩证唯物主义和历史唯物主义的基本观点和方法，切实提高参与现代社会生活的能力，逐步树立建设中国特色社会主义的共同理想，初步形成正确的世界观、人生观、价值观，为终身发展奠定思想政治素质基础。高中思想政治课与初中思想品德课和高校政治理论课相互衔接，与时事政策教育相互补充，与高中相关科目的教学和其他德育工作相互配合，共同完成思想政治教育的任务[②]。"《思想政治·政治生活（必修2）》以三个单元的篇幅介绍了人民民主专政、公民的政治权利和义务、民主选举、民主决策、民主管理和民主监督、政治参与、政府的职责、政府的权力、人民代表大会制度、政党制度以及民族区域自治制度和宗教政策，并引导学生思考社会主义民主政治的特点和优势（见表4.19）。

[①] 参见课程教材研究所等编：《思想品德》九年级全一册，北京：人民教育出版社2013年版，第74—88页。
[②] 《教育部关于印发〈普通高中思想政治课程标准（实验）〉的通知》，人民教育出版社课程教材研究所网站，网址：http://old.pep.com.cn/sxzz/js/tbjx/kb/kb/kcbz/201008/t20100830_831025.htm。

表 4.19　高中《思想政治·政治生活（必修 2）》目录

第一单元 公民的政治生活	第一课 人民当家作主的国家	人民民主专政：本质是人民当家作主
		政治权利与义务：参与政治生活的准则
	第二课 我国公民的政治参与	民主选举：投出理性一票
		民主决策：作出最佳选择
		民主管理：共创幸福生活
		民主监督：守望公共家园
		综合探究：有序与无序的政治参与
第二单元 为人民服务的政府	第三课 我国政府是人民的政府	政府的职能：管理与服务
		政府的责任：对人民负责
	第四课 我国政府受 人民的监督	政府的权力：依法行使
		权力的行使：需要监督
		综合探究：政府的权威从何而来
第三单元 发展社会主义 民主政治	第五课 我国的人民 代表大会制度	人民代表大会：国家权力机关
		人民代表大会制度：我国的根本政治制度
	第六课 我国的政党制度	中国共产党执政：历史和人民的选择
		中国共产党：以人为本、执政为民
		共产党领导的多党合作和政治协商制度：中国特色的政党制度
	第七课 我国的民族区域 自治制度及宗教政策	处理民族关系的原则：平等、团结、共同繁荣
		民族区域自治制度：适合国情的基本政治制度
		综合探究：社会主义民主政治的特点和优势

教育部制定的《普通高中思想政治课程标准（实验）》指出，《思想政治·政治生活（必修2）》的课程宗旨在于"帮助学生认识中国共产党始终代表中国最广大人民的根本利益，是中国特色社会主义事业的领导核心；了解中国特色社会主义政治制度，懂得建设社会主义政治文明，最根本的是把党的领导、人民当家作主和依法治国有机统一起来；了解公民在政治生活中依

第四章 理性、文化与教化：中国公众民主观念的成因

法行使权利，履行义务，参与民主选举、民主决策、民主管理、民主监督的意义、途径和方式"①。《思想政治·政治生活（必修 2）》的课程目标包括"帮助学生认识中国共产党始终代表中国最广大人民的根本利益，是中国特色社会主义事业的领导核心；了解中国特色社会主义政治制度，懂得建设社会主义政治文明，最根本的是把党的领导、人民当家作主和依法治国有机统一起来；了解公民在政治生活中依法行使权利，履行义务，参与民主选举、民主决策、民主管理、民主监督的意义、途径和方式"（见表 4.20），这显然是塑造学生民主观念的核心内容。

表 4.20　高中《思想政治·政治生活（必修 2）》课程目标及教学建议

内容目标	提示与建议
一、公民的政治生活	
1.1 引述宪法对公民政治权利和义务的有关规定，说明公民有序参与政治生活的意义。	1.1.1 联系政治权利和义务，观察身边政治生活现象。 1.1.2 活动：从各种媒体的报道中，从对所在社区的考察中，收集公民依法行使民主权利的积极表现。 1.1.3 讨论：有序或无序参与政治生活的代价与后果。
1.2 评述具体事例，比较不同选举方式的特点；表达公民依法行使民主选举权利的正确态度。	1.2.1 民主选举的意义，如代表民意、举贤选能等。 1.2.2 针对直接选举、间接选举、等额选举、差额选举、竞选的规则，评价、比较、权衡其利弊。 1.2.3 民主建设要与社会进步和经济发展相适应。 1.2.4 活动：以"假如我是候选人"或"我这一票投给谁"为题，发表各自的见解。
1.3 列举公民依法行使民主监督权利的渠道和方式，体会公民参与民主监督的责任和价值。	1.3.1 例如，向政府的信访机构、人民代表反映情况，通过新闻媒体进行曝光等。 1.3.2 交流：观看反映舆论监督的影视节目的感受。 1.3.3 活动：一次民主监督行动的参与过程。
1.4 列举当前公民参与决策的民主形式；对照村民自治和城市居民自治的有关制度和法规，理解公民行使民主决策与管理权利的途径和方式。	1.4.1 例如，社情民意反映制度、社会公示制度、社会听证制度、专家咨询制度等。 1.4.2 模拟一次听证会。 1.4.3 在调查本社区生活的基础上，确定一个共同关注的问题，形成一项改进社区管理的建议。

---

① 《普通高中思想政治课程标准（实验）》，人民教育出版社课程教材研究所网站，网址：http://old.pep.com.cn/rjqk/sjtx/sxzz/pg2004_3z3/201101/t20110106_1006355.htm

(续表)

内容目标	提示与建议
	二、为人民服务的政府
2.5 列举生活中的实例，评议政府履行职责的表现；说明政府部门和公职人员依法行使职权对我们生活的影响和作用。	2.5.1 例如，交通管理、公共设施的修建、市场管理、社会治安、环境保护等。 2.5.2 讨论：根据自己或家人的感受，对本地政府行使各项职权的表现排序，并发表各自的看法。 2.5.3 演示：公民在生活中依法寻求国家机关帮助。
2.6 评价一项加强对政府权力进行监督的改革措施，说明政府的权力不能滥用，行使权力要反映人民的利益和愿望。	2.6.1 撰文：针对决策、执行和监督等环节，选择政务公开、质询、民主评议等措施，阐明对权力进行制约和监督的意义。 2.6.2 讨论："政府的权威从何而来"或"有权威的权力与没有权威的权力的区别"。
	三、建设社会主义政治文明
3.7 引述宪法规定，明确我国是人民民主专政的社会主义国家；说明人民代表大会制度是我国的根本政治制度。	3.7.1 人民民主专政是我国的国体；人民代表大会制度是我国的政体。 3.7.2 人民行使国家权力的机关是全国人民代表大会和地方各级人民代表大会；"一府两院"是行政和司法机关。 3.7.3 撰文："假如我是人大代表"。内容涉及人大代表的产生及职责，民主集中制的组织和活动原则，人民民主的真实性、广泛性。
3.8 阐释中国共产党始终代表中国最广大人民的根本利益，共产党的执政地位是历史和人民的选择；明确中国共产党领导的多党合作和政治协商制度是具有中国特色的政党制度。	3.8.1 中国共产党是中国工人阶级的先锋队，同时是中国人民和中华民族的先锋队；中国共产党是中国特色社会主义事业的领导核心。 3.8.2 讲座：中国共产党与各民主党派的关系。 3.8.3 多党合作的政治基础、基本方针、根本活动准则。
3.9 阐明立党为公、执政为民是"三个代表"重要思想的本质，理解把"三个代表"重要思想确立为党的指导思想的深远意义。	3.9.1 资料演示：中国共产党立党为公、执政为民的表现。 3.9.2 "三个代表"重要思想全面体现了党的基本理论、基本路线、基本纲领和基本经验。 3.9.3 采用多种活动方式，发掘本地资源，讲述当代共产党人实践"三个代表"重要思想的事例。

●第四章　理性、文化与教化：中国公众民主观念的成因●

(续表)

内容目标	提示与建议
三、建设社会主义政治文明	
3.10 阐述民族区域自治制度是符合我国国情的一项基本政治制度；了解我国的基本宗教政策。	3.10.1 用各民族互助的实例，说明坚持民族平等、民族团结和各民族共同繁荣，是我国社会主义时期处理民族关系的基本原则；表达全国人民珍惜民族团结，维护国家统一的愿望。 3.10.2 结合《民族区域自治法》有关自治权的规定，用实例说明我国民族区域自治制度的优越性。 3.10.3 正确理解和把握宪法规定公民宗教信仰的自由。
3.11 概述发展社会主义民主政治，建设社会主义政治文明，最根本的是要把党的领导、人民当家作主、依法治国有机统一起来。	3.11.1 综合有关资料和事例说明：共产党执政就是领导和支持人民掌握国家的权力，实行民主选举、民主决策、民主管理和民主监督，保证人民享有广泛的权利和自由，尊重和保障人权。 3.11.2 综合有关资料和事例说明：党的领导是人民当家作主和依法治国的根本保证，人民当家作主是社会主义民主政治的本质要求，依法治国是党领导人民治理国家的基本方略。

其中，第一单元"公民的政治生活"的教学目标包括"引述宪法对公民政治权利和义务的有关规定，说明公民有序参与政治生活的意义；评述具体事例，比较不同选举方式的特点；表达公民依法行使民主选举权利的正确态度；列举公民依法行使民主监督权利的渠道和方式，体会公民参与民主监督的责任和价值；列举当前公民参与决策的民主形式；对照村民自治和城市居民自治的有关制度和法规，理解公民行使民主决策与管理权利的途径和方式"；第二单元"为人民服务的政府"的教学目标包括"列举生活中的实例，评议政府履行职责的表现；说明政府部门和公职人员依法行使职权对我们生活的影响和作用；评价一项加强对政府权力进行监督的改革措施，说明政府的权力不能滥用，行使权力要反映人民的利益和愿望"；第三单元"建设社会主义政治文明"的教学目标包括"引述宪法规定，明确我国是人民民主专政的社会主义国家；说明人民代表大会制度是我国的根本政治制度；阐释中国共产党始终代表中国最广大人民的根本利益，共产党的执政地位是历史和人民的选择；明确中国共产党领导的多党合作和

政治协商制度是具有中国特色的政党制度；阐明立党为公、执政为民是'三个代表'重要思想的本质，理解把'三个代表'重要思想确立为党的指导思想的深远意义；阐述民族区域自治制度是符合我国国情的一项基本政治制度；了解我国的基本宗教政策；概述发展社会主义民主政治，建设社会主义政治文明，最根本的是要把党的领导、人民当家作主、依法治国有机统一起来"。[①]

通过对人教版第十一套中小学政治教科书的分析，我们发现在学校教育的过程中，一方面围绕"选举""协商""参与""法治""基本公民权利"等关键概念，培育中小学生程序取向、权利取向的现代民主观念；另一方面也反复强调社会主义民主必须在中国共产党领导、人民当家作主、依法治国所构成的基本制度结构中得到发展和完善。以学校教育为代表的政治社会化过程既体现了与时俱进的"理性增量"，也蕴含着薪火相传的"文化存量"。

二、大众媒介与民主观念：基于《人民日报》内容的词频分析

与学校教育并列，大众媒介也是政治社会化的重要途径。大众媒介也被称为大众传播媒介（mass media of communication），一般指专门从事收集、复制及传播信息的机构。在相当长的一段时期内，政治社会化研究的重点在家庭和学校，对大众媒介的研究相对匮乏。随着现代化的发展特别是教育的普及、识字率的提高以及信息传播方式的变化，大众媒介作为人们的主要信息来源重要性日益凸显。在佩克农（Pekonen）看来，传媒技术和大众媒体在现代社会制造和销售各种政治想象政治符号中扮演着重要角色，并进而塑造着大众的政治知识和政治行为。[②] 大众媒介在政治社会化过程中的作用主要包括以下几方面：一是提供政治信息。从政治传播的角度看，政治信息是人们认识政治的基本素材，尤其是在信息爆炸时代，政治信息

---

① 《普通高中思想政治课程标准（实验）》，人民教育出版社课程教材研究所网站，网址：http://old.pep.com.cn/rjqk/sjtx/sxzz/pg2004_3z3/201101/t20110106_1006355.htm。

② Pekonen, Kyösti. 1989. "Symbols and Politics as Culture in the Modern Situation: The Problem and Prospects of the 'New'." *Contemporary Political Culture: Politics in a Postmodern World*, pp. 56–72.

●第四章 理性、文化与教化：中国公众民主观念的成因●

的选择直接影响人们的政治判断。作为信息的"滤芯"，大众媒介实际上充当着公众的"耳目"，为其接触政治信息打开了窗口。不少实证研究发现，大众媒介的发达程度、普及率与人们的政治意识、政治参与能力呈现正相关，经常接触大众媒介的人对政治事务的了解以及具备的政治知识、政治技能往往高于不接触或接触较少的人。二是表达政治意见。从"国家—社会"关系的角度看，大众媒介是公共领域的重要组成部分，是展现各种社会意见的广场。透过大众媒介公众可以接触到关于政治现象、政治问题的各种意见和态度，在此基础上形成自己的独立判断。三是宣传执政党、政府的路线、方针、政策。从马克思主义阶级分析的立场来看，大众媒介的实质是统治阶级掌握的政治宣传和教化的工具，统治阶级借助大众媒体表达的主要是占支配地位的意识形态。在社会主义国家，大众媒介更是被认为扮演着"党的喉舌"的角色。列宁曾一针见血地指出："我们不打算把我们的机关报变成一个形形色色的观点简单堆砌的场所。相反，我们将严格按照一定的方针办报。一言以蔽之，这个方针就是马克思主义。"① 布雷迪认为，中国共产党熟练地利用传播工具和宣传技巧成功地加强了自身的合法性，在社会经济转型过程中，中国共产党不断更新意识形态并吸收了许多新的宣传方法、技术手段，缔造了强大而具有现代性的宣传系统，为其合法性的延续提供稳定因素。② 总之，官方民主观念通过大众媒介才能实现常态化传播，这意味着大众媒介在政治社会化过程中通过信息提供、意见表达、宣传引导等方式影响个体政治知识的获取、政治价值观的建构、政治态度的形塑、政治技能的强化和政治行为的选择，从而承担着重要的政治社会化功能。③

现代大众媒介系统由报纸、杂志、广播、电视、互联网等构成，其中以报纸的历史最久、影响最深远。作为以刊载新闻报道、时事评论为主的面向公众的、定期的、连续发行的印刷品，报纸的"新闻属性"讲求信息的真实

---

① 《列宁专题文集·论无产阶级政党》，北京：人民出版社2009年版，第49页。
② 参见 Brady, Anne-Marie. 2012. "State Confucianism, Chineseness, and tradition in CCP propaganda." *China's Thought Management*, pp. 57—75.
③ 参见张昆：《大众媒介的政治社会化功能》，武汉：武汉大学出版社2003年版，第47—53页。

性、立场的客观性和价值取向的公正性，但与此同时报纸也是一种"可控制的政治社会化工具"，它在信息传播的过程中往往受到特定观念的支配。当代中国影响力最大的报纸非《人民日报》莫属①，作为中国的第一大报和"世界十大报纸"之一，《人民日报》目前日均发行量超过200万份，是中国最权威、政治影响力最大的综合性报纸。在20个常规版面中，1—5版为要闻版，6版为视点新闻版，7版为理论版，9—16版为新闻版，17—20版为周刊、专版和副刊。评论和理论宣传是《人民日报》的重点和优势，除社论、评论外，《人民日报》还设有"人民论坛""人民时评""声音""思想纵横""今日谈"等一批言论栏目，通过"深入宣传中国特色社会主义理论体系、党的路线方针政策和中央重大决策部署、改革开放和社会主义现代化建设的巨大成就、广大干部群众团结奋进的先进事迹激励全党全国各族人民积极投身改革开放伟大事业"②。

为了探究大众媒介的政治社会化过程对中国公众民主观念的影响，我们对2002—2014年"《人民日报》社论、言论数据库"和"《人民日报》图文数据库"进行了对比检索（见表4.21）。"民主"用法的词频统计结果表明：在价值理念方面，《人民日报》既充分强调民主的实质维度，也强调民主的程序维度。在《人民日报》社论、言论提到"民主"时，"人民当家作主""社会主义民主"等词汇出现频次高于"人民民主专政""中国特色社会主义民主"等意识形态色彩更加鲜明的词汇；在"民主"与其他主要价值理念的搭配上，社论、言论中位居前列的包括"参与"（1272次）、"和谐"（1040次）、"权利"（873次）、"法治"（805次）、"治理"（767次）、"自由"（673次）、"平等"（652次）、"公正"（644次），可见在《人民日报》所传播的民主观念中，"程序取向"与"实质取向"的内容以"多维复合"的形式存在。

---

① 该报于1948年6月15日在河北省平山县里庄村创立，由《晋察冀日报》和晋冀鲁豫《人民日报》合并而成。1949年，《人民日报》随中央机关迁入北平，成为中国共产党中央委员会机关报。
② 胡锦涛：《在人民日报社考察工作时的讲话》，载《人民日报》，2008年6月21日第1版。

表 4.21 《人民日报》中的"民主"(2002—2014)

领域	用法	词频 社论、言论	词频 全部版面
价值理念	人民当家作主	295	1683
	人民民主专政	41	329
	社会主义民主	508	3113
	中国特色社会主义民主	55	317
	民主+参与	1272	8847
	民主+团结	838	6236
	民主+秩序	482	2785
	民主+和谐	1040	7967
	民主+平等	652	3810
	民主+公正	644	3932
	民主+民生	552	4130
	民主+治理	767	4075
	民主+富强	366	1859
	民主+自由	673	3395
	民主+法治	805	3853
	民主+权利	873	4759
	民主+竞争	432	3125
制度途径	党内民主	144	1128
	基层民主	132	1211
	协商民主	132	3685
	选举民主	24	74
	民主集中制	257	1440
	民主选举	89	882
	民主决策	246	1869
	民主管理	128	1546
	民主监督	278	2278
	民主程序	27	188
	民主法制	186	1673

三、政治社会化过程：官方、学术界与公众民主观念的耦合

政治社会化过程的本质是政治文化的再生产。作为政治精英、知识精英生产的主导性政治话语，民主观念在学校教育、大众媒介等政治社会化过程中向公众传播并内化于公共舆论，最终实现官方民主观念与公众民主观念的耦合。官方民主观念在某种程度上决定着公众民主观念，前者的变迁构成了后者演进的关键动力，因此对政治社会化过程的分析离不开对官方民主观念本身的研究。对"中国共产党思想理论资源数据库·党和国家重要文献库"①的检索结果表明，改革开放以来"实质取向"和"程序取向"的民主观念在官方文件中的比重均大幅提升（见表4.22），官方民主观念既蕴含与时俱进的理性因素，也强调历久弥新的文化因素，这与公众民主观念"多维复合"的内容特征和"嬗递传承"的变化趋势相一致。

表4.22 官方文件中的"民主"（1949—2014）

领域	用法	词频	
		改革开放之前	改革开放以来
价值理念	人民当家作主	5	1080
	人民民主专政	355	724
	社会主义民主	31	3309
	中国特色社会主义民主	0	235
	民主+参与	0	46
	民主+团结	18	118
	民主+和谐	0	28
	民主+治理	0	7
	民主+自由	19	17
	民主+法治	0	303
	民主+权利	96	1167

---

① 该数据库包括中国共产党在各个历史时期的各类重要文献选编、专题汇编、单行本，中国政府发布的白皮书及其他重要文件等，由"社会主义革命和建设时期"和"改革开放以来"两个子数据库构成。

(续表)

领域	用法	词频	
		改革开放之前	改革开放以来
制度途径	党内民主	99	767
	基层民主	2	690
	民主协商	18	246
	选举民主	0	23
	民主集中制	364	1510
	民主选举	64	452
	民主决策	0	800
	民主管理	173	948
	民主监督	6	1649
	民主程序	4	69
	民主法制	21	1188

值得注意的是，在官方与公众民主观念的耦合过程中，学术界发挥着重要的中介作用。一方面，知识分子是塑造政治文化的核心角色，在安东尼·史密斯（Smith）看来，知识分子充当着统治者和被统治者之间文化差异的调节者，在形成诸如符号、仪式、想象等政治话语的社会化过程中至关重要[1]；另一方面，尽管学术研究也无法完全做到价值中立，以"解决问题"为导向的社会科学研究更是如此。以"国家社科基金"[2] 为例，1991—2015 年共有 301 项以"民主"为研究主题的国家社科基金项目，其中关于"协商民主"的课题有 42 项、"党内民主" 28 项、"基层民主" 25 项、"社会主义民主" 27 项、"民主集中制" 9 项，远远高于"法制"（5 项）、"权利"（6 项）、"程序"（6 项）、"选举"（2 项）的课题。[3] 类似地，对中文社会科学引文索引（Chinses Social Science Citation Index，CSSCI）数据库的分析同样发现，2002—2014 年关于以"民

---

[1] Smith, Anthony. D. 1991. *National Identity*. Harmondsworth, Midx：Penguin, pp. 91 - 92.
[2] 国家社科基金设立于 1991 年，由全国哲学社会科学规划办公室负责管理，主要用于支持关系经济社会发展全局的重大理论和现实问题研究，中央财政将国家社科基金的经费列入预算。
[3] 根据"国家社科基金项目数据库" http：//fz. people. com. cn/skygb/sk 检索，关键词 = "民主"。检索日期：2016 年 7 月 4 日。

主"为关键词的论文 10665 篇,其中"选举民主"133 篇,而"协商民主"501 篇且呈现逐年递增趋势,2014 年共有 813 篇关于民主的论文,其中研究协商民主的就有 136 篇,占 16.7%(见图 4.1)。由此可见,学术界对"民主"的研究以官方民主观念为导向的特征明显。

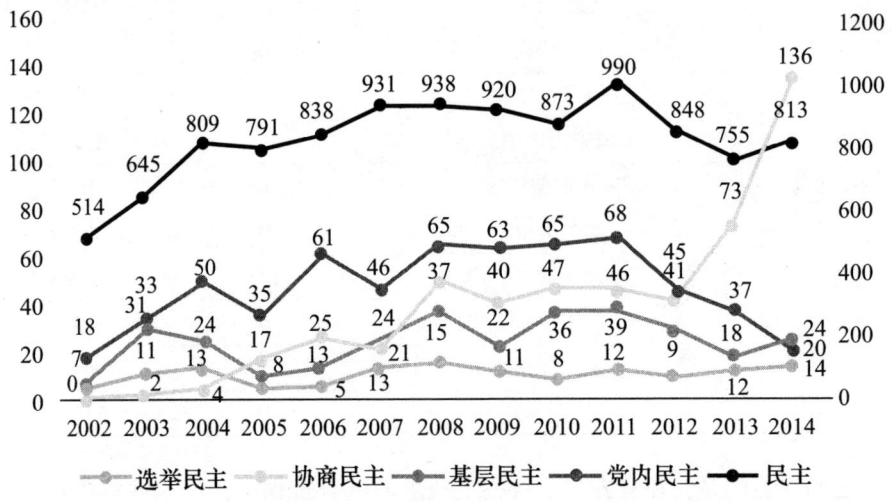

图 4.1 以"民主"为关键词的 CSSCI 论文(2002—2014)

注:根据"中文社会科学引文索引"数据库检索,初次检索关键词="民主",时间=2002—2014;二次检索所有字段="选举民主""协商民主""基层民主""党内民主"。

综上所述,本节通过对中小学政治教科书的文本分析和对《人民日报》的词频分析,从教化的视角揭示了"学校教育"和"大众媒介"两条政治社会化途径对公众民主观念的影响。研究表明,日益增长的理性因素和一脉相承的文化因素同时存在于政治社会化过程当中,在当前中国,官方、学术界和公众通过政治社会化的互动过程实现民主观念的耦合,政治社会化是公众民主观念的重要来源。

第四节 理性、文化与教化:影响程度的实证检验

本章一至三节分别从"理性增量""政治文化存量"和"政治社会化

第四章 理性、文化与教化：中国公众民主观念的成因

过程"的视角分析了中国公众民主观念得以生成的物质基础、利益结构、制度空间、文化心理和观念互动。那么，这些因素之间的关系究竟如何？不同的影响因素之间是否存在"孰轻孰重"的排序？本节将利用调查数据进行实证检验。[①] 根据第二章及本章的理论探讨，我们提出以下研究假设：

假设4.1 理性因素对中国公众民主观念产生影响，具体而言：在控制了其他相关变量的情况下，收入水平高、教育程度高、社会地位高、政治代际年轻的城市居民的民主观念更偏"程序取向"；受访者公民参与的经历越多，民主观念越偏"程序取向"；受访者对制度绩效的评价越低，其民主观念越偏"程序取向"。

假设4.2 文化因素对中国公众民主观念产生影响，具体而言，受访者的传统政治文化价值观越强，越有可能形成"实质取向"的民主观念。

假设4.3 政治社会化因素对中国公众民主观念产生影响，具体而言，受访者的政治社会化程度越高，越有可能形成"实质取向"的民主观念。

基于上述假设，笔者选取以下四组自变量分别代表理性因素、文化因素和政治社会化因素：(1)人口学变量，包括性别、年龄、收入、教育程度、城乡体制、社会地位，其中收入的测量指标为家庭年收入的自然对数，教育程度的测量指标为接受正式教育的年限，城乡体制的测量指标为受访人的户籍所在地，社会地位的测量指标为主观社会地位感知；(2)制度变量，包括公民参与和绩效评价，前者的测量指标为"最近三年是否联系过人大代表、更高一级的政府官员、地方传统领袖或者政府外具有影响力的人"，后者的测量指标为受访者对家庭和国家经济现状的评价、对政治体制的评价；(3)政治文化变量，测量指标包括社会信任、政治容忍、集体主体、家长权威、和谐秩序；(4)政治社会化变量，测量指标包括政治新闻接触、互联网使用、国家认同和政治效能感。

表4.23显示收入、政治评价、政治容忍等测量指标无回答率较高，为有

[①] 本节利用ABS第三波（2011年）的调查数据，数据详细信息见第二章，这里不再赘述。

效利用调查所获得的样本，笔者首先采取多重插补（multiple imputation）的方法对模型中所有变量的缺失值进行了处理。与传统的均值替换、条件均值替换、列删法不同，多重插补法认为理想的插补数据必须尽可能考虑与缺失值紧密相关的各类变量。其具体操作方法是首先给每个缺失单元插补上多个值从而形成多个完整的数据集，然后从每个数据集当中估计参数，最后经过整合汇聚为最终结果。由于利用了参数间关系，多重插补能够反映出缺失数据的不确定性。

表 4.23 自变量的描述统计

名称	类型	定义与赋值范围	均值	标准差	无回答率
性别	虚拟	[0=女，1=男]	0.53	0.50	0.06%
年龄	定比	[18，93]	45.3	15.64	0.03%
收入	定比	ln（家庭年收入）[1.9，14.29]	5.45	1.16	36.31%
教育程度	定比	受正式教育年限 [0，20]	5.79	4.12	2.22%
城乡体制	虚拟	户籍所在地 [0=农村，1=城市]	0.46	0.50	0.00%
社会地位	定距	主观社会地位感知 [1，10]	5.37	1.90	6.39%
公民参与	虚拟	过去三年内联系过有影响力的人	0.49	0.50	2.99%
经济评价	定比	ln（经济现状评分总和）[0.69，2.30]	1.93	0.20	4.41%
政治评价	虚拟	最愿意在现有的政治体制中生活	0.88	0.32	12.61%
社会信任	虚拟	绝大多数人是值得信任的	0.84	0.37	1.38%
政治容忍	虚拟	与政见不同的人相处不会感到不舒服	0.76	0.43	16.07%
集体主义	虚拟	国家/团体/家庭比个人更重要	0.71	0.45	8.47%
家长权威	虚拟	即便家长的要求不合理也应该服从	0.37	0.48	1.99%
和谐秩序	虚拟	应避免公开争吵以保证团队和谐	0.89	0.31	4.81%
新闻接触	虚拟	每天都关注政治新闻 [0=否，1=是]	0.49	0.50	0.14%
互联网使用	虚拟	每天都使用互联网 [0=否，1=是]	0.37	0.48	0.23%

(续表)

名称	类型	定义与赋值范围	均值	标准差	无回答率
国家认同	虚拟	身为中国公民我感到自豪 [0 = 否,1 = 是]	0.90	0.30	2.10%
政治效能感	虚拟	我认为我有能力参与政治 [0 = 否,1 = 是]	0.36	0.48	5.53%

由于因变量为多分类名义变量且类别间没有序次关系,因此笔者将采取多分类逻辑斯蒂回归(multinomial logistic regression)的方法对民主观念不同类型的成因进行分析。该方法的基本原理为:假设因变量共有 J 种可能结果,p_j 为第 j 种结果出现的概率,将其他类别的概率转换为第 J 种结果概率为参照的对数发生比,于是有 J-1 个线性可加方程用以估计这些类别的对数发生。因为 $p_1 + p_2 + \ldots + p_{J-1} + p_J = 1$,所以在确定了所有其他类别的发生比 P_j/P_J 后,P_J 值也就相应确定。由此可推导出任意两个类别(1,j)之间的对数发生比为:

$$\ln(p_1/p_j) = \ln(p_1/p_J) - \ln(p_j/p_J) \sum b_{i1}X_i - \sum b_{ij}X_i$$

需要说明的是,多分类逻辑斯蒂回归模型得以建立的前提条件是必须满足"无关选项独立"(Independence of Irrelevant Alternatives,简称 IIA)假定,即任意两种类别结果之间的相对关系不受其他类别结果的影响。通过手工限定进入模型分析的因变量取值类别,我们发现删除某些结果类型前后的模型参数估计基本保持一致,说明数据符合该假定。根据第三章的潜在类别分析结果,笔者按照后验概率将每个样本归入所属的潜在类别,生成取值范围为 1—4 的类别变量,依次代表实质型、偏实质复合型、偏程序复合型和无内容型的民主观念。以无内容型为参照类,中国公众民主观念成因的解释模型为:

$$\text{logit}(p_{it} = 1, 2, 3) = b_0 + b_1 \text{人口学变量} + b_2 \text{制度变量} + b_3 \text{政治文化} + b_4 \text{政治社会化}$$

据此笔者采取逐步回归(stepwise)的方法构建了四个多分类逻辑斯蒂回

归模型（logistic regression model）。模型 M1 仅包含人口学变量；模型 M2 = M1 + 制度变量；模型 M3 = M2 + 政治文化；模型 M4 = M3 + 政治社会化。模型配适度与拟合度的检验结果表明 M4 为最优模型。

表 4.24 报告了最优模型 M4 的多分类逻辑斯蒂回归结果。截距模型回归系数显著，说明四组自变量有效地解释了个体间民主观念差异的原因。通过数据分析我们发现：第一，性别、年龄、教育、城乡、社会地位等人口学变量对民主观念的类型有着显著的影响。与男性和城市居民相比，女性和农村居民形成民主观念的可能性更低；随着年龄、受教育年限的增长、主观社会地位感知的提高，公众形成民主观念的可能性增加，而且从发生比（ratio odds）来看上述因素对"复合型"民主观念的促进效应强于对"实质型"民主观念的促进效应，这为理性主义"现代化—民主观念"的逻辑链条提供了经验支持。第二，公民参与对民主观念尤其是"复合型"民主观念的形成存在显著促进效应（$p<0.05$）。与"过去三年内有公民参与经历"的受访者相比，无类似经历的受访者形成"实质型"民主观念的发生比降低了 26%，形成"偏实质复合"与"偏程序复合"民主观念的发生比则更是分别降低了 42.6% 和 55.6%。与此同时，制度变量的另两个测量指标经济评价、政治评价与民主观念之间呈现的正相关关系也部分地通过了显著性检验（$p<0.1$）。第三，强调和谐与秩序的受访者形成"实质型""偏实质复合型"民主观念的概率高于形成"偏程序复合型"民主观念的概率。针对该现象可能的解释是：追求和谐与秩序的受访者会将个人权利和自由、竞争性选举制度和政党制度视为容易破坏社会和谐乃至危及政治体系稳定的因素，因而排斥对民主的程序式理解而倾向于强调民主对于促进社会平等和优良治理的功能。但与此同时，政治信任、政治容忍、集体主义、家长权威等测量指标与民主观念之间的关系则未能通过显著性检验，这意味着传统政治文化对公众民主观念的影响并没有预想中那么强烈。究其原因在于，社会经济中国的政治文化也处于不断变化和发展的过程当中，与其将政治文化因素视为固定效应，毋宁关注其变化本身对民主观念的影响。第四，政治社会化变量对公众民主观念的形成影响显著。与媒介接触较少的人相比，每天接触政治新闻、每天使用互联网的人群更有可能形成民主观念；国家认同、政治效能感的提高也能够

提高民主观念的发生比。

表4.24 最优模型的多分类逻辑斯蒂回归结果（N=3473）

	实质型		偏实质复合型		偏程序复合型	
	回归系数（标准误）	发生比	回归系数（标准误）	发生比	回归系（标准误）	发生比
Intercept	2.577***(0.724)		1.994**(0.724)		2.649***(0.744)	
人口学变量						
性别	-0.632***(0.126)	0.532	-1.024***(0.124)	0.359	-0.836***(0.129)	0.434
年龄	-0.008+(0.005)	0.992	-0.014**(0.005)	0.986	-0.016**(0.005)	0.984
收入对数	0.082(0.060)	1.085	0.113+(0.059)	1.120	0.029(0.061)	1.029
教育年限	0.111***(0.019)	1.118	0.164***(0.018)	1.179	0.147***(0.019)	1.159
城乡体制	-0.739***(0.135)	0.477	-0.426**(0.135)	0.653	-0.262+(0.141)	0.769
主观社会地位感知	0.037(0.032)	1.037	0.123***(0.032)	1.131	0.106**(0.033)	1.112
制度变量						
公民参与	-0.301*(0.125)	0.740	-0.555***(0.123)	0.574	-0.811***(0.127)	0.444
经济评价	-0.628*(0.312)	0.534	-0.298(0.312)	0.742	-0.560+(0.320)	0.571
政治评价	-0.375+(0.221)	0.688	0.191(0.206)	1.210	-0.104(0.217)	0.901
政治文化						
社会信任	0.168(0.165)	1.183	-0.074(0.168)	0.928	0.359*(0.168)	1.432
政治容忍	0.035(0.144)	1.036	0.104(0.141)	1.110	0.251+(0.144)	1.286
集体主义	0.149(0.142)	1.161	0.202(0.140)	1.224	0.087(0.146)	1.091
家长权威	0.232+(0.122)	1.263	0.327**(0.121)	1.387	0.175(0.126)	1.191
和谐秩序	-0.615***(0.184)	0.541	-0.695***(0.181)	0.499	-0.498**(0.185)	0.608
政治社会化						
新闻接触	-0.480***(0.123)	0.619	-0.672***(0.122)	0.511	-0.396**(0.127)	0.673
互联网使用	-0.231(0.167)	0.794	-0.543***(0.163)	0.581	-0.234(0.170)	0.791
国家认同	-0.392*(0.195)	0.676	-0.278(0.189)	0.758	-0.194(0.193)	0.823
政治效能感	-0.239+(0.137)	0.787	-0.415***(0.133)	0.660	-0.552***(0.137)	0.576

注：参照类=无内容型；-2 Log Likelihood = 8543.93，Pearson Chi^2 = 11038.404***，Cox and Snell Pseudo R^2 = 0.204；

*** 表示0.005的显著水平，** 表示0.01的显著水平，* 表示0.05的显著水平，+ 表示0.1的显著水平。

综上所述，逻辑斯蒂回归结果表明以性别、年龄、教育、城乡体制、社会地位等为代表的人口学变量，以公民参与为代表的制度变量，以强调和谐与秩序为代表的传统政治文化变量，以政治新闻接触、互联网使用、国家认同、政治效能感等为代表的政治社会化变量均能够有效解释受访者民主观念的个体差异，假设4.1、假设4.2、假设4.3基本成立。换言之，中国公众的民主观念同时受到理性因素、文化因素和教化因素的影响，其中理性因素的影响主要体现为现代化对"复合型"民主观念的促进效应，公民参与越多、经济和政治评价越高的受访者，民主观念多维复合的特征越明显；文化因素的影响主要体现为传统政治文化与"实质型"民主观念的共变性；教化因素的影响则主要体现为随着政治社会化程度的加深，个体具备民主观念的可能性越高。值得注意的是，在影响程度上理性因素逐渐强化，传统政治文化因素逐渐消退，而政治社会化因素在理性因素与文化因素"此消彼长"的过程中发挥着中介作用。

第五节　本章小结

本章从"理性增量—文化存量—政治社会化过程"的视角提出了对中国公众民主观念形成及演变原因的系统性解释，并利用数据对上述不同因素的影响程度进行了实证检验，主要发现包括四方面：

第一，"理性增量"深刻影响着中国公众的民主观念。改革开放以来的经济现代化、社会现代化和政治现代化，分别构成了中国公众民主观念的物质基础、利益结构和制度空间。首先，表现为经济总量高速增长、经济结构深刻调整、物质供给能力大大增强、基础设施日趋完善、人民生活水平显著改善等五个方面的经济现代化，不仅改变了公众民主观念的能力维度，实现了民主观念"从无到有"的变化，同时也改变了公众民主观念的内容维度，导致民主观念"实质"取向与"程序"取向的此消彼长，换句话说，"经济理性增量"是人们形成明确的民主观念以及民主观念内容结构走向"多维复合"的物质基础；其次，表现为城市化高速推进、基本公共服务体系日益完善、社会保障体系覆盖面逐步扩大、公共政策民生导向、社会组织迅速发展等五个方面的社会现代化，在本质上是改革开放所带来的巨大制度红利重新分配和不断调整的过程，它带来的"社会理性增量"构成了中国公众民主观念得

● 第四章 理性、文化与教化：中国公众民主观念的成因 ●

以生成和演变的基本利益结构；最后，表现为党的建设、民主政治建设、法治建设、人权建设、行政管理体制改革等五个方面的政治现代化，丰富了公众民主政治参与的亲身经历，增进了公众对民主的具体感知，"五位一体"的"政治理性增量"构成了中国公众民主观念得以形成并发生"巨变"的制度空间。总之，观念世界是对现实世界的反馈和抽象，改革开放以来市场经济的兴起、社会生活的丰富和民主政治的建设，即中国的现代化格局从根本上决定着公众民主观念的内容特征和整体走向。

第二，"文化存量"同样对中国公众的民主观念产生关键影响。以"治理绩效"为核心的古代民本观念、以"救亡图存"为核心的近代民主观念和以"人民民主专政"为核心的中国共产党人的民主观念，分别构成了政治文化存量的"1.0""2.0"和"3.0"版本。首先，在中国古代历史长河中形成的"民本"观念是中国政治文化传统中举足轻重的组成部分，其所具有的民主精神内涵建构起了中国人认识民主、接受民主、追求民主的思想传统资源；其次，在近代半殖民地半封建社会的时代背景下，民主观念的构建和传播从根本上服务于"救亡图存"的目标，民主理论的"先天不足、后天失调"导致近代中国许多引领社会思潮的思想家在介绍西方民主思想与制度时不得不借助于本土文化资源，尤其是以源远流长的中国古代"民本"思想作为参照物，对古代"民本"观念承接和对近代民族危亡"情景"的回应，使得近代民主观念成为连接传统与现代的重要的政治文化纽带；最后，从1921年宣告成立到1949年夺取全国政权，中国共产党在28年的革命历程中逐渐形成的以"人民民主专政"为核心的民主观念，不仅是马克思列宁主义中国化的重要理论成果，而且在实践中与中国共产党政治力量的上升相互交织、共同促进，既深刻地影响了中国的革命进程，也对1949年中华人民共和国成立后的政治发展发挥着很大影响，它构成了当代中国人认识民主的重要文化根源。如果说中国特色社会主义的基本政治制度构成了中国民主政治建设的"硬件"，那么传统政治文化则是中国民主政治建设的"软件"，只有实现传统政治文化、民主观念与现代价值的有效对接，才能实现"软件"与"硬件"的兼容，进而为中国特色社会主义民主建设筑土培基。

第三，无论是"理性增量"，还是"文化存量"，都需要通过"政治社会化过程"对中国公众的民主观念发挥作用。尽管理性因素与文化因素皆为公众民主观念的决定性因素,但二者的影响仍然停留在宏观层面。理性选择主义因为过分强调人们的政治观念、态度和行为受到个体理性的支配而忽视了国家、政治文化等结构性变量的作用,而"把国家找回来""把政治文化找回来"等针对理性主义的理论反思也不能解释民主观念的全部内容,因为文化因素本身也处于动态的变化过程,往往随着理性因素影响的扩散而更迭。在这种背景下,作为中介机制的政治社会化的重要性得以凸显。本章的分析表明,政治社会化具有赋予个体理性行动以文化背景的功能,在学校教育、大众媒介等政治社会化过程中,现代化催生的"理性增量"和传统政治文化构成的"文化存量"并存,二者的互相对冲从根本上塑造着当代中国公众民主观念的基本面貌。

第四,数据模型验证了中国公众的民主观念同时受到理性因素、文化因素和教化因素的影响。理性因素的影响体现为现代化对"复合型"民主观念的促进效应;文化因素的影响体现为传统政治文化与"实质型"民主观念的共变性;教化因素的影响则主要体现为随着政治社会化程度的加深,个体具备民主观念的可能性越高。在影响程度上,理性因素逐渐强化、传统政治文化因素逐渐消退,而政治社会化因素在理性因素与文化因素"此消彼长"的过程中发挥着中介作用。

综上所述,中国公众民主观念的成因归根结底是一种介于"理性与文化之间"的发生学(embryology),它的复杂性是简单的"理性—文化"二分法难以解释的。一言以蔽之,理解当代中国政治中的任何现象都离不开"西方的""中国传统的"和"共产主义"的因素,对中国公众民主观念的解释必须同时考虑到与之相对应的现代化理论、政治文化理论和政治社会化理论的作用。

第五章　观念、态度与行动：中国公众民主观念的影响

> 巨大的变革不是由观念单独引起的，但是没有观念就不会发生变革。要冲破习俗的冰霜或挣脱权威的锁链，必须激发人们的热情，但热情本身是盲目的，它的天地是混乱的。要收到效果，人们必须一致行动，而要一致行动的话，必须有一个共同的理解和共同的目的。如果碰到一个重大的变革问题，他们必须不仅清楚地意识到他们自己当前的目的，还必须使其他人改变信念，必须沟通同情，把不信服的人争取过来。
>
> ——霍布豪斯

本书第三章从内容特征、变化趋势、社会分布、全球比较等角度对中国公众民主观念的基本事实进行了描述，回答了"是什么"的问题；第四章从"理性增量—文化存量—政治社会化过程"的研究框架出发，对中国公众民主观念的形成原因进行了解释，回答了"为什么"的问题；沿着"类型—成因—影响"的分析逻辑，本章的任务是分析公众民主观念对人们政治态度、政治行为的影响，进而揭示民主观念对于政治体系获得合法性、维持政治秩序的重要性，回答"怎么办"的问题。

第一节 研究假设：从"态度后果"到"行为后果"

在公众民主观念的影响上，我们在第二章提出了从"态度后果"到"行为后果"的分析框架（图2.4），其中"态度后果"主要指民主观念对人们政治支持的影响，行为后果主要指民主观念对人们政治参与的影响，该框架的基本思路为：不同的民主观念会导致政治支持的差异，进而塑造着不同的政治参与模式，而政治参与行为又会进一步影响政治体系的稳定和正常运行。很显然，该思路包括三个环环相扣的逻辑链条：第一，观念影响态度；第二，态度影响行为；第三，个体政治行为会影响宏观政治体系。在第一个逻辑链条上，研究者普遍认为观念与态度二者之间呈现显著的相关性。[①] 在第二个逻辑链条上现有研究普遍认为，低水平的政治支持更容易带来"反体制"（anti-system）或"非常规"（unconventional）的政治行为，而高水平的政治支持往往引起"顺从的"（obedient）或"常规的"（conventional）政治行为，比如卡纳克（Canache）对拉美晴雨表调查的分析发现受访者对民主的定义越复杂，其政治参与方式越常规化、制度化；在内容上，将民主理解为"经济社会结果"（economic-social outcome）的受访者更倾向于采取游行、示威等非制度化手段表达利益诉求[②]；陈捷则利用1995年、1997年、1999年对北京成年居民的截面趋势调查数据，以伊斯顿的弥散政治支持和特定政治支持理论为出发点，从社会人口属性、高政治取向、低政治取向等三个维度揭示了公众政治支持的原因并分析了政治支持的行为结果。[③] 第三个逻辑链条则更加不言而喻，关于社会抗争、非制度化政治参与行为对政治稳定影响的研究不胜枚举。

[①] Conover, P. J., and Feldman, S., 1981. "The Origins and Meaning of Liberal/Conservative Self-identifications." *American Journal of Political Science*, 25（4）: 617–645.

[②] Canache, Damarys. 2012. "Citizens' Conceptualizations of Democracy: Structural Complexity, Substantive Content, and Political Significance", *Comparative Political Studies*, 45（9）: 1132–1158.

[③] Chen, Jie. 2013. *A Middle Class Without Democracy: Economic Growth and the Prospects for Democratization in China*. New York: Oxford University Press.

根据上述讨论，我们提出研究假设：

假设5.1 受访者的民主观念越偏"程序取向"，在政治态度上越容易对政府产生政治不信任。

假设5.2 受访者的民主观念越偏"程序取向"，在政治行为上越容易卷入非制度化政治参与行为，包括游行、示威、抗议。

假设5.3 政治态度在民主观念与政治行动之间发挥中介效应。

第二节 案例选取：网民的民主观念、政治态度与政治行动

本章将利用2014年"互联网与社交媒体调查"数据对上述假设进行检验。之所以选择以网民为研究对象，是因为自从1994年Internet正式进入中国以来，互联网在过去二十多年间以爆炸式的速度发展。根据中国互联网络信息中心（CNNIC）发布的第三十五次《中国互联网发展状况统计报告》，截至2014年底中国网民数量已经突破6.49亿，其中手机网民5.57亿，互联网普及率为47.9%，人均周上网时长达26.1小时。无论是从互联网使用的广度还是深度来看，中国在各项观察指标上都已经成为名副其实的互联网"超级大国"（见图5.1）。

互联网时代的到来不仅深刻地改写着中国政治、经济、文化和社会格局，而且在信息渠道、公共领域和集体行动平台等方面重塑着"国家—社会"关系，尤其是给公民的政治参与模式带来了革命性变化。[①] 一方面，基于数字媒介的信息传播技术赋予个体行动者全新的沟通、组织和动员手段，有效地提高了公民的政治参与能力、丰富了公民的政治参与形式；另一方面，基于虚拟空间的网络互动平台在降低政治参与成本的同时极大地拓展了政治参与的

[①] Zheng, Yongnian and Guoguang Wu. 2005. "Information Technology, Public Space, and Colective Action in China." *Comparative Political Studies*, 38 (5): 507–536.

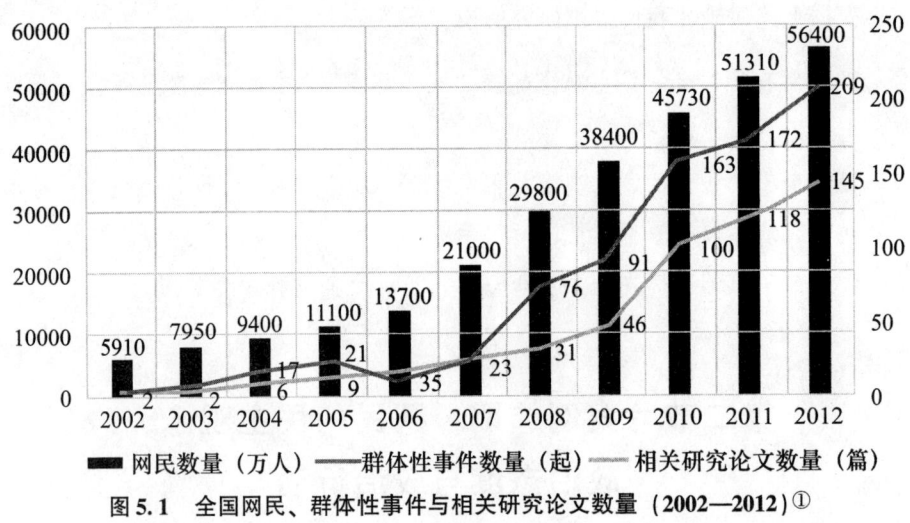

图 5.1　全国网民、群体性事件与相关研究论文数量（2002—2012）①

领域与范围，实现了"线上"与"线下"政治参与的互动甚至双向转化。对于中国政治发展而言，上述变化可谓一把双刃剑。一方面，以互联网为依托的有序政治参与为中国特色社会主义政治文明建设注入了全新的动力，比如近年来兴起的网民通过微博、BBS论坛、政府网站留言板、领导信箱等多种形式的网络问政、网络监督，为推进政府决策和管理的民主化、科学化发挥了积极作用；另一方面，作为新兴事物，互联网政治参与的制度化水平难以与其规模和膨胀速度相匹配，互联网本身的虚拟性、匿名性、无序性、开放性等特征决定了它存在负面隐患。无论是在"线上"制造与散播谣言、宣泄非理性情绪乃至实施网络暴力，还是在"线下"越级上访、游行示威乃至组织和参与群体性事件，互联网与非制度化政治参与的结合都给政治秩序带来了巨大的压力与挑战。近年来，从厦门"PX事件"到贵州瓮安、湖北石首、广东乌坎、四川什邡和江苏启东等一系列群体性事件，互联网在其中都扮演了舆情"助燃器"、事件升级"加速器"的角色。这意味着深化对互联网时

---

① 全国网民数据来源于中国互联网络信息中心（CNNIC）发布的历年《中国互联网发展状况统计报告》，参见http://www.cnnic.net.cn/hlwfzyj/hlwxzbg；群体性事件数据来源于中国社会科学院法学所研究团队的统计，其选取规则为规模百人以上且见诸媒体公开报道，参见李林、田禾：《法治蓝皮书：中国法治发展报告 No.12（2014）》，北京：社会科学文献出版社2014年版；研究论文数据来源于以"互联网"和"政治参与"为关键词的中国知网（CNKI）主题检索。

代网民非制度化政治参与行为的研究,分析其因果机制、厘清其特点、把握其趋势与规律,对于推进国家治理体系和治理能力的现代化、维护政治稳定与社会和谐具有十分重要的意义。

根据行动空间和组织化程度两个维度,我们可以将互联网时代的非制度化政治参与划分为"线上个体型"(online individual)、"线上群体型"(online collective)、"线下个体型"(offline individual)、"线下集体型"(offline collective)等四类(见表5.1)。一般来说,与主要以沟通或利益表达为行动取向的个体型非制度化政治参与相比,群体型非制度化政治参与由于其较高的组织化程度更容易演变为大规模的抗争运动;与主要发生在虚拟空间的线上非制度化政治参与相比,发生在现实世界的线下非制度化参与对政治秩序所造成的冲击更为直接和严重。因此,通过"分散化""虚拟化"的技术手段将非制度化政治参与控制在"个体"领域和"线上"领域,是互联网时代国家治理所追求的重要目标。① 然而令政府往往感到棘手的是:在不同类型的非制度化政治参与之间并不总是存在严格界限,其关系也并非简单地此消彼长,而是存在同时发生、相互促进或者在一定条件下互相转化的可能。② 鉴于此,本节的研究对象同时涵盖上述四类非制度化政治参与行为,在比较中考察其异同。

表5.1 互联网时代非制度化政治参与的类型学

组织化程度 \ 行动空间	虚拟空间	现实社会
低	线上个体型 (发帖批评政府)	线下个体型 (联系有影响力的人、媒体或社会组织)
高	线上群体型 (讨论集体行动)	线下群体型 (联名抵制、游行示威)

---

① King, Gary, Jennifer Pan and Margaret E. Roberts. 2014. "Reverse-engineering Censorship in China: Randomized Experimentation and Participant Observation". *Science*, 345 (6199): 1–10.

② Hirzalla, Fadi, and Liesbet Van Zoonen. 2011. "Beyond the Online/Offline Divide: How Youth's Online and Offline Civic Activities Converge." *Social Science Computer Review* 29 (4): 481–498.

关于互联网与非制度化政治参与之间的关系,学术界一直存在着"技术决定论"与"社会决定论"之争。① 前者强调互联网的技术属性,认为作为新技术的互联网在动员结构、政治机会和框架化工具等方面赋予了传统社会抗争新的动力。② 在这种观点看来,互联网不仅直接促成了大规模的线下抗争,而且其本身也成为了社会抗争的新场所、新平台③,因此对于非制度化政治参与而言,互联网所扮演的是"助推器"的角色。④ 与之相反,社会决定论则强调互联网的社会属性,认为互联网"内嵌"于特定社会结构之中。作为现实社会关系和社会网络在虚拟空间的延伸,互联网对非制度化政治参与的影响归根结底取决于"国家—社会"关系⑤、社会资本⑥等本来就已经存在的因素,而互联网本身并不必然带来非制度化政治参与。甚至,由于信息化过程中不可避免的"数字鸿沟",互联网还有可能降低普通网民参与政治的能力和意愿⑦,最终扮演非制度化政治参与"减压阀"的角色。

"助推器"也好"减压阀"也罢,"技术决定论"与"社会决定论"共同的问题在于着眼于宏观角度解读互联网与非制度化政治参与的关系,缺乏微观角度的细致分析。两种理论在现实中都能找到大量证据,说明互联网对非制度化政治参与影响机制的复杂性早已超出了"技术—社会"二分

---

① 尹冬华:《幻觉与现实:互联网在中国的民主功能》,载《经济社会体制比较》,2009 年第 1 期。

② Garrett, R. Kelly. (2006). "Protest in an information society: A review of literature on social movements and new ICTs". *Information, Communication & Society*, 9 (2): 202 – 224.

③ 参见 Earl, Jennifer. (2006) "Pursuing social change online the use of four protest tactics on the internet." *Social Science Computer Review* 24 (3): 362 – 377. Mercea, Dan. (2012). "Digital prefigurative participation: The entwinement of online communication and offline participation in protest events." *New Media & Society* 14 (1): 153 – 169. Bennett, W. Lance, Christian Breunig, & Terri Givens. (2008). "Communication and political mobilization: Digital media and the organization of Anti-iraq war demonstrations in the U. S.". *Political Communication*, 25 (3), 269 – 289.

④ Donk, Wim van de, Brian. D. Loader, Paul G. Nixon and Dieter Rucht. (2004). *Cyber protest: New Media, Citizens and Social Movements*. New York: Routledge.

⑤ Zheng, Yongnian. (2007). *Technological empowerment: The Internet, state, and society in China*. Stanford University Press.

⑥ Williams, Dmitri. (2007). "The impact of time online: Social capital and cyberbalkanization." *Cyber Psychology & Behavior* 10 (3): 398 – 406.

⑦ Jennings, M. Kent, and Vicki Zeitner. (2003). "Internet use and civic engagement: A longitudinal analysis." *Public Opinion Quarterly* 67 (3): 311 – 334.

法的解释能力。事实上，作为互联网的使用者和政治参与的行为主体，"人"恰恰是该复杂机制中最为关键的环节。一些研究者注意到，不同的人在互联网使用目的和信息偏好上的差异是影响其政治参与行为的根源。比如有学者指出，用户在使用互联网的时候具有不同的动机，只有以获取信息为目的的互联网使用才会促进网民的政治参与，而娱乐消遣类活动会抑制政治参与[1]；还有学者发现，在互联网中与他人互动频繁的用户更容易介入请愿、向政府写意见信等活动[2]；李亚妤探寻了影响网络政治参与的"互联网使用"和"网络社会交往"因素，发现上网时间、网络政治信息接触、社会网络规模、网络社区归属感、开放的人际讨论模式均对网络政治参与有着积极影响[3]；钟智锦对广州十所大学的 1017 名在校生的调查发现，收发电子邮件、网络聊天、社会性网络服务（SNS）等互联网使用偏好有助于拓展大学生的网络和现实社会资本，而玩网络游戏会侵蚀真实生活中的社会资本[4]；刘静等对北京大学在校生使用校内网的调查同样发现，社交型网站的使用强度与网络发起线下活动的参与意愿存在正相关性[5]。鉴于此，我们将互联网使用操作化为使用目的（社交型/自我型）和信息偏好（时政类/娱乐类）。

中国网民就诸多政治经济社会议题的争论或争吵随处可见，一些争论已经脱离理性的轨道，呈现出明显的分化，体现了不同价值观的激烈冲突。[6] 价值观的冲突引发意识形态争议是网民网络行为的一个方面；而另一方面，人

---

[1] Shah, Dhavan V., Jack M. McLeod, and So-Hyang Yoon. (2001). "Communication, context, and community: an exploration of print, broadcast, and internet influences." *Communication Research* 28 (4): 464 – 506.

[2] Weber, Lori M., Alysha Loumakis, and James Bergman. (2003). "Who participates and why? An analysis of citizens on the Internet and the mass public." *Social Science Computer Review* 21 (1): 26 – 42.

[3] 李亚妤：《互联网使用、网络社会交往与网络政治参与：以沿海发达城市网民为例》，载《新闻大学》，2011 年第 1 期。

[4] 钟智锦：《互联网对大学生网络社会资本和现实社会资本的影响》，载《新闻大学》，2015 年第 3 期。

[5] 刘静、杨伯溆：《校内网使用与大学生的互联网社会资本：以北京大学在校生的抽样调查为例》，载《青年研究》，2010 年第 4 期。

[6] 马得勇、王丽娜：《中国网民的意识形态立场及其形成：一个实证的分析》，载《社会》，2015 年第 5 期。

们自在的政治价值观形塑着人们使用互联网的方式,形塑着人们的网络政治参与方式和强度,最终形塑着网络政治行为的效力。但是,政治价值观依然有其限度,人们的行为并不完全受到价值观的支配,个人投入到抗争行动中,还会受到传统因素的影响,理性选择、社会经济地位模型、资源模型(比如时间和金钱)等都是政治参与的常规解释因素。就利益相关者理论而言,很多抗争行动的发生来源于利益受损者的不满,而政治价值观在其中的角色可能是影响行为的烈度。因而,政治价值观在影响抗争行为的作用中,可能并不统一连续,它的作用存在一个限度,也就是当抗争行为发生概率已然较高的条件下,政治价值观的影响可能会趋缓,甚至下降,其他更为关键的因素将主导抗争行为参与与否。或者政治价值观的转变会引发其他影响因素的变化,例如个人的政治效能感,随着个人的民主观念的生发,其政治效能感会下降,投入抗争行动的可能也就下降了。鉴于此,我们假设随着个人的政治价值观从威权价值观向民主价值观靠近,个人参加网络抗争的概率会先升高后下降。

第三节 实证分析:关系、机制与限度

本研究的因变量为非制度化政治参与,在问卷中"您在网上批评过政府官员或政策吗"代表线上个体型非制度化政治参与;"您在网上讨论过游行/静坐/示威/群体性事件吗"代表线上群体型非制度化政治参与;"您向上级政府领导/通过媒体/通过社会组织表达过自己的观点吗"代表线下个体型非制度化政治参与;"您在请愿书上签过名/参加过游行/静坐/示威/群体性事件吗"代表线下群体型非制度化政治参与。根据受访者对上述问题回答"是"或"否",分别建立四个0、1编码的二分变量。五组自变量包括网民的网络使用目的、网络信息偏好、特定型政治信任、弥散型政治信任和程序型民主观念。控制变量包括受访者性别(0=女,1=男)、年龄、教育程度等(见表5.2)。

第五章 观念、态度与行动：中国公众民主观念的影响

表 5.2 相关变量的描述统计 （N=1953）

变量	均值	标准差	回答率
因变量			
线上个体型	0.052	0.222	96.26
线上群体型	0.048	0.214	96.06
线下个体型	0.146	0.353	94.83
线下群体型	0.047	0.212	95.49
自变量1：网络使用目的			
社交型	1.579	1.324	98.11
自我型	1.675	1.340	98.11
自变量2：网络信息偏好			
时政类	1.980	1.241	86.28
娱乐类	0.420	0.494	86.28
自变量3：政治态度			
特定型政治信任	4.235	1.209	93.50
弥散型政治信任	5.932	1.533	89.86
程序型民主观念	5.822	1.286	91.30
控制变量			
性别	0.505	0.500	100
年龄	35.544	11.377	100
教育程度	11.583	3.555	97.34

1. 网络使用目的

在问卷中，"过去一周之内，您上网使用微信/阅读发送电子邮件/在社会化媒体如博客微博上发帖/接打电话/收发短信吗"代表社交型网络使用；"过去一周之内，您上网玩游戏/听音乐/看视频/购物/看电子书吗"代表自我型网络使用。二者的赋值规则为：受访者在每项中回答"是"记1分，回答"否"记0分，最终通过加总得到取值范围0—5的定距变量（interval variable）。

2. 网络信息偏好

在问卷中，"您在互联网上经常关注群体性事件/贪污腐败案件/政府政策/领导人动态的新闻吗"代表时政类网络信息偏好；"您在互联网上经常关

注名人八卦的新闻吗"代表娱乐类网络信息偏好。前者的赋值规则为：受访者在每项中回答"是"记1分，回答"否"记0分，最终通过加总得到取值范围0—4的定距变量；后者的赋值规则为：根据受访者回答"是"或"否"建立0、1编码的虚拟变量（dummy variable）。

3. 特定型政治信任

在问卷中对应的题目为"您在多大程度上信任县市政府/中央政府"，其赋值规则为：受访者回答"非常不信任""不太信任""比较信任""非常信任"依次记0—3分，最终通过加总得到取值范围0—6的定距变量。

4. 弥散型政治信任

在问卷中由以下两道题目组成："即使可以选择世界上任何国家，我也更愿意做中国公民"；"我国目前的政治制度是最适合中国国情的"。其赋值规则为：受访者回答"非常不同意""不太同意""中立""比较同意""非常同意"依次记0—4分，最终通过加总得到取值范围0—8的定距变量。

5. 程序型民主观念

在问卷中由以下两道题目组成："人们应该通过公开公正定期选举来选择领导人"和"人们应该享有言论游行示威自由"。赋值规则同"弥散型政治信任"。

一、界定影响关系：基于逻辑斯蒂回归模型

根据因变量的取值特征，本书采取二分类逻辑斯蒂回归（binary logistic regression）方法对网民的非制度化政治参与行为进行预测。逻辑斯蒂回归利用 Logistic 函数的特点，将事件发生的概率（p）进行 logit 转换，得到事件发生比（Ω）的自然对数，其表达公式如下：

$$\Omega = \frac{1-p}{p} = \frac{1}{1+e^{-(a+bx)}} - \left(1 - \frac{1}{e^{-(a+bx)}}\right) = e^{(a+bx)}$$

$$\text{logit } p = \ln(\Omega) = a + b_1 x_1 + b_2 x_2 + \cdots + b_i x_i$$

$$\text{logit（非制度化政治参与）} = a + b_1 \text{控制变量} + b_2 \text{网络使用目的} + b_3 \text{网络信息偏好} + b_4 \text{弥散型政治信任} + b_5 \text{特定型政治信任} + b_6 \text{程序型民主观念}$$

其中 a 为截距,代表 logit p 的基础水平;b 为斜率,表示在控制了其他变量的情况下,x 每变化一个单位时 logit p 的变化,其符号表示作用方向,绝对值表示变化的幅度。为了探寻互联网、政治态度对网民不同类型的非制度化政治参与的影响是否存在差别,笔者以四类非制度化政治参与为因变量,构建了四个 logistic 回归模型。表 5.3 报告了模型的回归结果。需要说明的是,由于 logistic 模型中的回归系数需要转换为发生比(odds ratio)才具有实际含义,下文对回归结果的分析主要是基于对发生比的解释。

表 5.3 网民四类非制度化政治参与的 binary logistc 回归模型

	模型 1		模型 2		模型 3		模型 4	
	线上个体型(N=1362)		线上群体型(N=1357)		线下个体型(N=1344)		线下群体型(N=1351)	
	回归系数	发生比	回归系数	发生比	回归系数	发生比	回归系数	发生比
网络使用目的								
社交型	0.447***	1.563	0.539***	1.714	0.523***	1.687	0.576***	1.779
自我型	-0.150	0.860	-0.156	0.855	-0.171*	0.843	0.040	1.040
网络信息偏好								
时政类	0.221*	1.248	0.266*	1.305	0.048	1.050	-0.102	0.903
娱乐类	-0.141	0.868	-0.241	0.786	0.012	1.012	0.040	1.041
政治态度								
特定型政治信任	0.583***	1.791	0.807***	2.241	0.458***	1.580	0.125	1.134
弥散型政治信任	-0.295***	0.745	-0.240**	0.787	-0.130*	0.878	-0.237**	0.789
程序型民主观念	0.213*	1.237	0.275*	1.317	-0.164*	0.849	-0.115	0.891
控制变量								
性别	-0.014	0.986	-0.152	0.859	0.141	1.152	0.577*	1.782
年龄	-0.022+	0.978	-0.038*	0.963	0.008	1.008	0.015	1.015
教育程度	0.003	1.003	-0.031	0.969	0.035	1.036	0.009	1.009
常数	-5.295***	0.005	-6.400***	0.002	-3.485***	0.031	-3.477**	0.031
-2 Log Likelihood	548.752		459.961		1109.337		508.222	
Cox&Snell R^2	0.055		0.076		0.103		0.043	
Chi^2	76.530***		106.634***		145.803***		59.809***	

注:*** 表示 0.005 的显著水平,** 表示 0.01 的显著水平,* 表示 0.05 的显著水平,+ 表示 0.1 的显著水平。

表5.3中四个模型的常数项（contants）都通过了显著性检验（p<0.01），说明我们选取的自变量对四类非制度化政治参与具有较强解释力。通过模型的比较，我们发现：第一，社交型网络使用显著地提高了网民非制度化政治参与的可能性（p<0.001）。具体来说，在过去一周之内上网使用过微信、阅读发送电子邮件、在博客微博上发帖、接打电话、收发短信的受访者卷入非制度化政治参与的概率是未使用者的1.56至1.78倍。网民的自我型网络使用对线下个体型非制度化政治参与具有一定的抑制作用（p<0.05），与其他类型参与行为的关系则未通过显著性检验。第二，时政类网络信息偏好提高了网民进行线上非制度化政治参与的可能性（p<0.05），但对线下非制度化政治参与的影响不确定；娱乐类网络信息偏好与四类非制度化政治参与不具有相关性。第三，网民的特定型政治信任与其线上个体型、线上群体型和线下个体型非制度化政治参与之间呈现"越信任，越参与"的正相关关系（p<0.001），这意味着，网民对中央政府和地方政府的政治信任是非制度化政治参与的重要心理前提。第四，网民的弥散型政治信任显著地抑制了四类非制度化政治参与。换言之，对"即使可以选择世界上任何国家我也更愿意做中国公民"和"我国目前的政治制度是最适合中国国情的"等表述认可程度越高，卷入非制度化政治参与的可能性越低。第五，"程序型"民主观念对线上参与和线下参与的影响方向并不一致。具体来说，对"人们应该通过公开公正定期选举来选择领导人"和"人们应该享有言论游行示威自由"等表述认可程度越高，线上参与的可能性越高（p<0.05），线下个体型参与的可能性却越低（p<0.05），线下群体型参与则不受其影响。第六，控制变量方面，年龄与线上非制度化政治参与呈负相关（p<0.1），对此可能的解释在于互联网使用上的代际鸿沟。性别、教育程度对非制度化政治参与的影响不显著。

二、解释因果机制：基于结构方程模型

为了进一步解释互联网、政治态度对网民非制度化政治参与行为因果机制，笔者基于本书的理论分析框架构建了两个结构方程模型（Structural Equation Model）。结构方程模型是将因子分析、路径分析、协方差分析等集成到一个模型中的线性统计技术，它利用最大似然估计的方法对测量模型和结构模

• 第五章 观念、态度与行动：中国公众民主观念的影响 •

型同时进行估计，其中路径分析可实现因果调节分析的估计。①

模型1的因变量为内生潜变量"线上非制度化政治参与"，由"线上发帖批评政府"和"线上讨论游行示威静坐或群体性事件"两个观测变量构成；模型2的因变量为"线下个体型非制度化政治参与"和"线下群体型非制度化政治参与"，分别由"联系上级官员、媒体或社会组织"和"参加游行示威静坐或群体性事件"等观测变量构成。② 我们在两个模型中均绘制了从四种互联网使用方式到三类政治态度的"一对一"路径，以及从政治态度到非制度化政治参与的"一对一"路径。图5.2报告了"带插补的最大似然法"（Maximum likelihood with missing values）拟合结果。图中所有的路径系数均为标准化系数，实线箭头代表正面影响，虚线箭头代表负面影响，考虑到模型的简洁，影响不显著的路径箭头从模型予以删除。

通过对图5.2的分析，我们主要有两方面的发现：一方面，在互联网使用与非制度化政治参与之间，网民政治态度的中介效应非常显著。社交型网络使用对网民的线上和线下非制度化政治参与既产生直接的促进效应，又通过强化特定型政治信任产生间接的促进效应；自我型网络使用会弱化网民的特定型政治信任和程序型民主观念，从而间接地抑制线上非制度化政治参与，同时自我型网络使用还会对网民的线下个体型非制度化政治参与产生直接的抑制效应；时政类网络信息偏好对网民的线上非制度化政治参与既产生直接促进效应，又通过强化网民的程序型民主观念产生间接的促进效应；而娱乐型网络信息偏好与政治态度、非制度化政治参与之间则不具有相关性。另一方面，对于不同类型的非制度化政治参与而言，网民政治态度的中介效应存在差异。除了弥散型政治信任对线上、线下非制度化政治参与均产生显著的抑制效应外，其他两类政治态度的影响方向与程度并不一致。具体来说，特定型政治信任对线上、线下个体型非制度化政治参与的抑制效应明显，但对线下群体型非制度化政治参与并不存在显著影响；而"程序型"民主观念在促进线上非制度化政治参与的同时，却抑制了线下个体型非制度化政治参与，对线下群体型非制度化政治参与也不存在显著影响。

---

① 参见吴明隆：《结构方程模型：AMOS的操作与应用》，重庆：重庆大学出版社2009年版。
② 由于在探索性分析中发现线下个体型与线下群体型两类非制度化政治参与的因子负载结果不理想，我们在模型2中并构建"线下非制度化政治参与"的聚合指标而是分别进行分析。

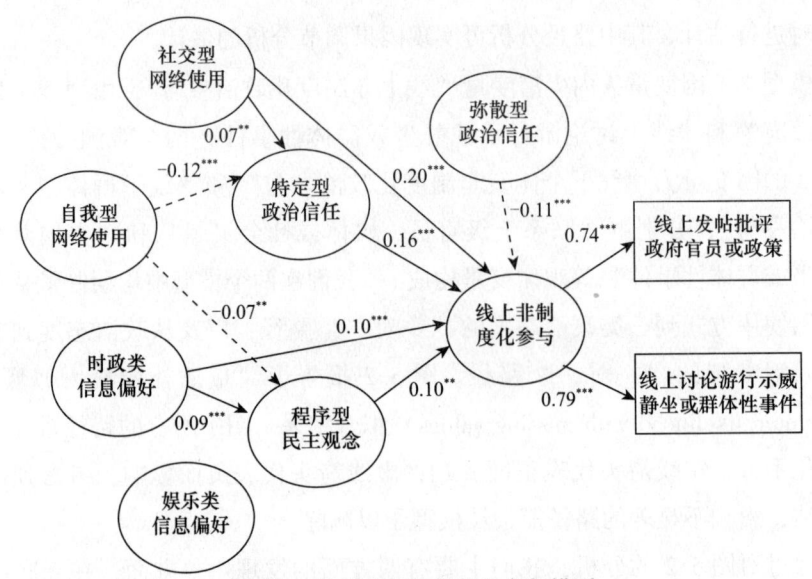

模型1 线上非制度化政治参与模型

LR Chi² = 190.124***, RMSEA = 0.102, AIC = 37228.567, BIC = 37439.537, CFI = 0.837

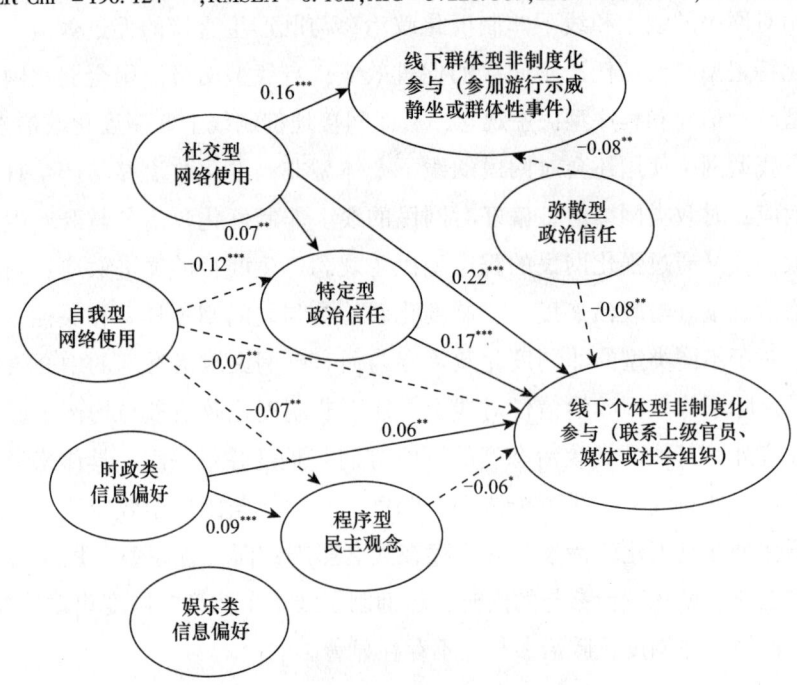

模型2 线下非制度化政治参与模型

LR Chi² = 620.97***, RMSEA = 0.281, AIC = 39601.801, BIC = 39880.657, CFI = 0.292

图 5.2 网民非制度化政治参与的结构方程模型（N = 1953）

• 第五章 观念、态度与行动：中国公众民主观念的影响 •

第四节 本章小结

对于个体观念与社会行动的关系，法国思想家弗耶利（Fouillé）曾有一段精彩的描述："作为我们的感觉和冲动所呈现出的知觉形式，每个观念不仅涵盖一种智力行为，而且涵盖知觉和意志的某种特定的方向。因此，对于社会亦如对于个体一样，每个观念均为一种力量，这种力量愈加趋向于实现其自身的目的。"① 在政治领域，民主观念就是一种趋于"实现其自身目的"的力量，它影响着人们的态度，进而塑造着人们的政治行动。本章利用2014年"互联网与社交媒体调查"数据，通过逻辑斯蒂回归模型、结构方程模型和广义倾向值匹配等研究方法，揭示了1953名全国代表性网民的民主观念对政治信任及四种不同类型的非制度化政治参与的影响，对影响的方向与影响的强度进行了比较，提出了对于因果机制的解释，并指出了这种影响的限度。

本章分析表明，偏"程序取向"的民主观念对网民的政治信任具有抑制效应，对网民的非制度化政治参与行为具有促进效应，假设5.1、假设5.2、假设5.3均成立。公众日益增长的对"程序取向"民主的观念认同以及对民主的价值追求，已经成为网络社会抗争行为产生和发展的社会心理与政治文化基础。不过，基于"民主观念"的网络抗争行为存在着一定的限度，这种限度除了来自政府和体制内的外在限制，如政府对互联网的管制行动、体制内传统媒体的议程设定能力等，更重要的是来自网民政治价值观的内在限制。尽管民主观念偏向"程序取向"的网民参与网络抗争行为的概率较高，但在当代中国，程序取向的民主观念尚不足以构成营造同质化网络抗争文化的决定性力量。更为关键的在于，我们发现当网民的"程序取向"民主观念达到一定水平后，他们在网络空间的抗争行动热度反而会呈现下降趋势，也就是说，民主观念对网民的非制度化政治参与行为的影响存在"阈值效应"。本章

---

① 转引自金观涛、刘青峰：《观念史研究：中国现代重要政治术语的形成》，北京：法律出版社2009年版，第3页。

的研究结论不仅拓宽了抗争政治研究对个体卷入非制度化政治参与行为的原因的认识，也加深了我们对政治参与心理机制的理解。"特定型政治信任促进非制度化政治参与"的结论挑战了传统研究思维，开启了我们对于"抗争政治"的新的认知视角。网民是基于对中央和地方政府的信任才进行非制度化政治参与的，说明他们对政府解决其面临的实际问题抱有非常高的期待，只是由于制度化的利益表达渠道缺失或阻塞，其政治参与才呈现出非制度化甚至"反体制"的特征；"弥散型政治信任抑制非制度化政治参与"的发现说明，转型期的政治秩序与社会稳定有赖于民族自豪感、身份归属感等政治心理层面因素的保障，如何在政治社会化的过程中强化公众的国家认同、体制认同是摆在执政者面前的重大课题；"程序型民主观念促进线上非制度化政治参与、抑制线下非制度化政治参与"则说明政治行动者的观念转化成行为、虚拟空间中的行为转化成现实世界中的行为受制于诸如资源、利益、机会、动员等结构性条件。

对于中国未来政治发展而言，上述理论发现具有不言而喻的实践寓意：首先，特定型政治信任对网民非制度化政治参与的促进效应意味着政府在国家治理的过程中不应该运用"零和博弈"的对抗性思维处理非制度化政治参与，而要通过提高对公众合理合法诉求的"回应性"来维护和培育公众对于中央和地方政府的信任，从而不断夯实合法性基础；其次，弥散型政治信任、程序型民主观念对非制度化政治参与的显著影响彰显了社会经济"话语"和"观念"的重要性，并启示我们必须在加强爱国主义教育的同时对公众的政治价值观进行正确引导，尤其是需要破除西方自由主义"程序型"民主观念的话语陷阱和理论迷思，加强社会主义核心价值观建设为现时期中国的政治秩序和社会稳定提供心理支撑与思想保障；最后，互联网本身并不必然带来抗争，其作用归根结底取决于人们为何使用以及如何使用它，因此面对信息化时代的到来，政府完全没有必要谈"网"色变，而是要积极主动运用互联网新技术，将公民的政治参与引导到制度化的渠道上来，以广泛且可控的公民参与构筑中国特色社会主义政治文明的民主之维。

结语　紧扣民心这个最大的政治

"物之不齐，物之情也。"各国国情不同，每个国家的政治制度都是独特的，都是由这个国家的人民决定的，都是在这个国家历史传承、文化传统、经济社会发展的基础上长期发展、渐进改进、内生性演化的结果。中国特色社会主义政治制度之所以行得通、有生命力、有效率，就是因为它是从中国的社会土壤中生长起来的。中国特色社会主义政治制度过去和现在一直生长在中国的社会土壤之中，未来要继续茁壮成长，也必须深深扎根于中国的社会土壤。

——习近平

在2014年9月5日召开的庆祝全国人民代表大会成立60周年大会上，习近平总书记用"橘生淮南则为橘，生于淮北则为枳"的典故深刻地阐述了"世界上不存在完全相同的政治制度，也不存在适用于一切国家的政治制度模式"的道理，明确指出："我们需要借鉴国外政治文明有益成果，但绝不能放弃中国政治制度的根本。中国有960多万平方公里土地、56个民族，我们能照谁的模式办？谁又能指手画脚告诉我们该怎么办？对丰富多彩的世界，我们应该秉持兼容并蓄的态度，虚心学习他人的好东西，在独立自主的立场上把他人的好东西加以消化吸收，化成我们自己的好东西，但决不能囫囵吞枣、决不能邯郸学步。照抄照搬他国的政治制度行不通，会水土不服，会画虎不成反类犬，甚至会把国家前途命运葬送掉。只有扎根本国土壤、汲取充沛养分的制度，才最可靠、也最管用。"① 什么是"中国政治制度的根本"？何谓"扎根本国土壤"？很显然，除了历史传承、文化传统、经济社会发展等客观层面的"国情"之外，主观维度的"民情""民意"或者说"民心"也是至关重要的，因为政治道路的选择和政治制度的设计，归根结底是由这个国家的人民决定的。尤其在"以人民为中心"的理念下，发展中国特色社会主义民主政治当然更离不开对民意维度的探究。只有准确把握中国公众的民主观念，民主政治建设才能紧扣住民心这个最大的政治。

那么，当代中国公众眼中民主的本质内容是什么？从整体的角度来看，基于何种内容的民主观念占据主导地位？除了主导型民主观念之外，目前中国公众的民主观念还有哪些类型？不同类型的民主观念又按照何种比例分布？当代中国公众的民主观念的结构性特征是一直存在，还是逐渐形成的？是一成不变，还是不断变化的？如果是变化的，那么变化的趋势和方向是什么？当代中国公众的民主观念究竟是处于铁板一块的状态，还是高度分化的？具体来说，不同身份（比如性别、职业、年龄、教育程度、社会阶层、政治代际、政治面貌、城市与农村、东部沿海与中西部）的个体在民主观念上是否存在差异？如果存在，差异的程度究竟如何？差异的背后又呈现出何种规律？当代中国公众民主观念所呈现的特征究竟是普遍的、特殊的抑或典型的？换言之，这些特征哪些为中国与其他国家和地区所共有，哪些为中国独特、独创和独有，哪些典型地代表了某种类型或规律？更进一步，那些典型性特征背后所反映的究竟是特定现代化发展阶段、特定政治制度抑或是特定政治文化对公众民主观念的影响？中国公众民主观念受到哪些因素的影响？具体来说，是哪些因素决定着中国公众民主观念的基本特征？是哪些因素导致了中国公众民主观念的个体间差异？又是哪些因素带来了中国公众民主观念的变化？从微观上看，不同的民主观念将如何影响个体政治行动者的政治态度和政治行为？宏观层面看，公众民主观念的态度后果和行为后果又会对中国政治发展产生何种影响？围绕这一系列问题，本书基于2002—2014年共14次全

---

① 习近平：《在庆祝全国人民代表大会成立60周年大会上的讲话》，北京：人民出版社2014年版，第15—16页。

国代表性样本调查数据，对中国公众民主观念的内容特征、变化趋势、社会分布、国际比较、形成原因、政治后果开展了描述性研究和解释性研究。

在事实层面，本书的主要发现包括以下四点：首先，"多维与复合"是中国公众民主观念的内容特征。对横截面数据的潜在类别分析表明，中国公众对民主内涵的理解是丰富的、多维的、复杂化的，其中既包含竞争性选举、自由权利等"程序"维度的内容，也包含经济平等、物质保障等"实质"维度的内容，两者参差交错、相伴相生，呈现复合形态。其次，"嬗递与传承"是中国公众民主观念的变化趋势。对纵贯数据的趋势分析表明，中国公众民主观念既呈现出"能力由低到高""内容由单一到多维"等嬗递性，也呈现出"分布比例相对稳定""实质取向始终占据主导地位""实质取向与程序取向同步消长"等传承性。再次，社会分布方面，中国公众的民主观念呈现出"在同质与分化之间"的复杂性。作为集合概念，公众民主观念在整体上呈现同质性的同时也基于个体的性别、年龄、世代、阶层、职业、城乡、教育、政治面貌、地域等身份差异分化为形形色色的"亚类型"。最后，全球比较方面，中国公众民主观念呈现出"在普遍与特殊之间"的典型性。与其他国家和地区相比，中国公众民主观念的"程序取向"偏弱、"实质取向"偏强、"无内容"比例偏高，上述特点与发展中，"儒家文化圈"的国家和地区趋同，反映了特定的现代化发展阶段、政治制度和政治文化传统对公众民主观念的影响。

在解释层面，本书对中国公众民主观念形成原因提出了"理性增量—文化存量—政治社会化过程"的系统性解释框架。在"理性增量"方面，改革开放以来的经济现代化、社会现代化和政治现代化，分别构成了中国公众民主观念生成和演变的物质基础、利益结构和制度空间；在"文化存量"方面，以"治理绩效"为核心的古代民本观念、以"救亡图存"为核心的近代民主观念和以"人民民主专政"为核心的中国共产党人的民主观念，共同构成了中国公众认识和理解民主的文化心理根源；在"政治社会化过程"方面，无论是"理性增量"还是"文化存量"都需要通过学校教育、大众媒介等政治社会化渠道对公众民主观念发挥影响，最终实现官方、学术界与公众民主观念的耦合。基于上述解释框架构建的逻辑斯蒂回归模型表明，理性因素对公众民主观念的影响在逐渐强化、传统政治文化因素的影响在逐渐消退，政治社会化因素在理性因素与文化因素"此消彼长"的过程中发挥着明显的中介效应。另外，本书对中国公众民主观念的政治后果提出了"观念—态度—行为"的分析框架，即不同的民主观念会导致人们政治态度的差异，进而导致不同的政治行为模式。以全国网民样本为研究案例，本书发现民主观念越偏"程序取向"的受访者对中央政府和基层政府的政治信任程度越低，卷入抗议、游行或群体性事件等非制度化政治参与行为的可能性越高，但"程序取向"的民主观念与抗争政治之间并非线性相关关系，而是存在先升后降的"阈值效应"。

本书在理论上尝试突破西方政治学界流行的民主研究范式。

首先，在类型学方面，本书试图超越狭隘的"程序—实质"二分法。目前西方政治学研究中占据主流地位的"程序—实质"二分法存在严重的价值偏见，典型表现就是认为只有程序型民主观念才是正确的，而实质型民主观念属于"错误的民主观"。这种带有鲜明的"历史终结论"和"自由民主必胜论"色彩的研究在经验层面已经遭受到越来越多的质疑与挑战。因为二分法从根本上否定了民主的广义性。作为"本质争议性"概念，民主在理论上应该是包容、折中、调和的，而不应该是"程序—实质"二元对立的矛盾体；作为"近似值"，民主在价值上应该是超越左与右的，在实现形式上应该是丰富多样的。

其次，在变化趋势方面，本书试图超越民主化理论的"传统—现代"二分法。在民主化理论看来，自由民主是历史发展的最终归宿，民主化是不可抗拒的世界潮流。在这种思维方式的支配下，所谓"现代"的民主观念不仅是民主化带来的必然结果，而且是进一步民主化的观念动因。民主化理论秉承的显然是一种进步主义的历史观，其潜在的预设在于历史是从传统走向现代的线性发展过程，依照这种逻辑当代中国公众多维复合民主观念的本质就是一种过渡性的政治文化，过渡状态是不稳定的，它终将走向某种单维的、纯粹的状态。但本书认为，中国公众民主观念的变化是嬗递与传承的结合。既然延绵亘久的历史传统是民主观念拓新的基础，那么当代中国人对民主的理解与诉求就只能在历史文化传统的结构性制约下渐进地、因时制宜地更新，而不能割裂传统与现代的关系。

再次，在全球比较方面，本书试图纠正"普遍—特殊"二分法的思维弊端。在普世主义看来，人们对民主的认同与追求是超越地理、制度、文化或社会发展阶段的特殊性的，中国公众的民主观念只是不同国别和地区所构成的"总体"当中的一个代表性样本而已，它的特征、变化与分布状况所反映的是普遍规律。特殊主义则针锋相对地指出，历史的背后并不存在客观的法则、超越的意志或普遍的人性，因此它特别强调中国的独特性。本书将研究视角转向"典型性"。一方面阐明中国公众民主观念的鲜明特征，另一方面通过比较研究揭示这些特征背后蕴含的一般规律。

最后，在发生学方面，本书试图跳出"理性—文化"二分法的理论窠臼。理性主义与文化主义研究路径的分野在一定程度上遮蔽了公众民主观念更深层次的形成原因。本书将基于中国的特定语境，寻找理性因素和文化因素影响公众民主观念共同的中观机制，通过对政治社会过程的分析，解决"理性—文化"二分法下的路径隔离问题，为公众民主观念的形成原因提出更加全面和系统的解释。

"哲学家们只是用不同的方式解释世界，而问题在于改变世界"①，本书在实践上尝试从"民情"的角度为中国特色社会主义民主政治建设建言献策。问题是时代的声音，人心是最大的政治，正确的政治实践必须以正确的政治观念为指引。尽管中国特色社会主义民主政治建设历经四十年的发展业已取得了长足进步和辉煌成就，但中国的民主政治建设还有很长的路要走，人民当家作主的制度体系仍然存在有待健全的空间，需要我们通过不断深化的政治体制改革去推进，但问题的关键不在于"要不要搞民主"，而在于"什么是民主""怎么搞民主"。如果把西方自由主义民主观念奉为圭臬，当然只有"竞争性选举""政党轮替"才算民主，那么循着这种逻辑给中国政治改革开出的"药方"必然是践行"西式民主"。然而，那些践行"选举式民主"的所谓"第三波民主化"的国家和地区，陷于国家治理失效、出现周期性政治动荡和社会失序的案例不胜枚举，而实现优良治理的案例少之又少。西式民

---

① 《马克思恩格斯选集》第一卷，北京：人民出版社2012年版，第136页。

主化的困境让我们不得不思考中国民主政治的未来：民主无疑是人类值得追求的善业之一，但我们的社会主义民主政治建设究竟是为了满足少数人的理想，还是为了回应广大人民群众对民主的真实诉求？是削足适履地迎合西方人制定的"国际标准"，还是坚持以人民的利益为导向？相信具备理性精神和审慎态度的人都会毫不犹豫地选择后者。

"在程序与实质之间"的民主观念凸显了中国公众民主观念的复杂性，这种复杂性既是改革开放以来中国特色社会主义民主政治建设在多个领域取得突破和进展的客观反映，也预示着我国未来的民主政治建设必须立足国情民意，兼顾不同维度的民主诉求；"在嬗递与传承之间"的民主观念意味着中国的民主政治发展只能在中国人对民主的理解与诉求的基础上更新和重塑民主观念，渐进地、因时制宜地添加现代民主政治的因素，而不能割裂"变"与"常"的关系；"在普遍与特殊之间"的民主观念意味着中国民主政治的发展不仅要广泛吸收和积极借鉴人类现代政治文明的优秀成果，而且要依托和立足于本土经验与历史文化，不能搞超越发展阶段的"大跃进"，尤其是不能从已经进入"后物质主义"时代的西方照搬经验、进行制度移植。总之，中国公众民主观念的实证研究启示我们，中国特色社会主义民主政治建设应当在推进国家治理能力和治理体系现代化的过程中采取综合协调战略统筹民主的"程序"维度与"实质"维度，最终实现民主价值与民主形式的多元整合。

当然，作为对公众民主观念实证研究的一项初步探索，本书还存在诸多不足之处：首先，笔者尝试对现代化理论、民主化理论的诸多经典命题提出挑战，但这种挑战仍然停留在实证层面，在规范层面仍然需要更加扎实的理论建构；其次，本书的研究设计是笔者独立提出的，但运用的数据资料事实上是二手的，因此笔者只能尽可能"巧妙地"借用在不同的理论观点指引和不用研究设计思路下获得的数据资料论证本书的核心观点，而缺乏依据独立研究设计对核心假设进行系统性验证的机会；再次，本书试图以"复合型民主观"破除"程序取向"与"实质取向"之间的对立，但"多维复合"作为独立类型民主观念的客观存在并不妨碍人们按照"程序—实质"二分法的思路认识民主，因此需要进一步思考和阐发"复合型民主观"的理论意义；最后，由于强调研究框架的完整性，本书目前议题过多、论域过宽，对民主观念的诸多具体问题的讨论不够细致和深入。鉴于此，本书今后的拓展方向包括：在夯实规范研究的基础上深入挖掘经验研究的理论意义；寻找自主实施专题调查的机会，重新设计问卷、确立测量指标；聚焦具体问题，推动研究向精致化、深入化的方向发展。

参考文献

一、中文文献

（一）文献

《马克思恩格斯全集》第 26 卷，北京：人民出版社 2014 年版。
《马克思恩格斯文集》第 1 卷，北京：人民出版社 2009 年版。
《马克思恩格斯文集》第 10 卷，北京：人民出版社 2009 年版。
《马克思恩格斯选集》第 1 卷，北京：人民出版社 2012 年版。
《马克思恩格斯选集》第 2 卷，北京：人民出版社 2012 年版。
《马克思恩格斯选集》第 4 卷，北京：人民出版社 2012 年版。
《马克思恩格斯全集》第 3 卷，北京：人民出版社 2002 年版。
《列宁专题文集（论无产阶级政党）》，北京：人民出版社 2009 年。
《毛泽东文集》第二卷，北京：人民出版社 1993 年版。
《毛泽东文集》第三卷，北京：人民出版社 1996 年版。
《毛泽东选集》第二卷，北京：人民出版社 1991 年版。
《毛泽东选集》第三卷，北京：人民出版社 1991 年版。
《毛泽东选集》第四卷，北京：人民出版社 1991 年版。
《江泽民论有中国特色社会主义（专题摘编）》，北京：中央文献出版社 2002 年版。
《建党以来重要文献选编（1921—1949）》第五册，北京：中央文献出版社 2011 年版。
《建党以来重要文献选编（1921—1949）》第一册，北京：中央文献出版社 2011 年版。

《建国以来重要文献选编》第一册，北京：中央文献出版社 1992 年版。

《三中全会以来重要文献选编》下，北京：人民出版社 1982 年版。

《十二大以来重要文献选编》上，北京：人民出版社 1986 年版。

《十三大以来重要文献选编》上，北京：人民出版社 1991 年版。

《十六大以来重要文献选编》下，北京：中央文献出版社 2008 年版。

《十八大以来重要文献选编》上，北京：中央文献出版社 2014 年版。

《十八大以来重要文献选编》中，北京：中央文献出版社 2016 年版。

蔡和森：《蔡和森文集》，北京：人民出版社 1980 年版。

陈独秀：《陈独秀文集》第一卷，北京：人民出版社 2013 年版。

陈独秀：《陈独秀文章选编》上，北京：生活·读书·新知三联书店 1984 年版。

孙中山：《三民主义》，长沙：岳麓书社 2000 年版。

孙中山：《孙中山全集》第九卷，北京：人民出版社 2011 年版。

（二）专著

董雅华：《知识、信仰、现代化：中国政治社会化中的高等教育》，上海：复旦大学出版社 2005 年版。

风笑天：《社会调查中的问卷设计》，天津：天津人民出版社 2002 年版。

冯天瑜：《新语探源：中西日文化互动与近代汉字术语生成》，北京：中华书局 2004 年版。

冯天瑜：《中华元典精神》，上海：上海人民出版社 1994 年版。

郭沫若：《沫若文集》，北京：人民文学出版社 1959 年版。

郭嵩焘：《郭嵩焘日记》，长沙：湖南人民出版社 1980 年版。

郭中军：《中国的选举民主》，上海：学林出版社 2014 年版。

黄克武：《近代中国转型时期的民主观念》，见许纪霖等编：《现代中国思想的核心观念》，上海：上海人民出版社 2011 年版。

江荣海《传统的拷问：中国传统政治文化的现代化研究》，北京：北京大学出版社 2011 年版。

蒋德海：《法政治学要义》，北京：社会科学出版社2014年版。

金观涛、刘青峰：《观念史研究：中国现代重要政治术语的形成》，北京：法律出版社2009年版。

金耀基：《从传统到现代》，北京：中国人民大学出版社1999年版。

康有为：《孟子微》，北京：中华书局1987年版。

课程教材研究所等编：《思想品德》八年级下册，北京：人民教育出版社2013年版。

课程教材研究所等编：《思想品德》九年级全一册，北京：人民教育出版社2013年版。

课程教材研究所等编：《品德与社会》五年级上册，北京：人民教育出版社2013年版。

李大钊：《李大钊文集》（下卷），北京：人民出版社1984年版。

李大钊：《李大钊文集》第二卷，北京：人民出版社1999年版。

李林、田禾：《法治蓝皮书：中国法治发展报告No.12（2014）》，北京：社会科学文献出版社2014年版。

李泽厚：《20世纪初中国资产阶级革命派思想论纲》，载李泽厚：《李泽厚集》，哈尔滨：黑龙江教育出版社1988年版。

梁启超：《梁启超全集》第四卷，北京：北京出版社1999年版。

梁启超：《先秦政治思想史》，北京：东方出版社1996年版。

梁漱溟：《中国文化要义》，上海：上海人民出版社2005年版。

刘泽华主编：《中国传统政治思维》，长春：吉林教育出版社1991年版。

卢春龙：《中国新兴中产阶级的政治态度与行为》，北京：知识产权出版社2011年版。

闾小波：《近代中国民主观之生成与流变》，南京：江苏人民出版社2012年版。

闵琦：《中国政治文化——民主政治难产的社会心理因素》，昆明：云南出版社1989年版。

邱皓政：《潜在类别模型的原理与技术》，北京：教育科学出版社2008年版。

孙龙:《公民参与:北京城市居民态度与行为实证研究》,北京:中国社会科学出版社 2011 年版。

童世骏:《中国现代思想史上的"民主"观念:一个以李大钊为主要文本的讨论》,载杨国荣主编:《中国现代化进程的人文向度》,上海:华东师范大学出版社 2006 年版。

王沪宁:《政治的逻辑:马克思主义政治学原理》,上海:上海人民出版社 2004 年版。

吴明隆:《结构方程模型:AMOS 的操作与应用》,重庆:重庆大学出版社 2009 年版。

西北五省区编纂领导小组、中央档案馆编:《陕甘宁边区抗日民主根据地:文献卷》下册,北京:中共党史资料出版社 1990 年版。

熊月之:《中国近代民主思想史》,上海:上海人民出版社 1986 年版。

薛福成:《出使四国日记》,长沙:湖南人民出版社 1981 年版。

杨光斌等:《中国民主:轨迹与走向(1978—2020)》,北京:中国社会科学出版社 2016 年版。

余英时:《现代儒学的回顾与展望》,北京:生活·读书·新知三联书店 2004 年版。

虞崇胜:《政治文明论》,武汉:武汉大学出版社 2003 年版。

曾毅:《政体新论:破解民主—非民主二元政体观的迷思》,北京:中国社会科学出版社 2015 年版。

张分田:《民本思想与中国古代传统思想》,天津:南开大学出版社 2009 年版。

张灏:《幽暗意识与民主传统》,北京:新星出版社 2006 年版。

张昆:《大众媒介的政治社会化功能》,武汉:武汉大学出版社 2003 年版。

张明澍:《中国"政治人":中国公民政治素质调查报告》,北京:中国社会科学出版社 1994 年版。

张明澍:《中国人想要什么样的民主》,北京:社会科学文献出版社 2013 年版。

赵元任：《语言问题》，台北：商务印书馆1968年版。

邹谠：《二十世纪中国政治：从宏观历史和微观行动的角度看》，香港：牛津大学出版社1994年版。

［德］哈贝马斯：《公共领域的结构转型》，曹卫东等译，上海：学林出版社1999年版。

［法］托克维尔：《论美国的民主》（上），董果良译，北京：商务印书馆1997年版。

［美］艾尔·巴比：《社会研究方法》，邱泽奇译，北京：华夏出版社2009年版。

［美］爱德华·W. 萨义德：《东方学》，王宇根译，北京：生活·读书·新知三联书店1999年版。

［美］本杰明·巴伯：《强势民主》，彭斌等译，长春：吉林人民出版社2006年版。

［美］戴维·伊斯顿：《政治生活的系统分析》，王浦劬译，北京：华夏出版社1999年版。

［美］道格拉斯·拉米斯：《激进民主》，刘元琪译，北京：中国人民大学出版社2008年版。

［美］狄百瑞：《亚洲价值与人权：儒家社群主义的视角》，尹钛译，北京：社科文献出版社，2012年版。

［美］吉尔伯特·罗兹曼主编：《中国的现代化》，南京：江苏人民出版社2005年版。

［美］加里布埃尔·A. 阿尔蒙德、西德尼·维巴：《公民文化：五个国家的政治态度和民主制》，北京：东方出版社2008年版。

［美］加里布埃尔·A. 阿尔蒙德、小G. 宾厄姆. 鲍威尔：《比较政治学：体系、过程和政策》，曹沛霖等译，上海：上海译文出版社1987年版。

［美］卡罗尔·佩特曼：《参与和民主理论》，陈尧译，上海：上海人民出版社2006年版。

［美］柯文：《在中国发现历史：中国中心观在美国的兴起》，林同奇译，北京：中华书局2002年版。

［美］鲁恂·W. 派伊:《政治发展面面观》，任晓等译，天津：天津人民出版社 2009 年版。

［美］路易斯·亨利·摩尔根:《古代社会》，杨东莼等译，北京：商务印书馆 1997 年版。

［美］罗伯特·D. 帕特南:《使民主运转起来：现代意大利的公民传统》，北京：中国人民大学出版社，2015 年版。

［美］罗伯特·达尔:《多头政体：参与和反对》，刘惠荣等译，北京：商务印书馆 2003 年版。

［美］罗伯特·达尔:《民主及其批评者》，曹海军、佟德志译，长春：吉林人民出版社 2006 年版。

［美］罗伯特·达尔:《民主理论的前言》，顾昕等译，北京：生活·读书·新知三联书店 2000 年版。

［美］马丁·李普塞特:《政治人：政治的社会基础》，张绍宗译，上海：上海人民出版社 1997 年版。

［美］迈克尔·布林特:《政治文化的谱系》，卢春龙等译，北京：社会科学文献出版社 2013 年版。

［美］墨子刻:《摆脱困境：新儒学与中国政治文化的演进》，颜世安等译，南京：江苏人民出版社 1996 年版。

［美］诺瓦尔·D. 格伦:《世代分析》，於嘉译，上海：格致出版社 2012 年版。

［美］乔万尼·萨托利:《民主新论》，冯克利等译，北京：东方出版社 2009 年版。

［美］任达:《新政革命与日本：中国，1898—1912》，李仲贤译，南京：江苏人民出版社 1998 年版。

［美］萨缪尔·P. 亨廷顿、琼·纳尔逊:《难以抉择：发展中国家的政治参与》，汪晓寿等译，北京：华夏出版社 1989 年版。

［美］萨缪尔·P. 亨廷顿:《变化社会中的政治秩序》，王冠华译，上海：上海人民出版社 2008 年版。

［美］萨缪尔·P. 亨廷顿:《第三波：20 世纪后期民主化浪潮》，刘军宁

译，上海：上海三联出版社 1998 年版。

［美］塔尔科特·帕森斯：《社会行动的结构》，张明德等译，南京：译林出版社 2003 年版。

［美］唐文方：《中国民意与公民社会》，胡赣栋等译，广州：中山大学出版社 2008 年版。

［美］亚当·普热沃尔斯基：《资本主义与社会民主》，丁韶彬等译，北京：中国人民大学出版社 2012 年版。

［美］亚当·普沃斯基：《民主与市场：东欧与拉丁美洲的政治经济改革》，包雅钧等译，北京：北京大学出版社 2005 年版。

［美］约翰·邓恩：《让人民自由：民主的历史》，尹钛译，北京：新星出版社 2010 年版。

［美］约翰·罗尔斯：《正义论》，何怀宏等译，北京：中国社会科学出版社 1988 年版。

［美］约瑟夫·列文森：《儒教中国及其现代命运》，郑大华等译，南宁：广西师范大学出版社 2009 年版。

［美］约瑟夫·熊彼特：《资本主义、社会主义与民主》，吴良健译，北京：商务印书馆 1999 年版。

［美］詹姆斯·R. 汤森、布兰特利·沃马克：《中国政治》，顾速译，南京：江苏人民出版社 2003 年版。

［日］川尻文彦：《"民主"与 democracy：中日之间的"概念"关联与中国近代思想》，载孙江主编：《新史学（第二卷）：概念、文本、方法》，北京：中华书局 2008 年版。

［英］戴维·赫尔德：《民主的模式》，燕继荣等译，北京：中央编译出版社 2008 年版。

［英］路德维希·维特根斯坦：《哲学研究》，陈嘉映译，上海：上海人民出版社 2005 年版。

（三）论文

［瑞典］斯蒂芬·乔森：《普世主义的意识形态》，孙海洋译，载《国外

理论动态》，2012 年第 6 期。

陈独秀：《本志罪案之答辩书》，载《新青年》，1919 年 1 月 15 日。

陈独秀：《实行民治的基础》，载《新青年》，1919 年 12 月 1 日。

陈家刚：《我国地方官员关于协商民主的认知与态度》，载《学习时报》，2015 年 12 月 17 日第 4 版。

陈力卫：《近代中日概念的形成及其相互影响：以"民主"与"共和"为例》，载《东亚观念史集刊》，2011 年第 1 期。

陈曙光：《论马克思主义民主观》，载《马克思主义研究》，2015 年第 5 期。

池上新：《市场化、政治价值观与中国居民的政府信任》，载《社会》，2015 年第 2 期。

范雷：《80 后的政治态度：目前中国人政治态度的代际比较》，载《江苏社会科学》，2012 年第 3 期。

方维规：《"议会"、"民主"与"共和"概念在西方与中国的嬗变》，载《二十一世纪》，2004 年第 2 期。

管怀伦：《"民主集中制"并非列宁首创考》，载《江苏社会科学》，2004 年第 6 期。

郭正林：《当代中国农民政治态度的定量研究》，载《学术研究》，2005 年第 5 期。

何包钢、郎友兴：《村民选举中的竞争：对浙江个案的分析》，载《华中师范大学学报（人文社会科学版）》，2000 年第 5 期。

何俊志：《何种民主？谁更重要——基于地方官员问卷调查结果的分析》，载《经济社会体制比较》，2016 年第 5 期。

何显明：《基于有效治理的复合民主：中国民主成长的可能方式》，载《浙江社会科学》，2011 年第 8 期。

姜辉、赵培杰：《树立科学的马克思主义民主观》，载《政治学研究》，2010 年第 3 期。

李海青：《广义民主论：构建中国特色社会主义民主话语的一种尝试》，载《上海师范大学学报（哲学社会科学版）》，2015 年第 5 期。

李君如：《协商民主在中国——中国特色协商民主的理论思考》，载《中共天津市委党校学报》，2014年第4期。

李路路、钟智锋：《分化的后权威主义：转型期中国社会的政治价值观及其变迁分析》，载《开放时代》，2015年第2期。

李亚妤：《互联网使用、网络社会交往与网络政治参与：以沿海发达城市网民为例》，载《新闻大学》，2011年第1期。

梁玉成：《现代化转型与市场转型混合效应的分解：市场转型研究的年龄、时期和世代效应模型》，载《社会学研究》，2007年第4期。

林尚立：《复合民主：人民民主在中国的实践形态》，载《复旦政治学评论》，2011年第5期。

刘静、杨伯溆：《校内网使用与大学生的互联网社会资本：以北京大学在校生的抽样调查为例》，载《青年研究》，2010年第4期。

刘瑜：《当我们谈论文化时，是在谈什么》，载《读书》，2013年第9期。

卢春龙：《新兴中产阶层对民主价值的理解：立足中国国情的民主价值观》，载《政治学研究》，2014年第1期。

闾小波：《化理念为制度——民本主义转化为社会公正的路径探索》，载《吉林大学社会科学学报》，2013年第1期。

马丹、袁浩：《城市居民的政治信任、民主观念与政治绩效：一项基于社会的因果模型分析》，载《社会学》，2011年第4期。

马得勇、王丽娜：《中国网民的意识形态立场及其形成：一个实证的分析》，载《社会》，2015年第5期。

马得勇、王正绪：《竞争与参与：中国乡镇民主发展评估》，载《政治学研究》，2012年第4期。

马岭：《当代大学生民主观念之透视：一次关于民主的"模拟实验"》，载《中国青年政治学院学报》，2002年第1期。

彭国胜：《政治文化与城乡居民的体制外抗争》，载《华南农业大学学报（社会科学版）》，2015年第1期。

任强、谢宇：《对纵贯数据统计分析的认识》，载《人口研究》，2011年第6期。

肃草：《西方民主测量的局限性和迷惑性：概述与分析》，载《国外社会科学》，2013年第6期。

唐皇凤：《变革型政党：对中国执政党建设历史经验与未来愿景的一种理论解读》，载《武汉大学学报（哲学社会科学版）》，2013年第3期。

唐文方：《中共党员群体特征及政治态度分析》，载《中国治理评论》，2012年第1期。

佟德志：《中国式民主的内在复合结构与战略选择》，载《武汉大学学报（哲学社会科学版）》，2010年第5期。

王沪宁：《转变中的中国政治文化结构》，载《复旦学报（社会科学版）》，1988年第3期。

王丽萍、方然：《参与还是不参与：中国公民政治参与的社会心理分析》，载《政治学研究》，2010年第2期。

王宁：《代表性还是典型性？个案的属性与个案研究方法的逻辑基础》，载《社会学研究》，2002年第5期。

王绍光：《代表型民主与代议型民主》，载《开放时代》，2014年第2期。

吴鲁平、彭冲：《我国大学生对民主看法的研究：对北京市1295名大学生的调查分析》，载《中国青年政治学院学报》，2013年第1期。

肖唐镖、王艳军：《地方干部的民主价值观：类型与结构特征——对1456个地方干部的问卷分析》，载《政治学研究》，2017年第2期。

肖唐镖、余泓波：《农民政治价值观的变迁及其影响因素：五省（市）60村的跟踪研究（1999—2011）》，载《华中师范大学学报（人文社会科学版）》，2014年第1期。

谢秋山、许源源：《"央强地弱"政治信任结构与抗争性利益表达方式：基于城乡二元分割结构的定量分析》，载《公共管理学报》，2012年第4期。

熊光清：《中国公民政治效能感的基本特征及影响因素分析：基于五省市的实地调查》，载《马克思主义与现实》，2014年第2期。

徐湘林：《把政治文化找回来："公民文化"的理论与经验反思》，载《政治学研究》，2012年第1期。

许纪霖：《普世文明，还是中国价值：近十年中国的历史主义思潮》，载

《开放时代》，2012年第5期。

许耀桐：《民主是社会主义固有的东西——马克思主义政治学学习笔记》，载《北京行政学院学报》，2007年第5期。

颜德如：《近代中国人对"民主"的七种理解》，载《黑龙江社会科学》2010年第3期。

燕继荣：《两种民主观和民主理念的现代性变革》，载《学习与探索》，2002年第2期。

杨光斌：《民主观：二元对立或近似值》，载《河南大学学报》，2012年第5期。

尹冬华：《幻觉与现实：互联网在中国的民主功能》，载《经济社会体制比较》，2009年第1期。

于幼军：《马克思主义民主理论的基本内涵——读书札记》，载《学术研究》，2014年第1期。

赵孟营等：《现代公民意识的觉醒：北京市公民的政治价值观报告》，载《中国特色社会主义研究》，2009年第2期。

钟智锦：《互联网对大学生网络社会资本和现实社会资本的影响》，载《新闻大学》，2015年第3期。

朱芳芳、陈家刚：《协商民主：替代性选择？——基于地方官员问卷调查结果的分析》，载《马克思主义与现实》，2016年第4期。

二、英文文献

（一）专著

Almond, Gabriel A. and Coleman, James S. 1960. *The Politics of the Developing Areas*. Princeton: Princeton University Press.

Apter, David Ernest. 1967. *The Politics of Modernization*. Chicago: University of Chicago Press.

Black, Cyril Edwin. 1967. *The Dynamics of Modernization: A Study in Comparative History*. New York: Harper & Row.

Camp, Roderic A. 2001. *Citizen Views of Democracy in Latin America*. Pittsburgh: University of Pittsburgh Press.

Charles Taylor, 1999. *Hegel and Mordern Society*. Cambridge: Cambridge University Press.

Chen, Jie. 2013. *A Middle Class Without Democracy: Economic Growth and the Prospects for Democratization in China*. New York: Oxford University Press.

Donk, Wim van de, Brian. D. Loader, Paul G. Nixon and Dieter Rucht. (2004). *Cyber protest: New Media, Citizens and Social Movements*. New York: Routledge.

Easton, David, and Jack Dennis. 1980. *Children in The Political System: Origins of Political Legitimacy*. New York: McGraw-Hill Book Company.

Eisenstadt, Shmuel Noah. 1966. *Modernization: Protest and Change*. Englewood Cliffs: Prentice-Hall.

Hess, Robert Daniel, and Judith V. Torney-Purta. 2005. *The Development of Political Attitudes in Children*. Livingston: Transaction Publishers.

Huntington, Samuel P. 1968. *Political Order in Changing Societies*. New Haven: Yale University Press.

Inglehart, Ronald, and Christian Welzel. 2005. *Modernization, Cultural Change, and Democracy: The Human Development Sequence*. Cambridge: Cambridge University Press.

Lerner, Danniel. 1958. *The Passing of Traditional Society: Modernizing the Middle East*. New York: Free Press.

Levine, Rhonda F. 1998. *Social Class and Stratification: Classic Statements and Theoretical Debates*. Lanham: Rowman & Littlefield.

Levy, Marion Joseph. 1966. *Modernization and the Structure of Societies*. Princeton: Princeton University Press.

Lucian W. Pye. 1992. *The Spirit of Chinese Politics*. Cambridge: Harvard University Press.

Macpherson, Crawford B. 1977. *The Life And Times of Liberal Democracy*. Oxford: Oxford University Press.

Norris, Pippa ed, 1999. *Critical Citizens: Global Support for Democratic Government.* Oxford: Oxford University Press.

O'Donnell, Guillermo A. 1973. *Modernization and Bureaucratic-authoritarianism: Studies in South American Politics.* Institute of International Studies, University of California.

Parsons, Talcott, and I. Jones. 1960. *Structure and Process in Modern Societies.* New York: Free Press.

Ridley, Charles Price, Paul HB Godwin, and Dennis J. Doolin. 1971. *The Making of a Model Citizen in Communist China.* Stanford: Hoover Institution Press.

Ronald Ingelhart. 2005. *Modernization, Cultural Change and Democracy.* New York and Cambridge: Cambridge University Press.

Rose, Richard, William Mishler and Christian Haerpfer. 1998. *Democracy and Its Alternatives: Understanding Post-Communist Societies.* Baltimore: Johns Hopkins University Press.

Rostow, Walt Whitman. 1960. *The Stages of Growth: A Non-communist Manifesto.* Cambridge University Press.

Rueschemeyer, Dietrich, Evelyne Huber Stephens, and John D. Stephens. 1992. *Capitalist Development and Democracy.* Cambridge: Cambeidge University Press.

Shambaugh, David L. 2008. *China's Communist Party: Atrophy and Adaptation.* Berkeley, Los Angeles and London: University of California Press.

Shi, Tianjian. 2015. *The Cultural Logic of Politics in Mainland China and Taiwan.* New York: Cambridge University Press.

Tu, Weiming. 1996. *Confucian Traditions in East Asian Modernity.* Cambridge: Harvard University Press.

Walder, Andrew G. 1986. *Communist Neo-traditionalism: Work and Authority in Chinese Industry.* Berkeley: University of California Press.

Yun-han Chu, Larry Diamond, Andrew J. Nathan, and Doh Chull Shin, eds, *How East Asians View Democracy.* New York: Columbia University Press.

Zheng, Yongnian. 2007. *Technological Empowerment: The Internet, State, and Society in China.* Stanford University Press.

Zhong, Yang. 2012. *Political Culture and Participation in Rural China.* New York: Routledge.

(二) 论文

Abdelal, Rawi, et al. 2006. "Identity as a Variable." *Perspectives on Politics*, 14 (4): 695 – 711.

Amaney A. Jamal, Mark A. Tessler, "Attitudes in The Arab World", *Journal of Democracy*, Vol. 19, No. 1, 2008, pp. 97 – 110.

Andreas Schedler, Rodolfo Sarsfield, "Democrats with Adjectives: Linking Direct And Indirect Measures of Democratic Support", *European Journal of Political Research*, Vol. 46, No. 5, 2007, pp. 637 – 659.

Ariel C. Armony, Hector E. Schamis, 2005, "Babel in Democratization Studies." *Journal of Democracy*, Vol. 16, No. 4, pp. 113 – 128.

Barro, Robert J. 1999. "Determinants of Democracy". *Journal of Political Economy*, 107 (6): 158 – 183.

Baviskar, Siddhartha., Mary Fran T. Malone. 2004. "What Democracy Means to Citizens and Why It Matters", *European Review of Latin American and Caribbean Studies*, 76: 3 – 23.

Bell, Daniel. 1976. "The Coming of Post-industrial Society", *The Educational Forum*, 40 (4): 574 – 579.

Bennett, W. Lance, Christian Breunig, & Terri Givens. (2008). "Communication and political mobilization: Digital media and the organization of Anti-iraq war demonstrations in the U.S." *Political Communication*, 25 (3): 269 – 289.

Bollen, Kenneth A. 1979. "Political Democracy and the Timing of Development", *American Sociological Review*, 44 (4): 572 – 587.

Brady, Anne-Marie. 2012. "State Confucianism, Chineseness, and tradition in CCP propaganda." *China's Thought Management*, pp. 57 – 75.

Braizat, Fares. 2010. "What Arab Think", *Journal of Democracy*, 21 (4): 131 – 138.

Bratton, Michael, Robert Mattes. 2001. "African's Surprising Universalism", *Journal of Democracy*, 12 (1): 107 – 121.

Bratton, Michael, Robert Mattes. 2001. "Support for Democracy in Africa: Intrinsic or Instrumental?", *British Journal of Political Science*, 31 (3): 447 – 474.

Canache, Damarys. 2012. "Citizens' Conceptualizations of Democracy: Structural Complexity, Substantive Content, and Political Significance", *Comparative Political Studies*, 45 (9): 1132 – 1158.

Carlin, Ryan E., and M. M. Singer. 2011. "Support for Polyarchy in the Americas". *Comparative Political Studies*, 44 (11): 1500 – 1526.

Carrión, "Illiberal Democracy and Normative Democracy: How is Democracy Defined in the Americas", In Mitchell A. Seligson, ed., *Challenges to Democracy in Latin America and the Caribbean: Evidence from the Americas Barometer* 2006 – 07, USAID, 2008.

Cause Offe et al. 1990. "Democratic Institutions and Moral Resourses", in David Held, ed., *Plotical Theory Today*. Stanford: Stanford University Press, pp. 152 – 253.

Chang, Yutzung, Yunhan Chu, Frank Tsai. 2005. "Confucianism and Democratic Values in Three Chinese Societies", *Issues and Studies*, 41 (4): 1 – 33.

Cho, Youngho. 2014. "To Know Democracy Is to Love It: A Cross-National Analysis of Democratic Understanding and Political Support for Democracy", *Political Research Quarterly*, 67 (3): 478 – 488.

Chu, Yun-han, and Bridget Welsh. 2015. "Millennials and East Asia's Democratic Future." *Journal of Democracy*, 26 (2): 151 – 164.

Chu, Yunhan, Minhua Huang, and Jie Lu. 2013. "Understanding of Democracy in East Asian Societies", *Asian Barometer Working Paper Series*.

Conover, P. J., and Feldman, S., 1981. "The Origins and Meaning of Liberal/Conservative Self-identifications." *American Journal of Political Science*, 25

(4): 617 - 645; Jacoby, W. G. , 1991. "Ideological Identification and Issue Attitudes". *American Journal of Political Science*, 35 (1): 178 - 205.

Conover, P. J. , and Feldman, S. , 1981. "The Origins and Meaning of Liberal/Conservative Self-identifications." *American Journal of Political Science*, 25 (4): 617 - 645.

Coppedge, Michael, Angel Alvarez, and Claudia Maldonado. 2008. "Two Persistent Dimensions of Democracy: Contestation and Inclusiveness". *The Journal of Politics*, 70 (3): 632 - 647.

Coppedge, Michael, et al. 2011. "Conceptualizing and Measuring Democracy: A New approach", *Perspectives on Politics*, 9 (2): 247 - 267.

Crow, David. 2010. "The Party's Over: Citizen Conceptions of Democracy and Political Dissatisfaction in Mexico", *Comparative Politics*, 43 (1): 41 - 61.

Dalton, Russell J. , To-chl Sin, and Willy Jou. 2007. "Popular Conceptions of the Meaning of Democracy: Democratic Understanding in Unlikely Places", *Journal of Democracy*, 18 (4): 142 - 156.

Damarys Canache, "Citizens' Conceptualizations of Democracy: Structural Complexity, Substantive Content, and Political Significance", *Comparative Political Studies*, Vol. 45, No. 9, 2012, pp. 1132 - 1158.

Dickson, Bruce J. 2000. "Cooptation and Corporatism in China: The Logic of Party Adaptation". *Political Science Quarterly*, 115 (4): 517 - 540.

Doh Chull Shin, "How East Asians Understand Democracy: From A Comparative Perspective", Western Political Science Association Annual Meeting, 2011.

Earl, Jennifer. (2006) "Pursuing social change online the use of four protest tactics on the internet." *Social Science Computer Review*, 24 (3): 362 - 377.

Eriksen, Thomas Hylland. 1995. "We and Us: Two Modes of Group Identification". *Journal of Peace Research*, 32 (4): 427 - 436.

Fuchs, Dieter. 1999. "The Democratic Culture of Unified Germany". In Norris, Pippa ed. , *Critical Citizens: Global Support for Democratic Government*. Oxford: Oxford University Press, pp. 123 - 145.

Fuchs, Dieter. and Roller, Edeltraud. 2006. " Learned Democracy? Support of Democracy in Central and Eastern Europe. " *International Journal of Sociology*, 36 (3), 70 – 96.

Gallie, Walter B. 1956, "Essentially Contested Concepts", *Proceedings of the Aristotelian Society*, 56: 167 – 198.

Garrett, R. Kelly. (2006). "Protest in an information society: A review of literature on social movements and new ICTs". *Information, Communication & Society*, 9 (2): 202 – 224.

Gibson, James L. , Raymond M. Duch, and Kent L. Tedin. 1992. "Democratic Values and The Transformation of the Soviet Union". *The Journal of Politics*, 54 (2): 329 – 371.

Hadenius, A. , and Uggla, F, 1996. "Making civil society work, promoting democratic development: what can states and donors do?" *World Development*, 24 (10): 1621 – 1639.

Hirano, K. , and Imbens, G. W. 2004. "The propensity score with continuous treatments." *Applied Bayesian Modeling and Causal Inference from Incomplete-data Perspectives*: 73 – 84.

Hirzalla, Fadi, and Liesbet Van Zoonen. 2011. "Beyond the Online/Offline Divide: How Youth's Online and Offline Civic Activities Converge. " *Social Science Computer Review*, 29 (4): 481 – 498.

Hogg, Michael A. , et al. 2006. "Demographic Category Membership and Leadership in Small Groups: A social Identity Analysis". *The Leadership Quarterly*, 17 (4): 335 – 350.

Huang, Minhua, Yunhan Chu, and Yutzung Chang. 2013. "Popular Understandings of Democracy and Regime Legitimacy in East Asia", *Taiwan Journal of Democracy*, 9 (1): 147 – 171.

Huddy, Leonie. 2001. "From Social to Political Identity: A Critical Examination of Social Identity Theory. " . *Political Psychology* , 22 (1): 127 – 156.

Inglehart, Ronald. 1988. "The Renaissance of Political Culture. " *American Po-*

litical Science Review, 82 (4): 1203 - 1230.

Inkeles, Alex. 1966. *The Modernization of Man.* Center for International Affairs, Harvard University.

Jackman, Robert W. 1973. "On the Relation of Economic Development to Democratic Performance." *American Journal of Political Science*, 17 (3): 611 - 621.

Jennings, M. Kent, and Vicki Zeitner. (2003). "Internet use and civic engagement: A longitudinal analysis." *Public Opinion Quarterly*, 67 (3): 311 - 334.

King, Gary, Jennifer Pan and Margaret E. Roberts. 2014. "Reverse-engineering Censorship in China: Randomized Experimentation and Participant Observation". *Science*, 345 (6199): 1 - 10.

Kwong, Julia. 1985. "Changing Political Culture and Changing Curriculum: An Analysis of Language Textbooks in the People's Republic of China." *Comparative Education*, 21 (2): 197 - 208.

Landry, Pierre F., and Mingming Shen. 2005. "Reaching Migrants in Survey Research: The Use of the Global Positioning System to Reduce Coverage Bias in China." *Political Analysis*, 13 (1): 1 - 22.

Lipset, S. M. 1959. "Some Social Requisites of Democracy: Economic Development and Political Legitimacy", *American Political Science Review*, 53, pp. 69 - 105.

Lu, Jie, John Aldrich, Tianjian Shi. 2014. "Revisiting Media Effects in Authoritarian Societies: Democratic Conceptions, Collectivistic Norms, and Media Access in Urban China", *Politics and Society*, 42 (2): 253 - 283.

Lu, Jie, Tianjian Shi. 2015. "The Battle of Ideas and Discourses Before Democratic Transition: Different Democratic Conceptions in Authoritarian China", *International Political Science Review*, 36 (1): 20 - 41.

Martin, Roberta. 1975. "The Socialization of Children in China and on Taiwan: An Analysis of Elementary School Textbooks". *The China Quarterly*, 62: 242 - 262.

Mattes, Robert, Michael Bratton. 2007. "Learning about Democracy in Africa: Awareness, Performance, and Experience." *American Journal of Political Science*, 51 (1): 192 – 217.

Mattes, Robert., Hermann Thiel, 1998. "Consolidation and Public Opinion in South Africa", *Journal of Democracy*, 9 (1): 95 – 110.

McClosky, Herbert. 1964. "Consensus and Ideology in American Politics". *American Political Science Review*, 58 (2): 361 – 382.

Mercea, Dan. 2012. "Digital prefigurative participation: The entwinement of online communication and offline participation in protest events." *New Media & Society*, 14 (1): 153 – 169.

Miller, Arthur H., Vicki L. Hesli, and William M. Reisinger. 1997. "Conceptions of Democracy Among Mass and Elite in Post-Soviet Societies." *British Journal of Political Science*, 27 (2): 157 – 190.

Moeller, Judith and Claes de Vreese. 2013. "The Differential Role of the Media as an Agent of Political Socialization in Europe." *European Journal of Communication*, 28 (3): 309 – 325.

Nathan, Andrew J., Tianjian Shi. 1993. "Cultural Requisites for Democracy in China: Findings from A Survey", *China in Transformation*, 122 (2): 95 – 123.

Pekonen, Kyösti. 1989. "Symbols and Politics as Culture in the Modern Situation: The Problem and Prospects of the 'New'." *Contemporary Political Culture: Politics in a Postmodern World*, pp. 56 – 72.

Peter Ronald de Souza, Suha Palshikar, and Yogendra Yadav, "Surveying The South Asia", *Journal of Democracy*, Vol. 19, No. 1, 2008, pp. 84 – 96.

Prothro, James W., and Charles M. Grigg. 1960. "Fundamental Principles of Democracy: Bases of Agreement and Disagreement". *The Journal of Politics*, 22 (2): 276 – 294.

Ray, John J. 1971. "TheQuestionnaire Measurement of Social Class". *Australian and New Zealand Journal of Sociology*, 27: 480 – 495.

Sears, David O., et al. 1980. "Self-interest Vs. Symbolic Politics in Policy Attitudes and Presidential Voting." *American Political Science Review*, 74 (3): 670 – 684.

Shah, Dhavan V., Jack M. McLeod, and So-Hyang Yoon. 2001. "Communication, Context, and Community: An Exploration of Print, Broadcast, and Internet Influences." *Communication Research*, 28 (4): 464 – 506.

Shevchenko, Alexei. 2004. "Bringing the Party BackIn: The CCP and the Trajectory of Market Transition in China". *Communist and Post-Communist Studies*, 37 (2): 161 – 185.

Shi, Tianjian, Jie Lu. 2010. "The Shadow of Confucianism", *Journal of Democracy*, 21 (4): 123 – 130.

Smith, Anthony. D. 1991. *National Identity*. Harmondsworth, Midx: Penguin, pp. 91 – 92.

Stockmann, Daniela and Mary E. Gallagher. 2011. "Remote Control: How the Media Sustain Authoritarian Rule in China." *Comparative Political Studies*, 44 (4): 436 – 467.

Therborn, Goran. 1977. "The Rule of Capital and the Rise of Democracy". *New Left Review*, 103: 3 – 41.

Weber, Lori M., Alysha Loumakis, and James Bergman. 2003. "Who participates and why? An analysis of citizens on the Internet and the mass public." *Social Science Computer Review*, 21 (1): 26 – 42.

Welzel, Christian. 2011. "The Asian Values Thesis Revisited: Evidence From the World Value Survey.", *Japanese Journal of Political Science*, 12 (1): 1 – 31.

Williams, Dmitri. (2007). "The impact of time online: Social capital and cyberbalkanization." *CyberPsychology & Behavior*, 10 (3): 398 – 406.

Zheng, Yongnian and Guoguang Wu. 2005. "Information Technology, Public Space, and Colective Action in China." *Comparative Political Studies*, 38 (5): 507 – 536.

三、网站

世界价值观调查 http://www.rcccpku.org

亚洲晴雨表调查 http://www.asianbarometer.org

中国综合社会调查 http://www.chinagss.org

中国社会综合状况调查 http://www.sociology2010.cass.cn/cate/30.htm

国家统计局"国家数据" http://data.stats.gov.cn

国家社科基金项目数据库 http://fz.people.com.cn/skygb/sk

北京大学中国国情研究中心 http://www.rcccpku.org

中国国家调查数据库 http://www.cssod.org

中国社会科学引文索引 http://cssci.nju.edu.cn

中国共产党思想理论资源数据库 http://read.ccpph.com.cn

《人民日报》"人民数据" http://202.112.118.67:900/web/search.htm

中国百年中小学教科书全文数据库 http://www.pep.com.cn/cpjs/zxxjks

附 图

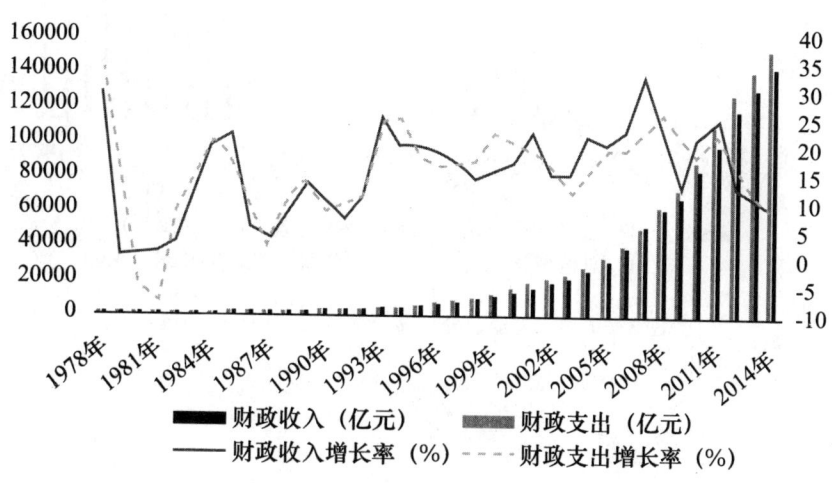

附图1　国内生产总值的变化（1978—2014）

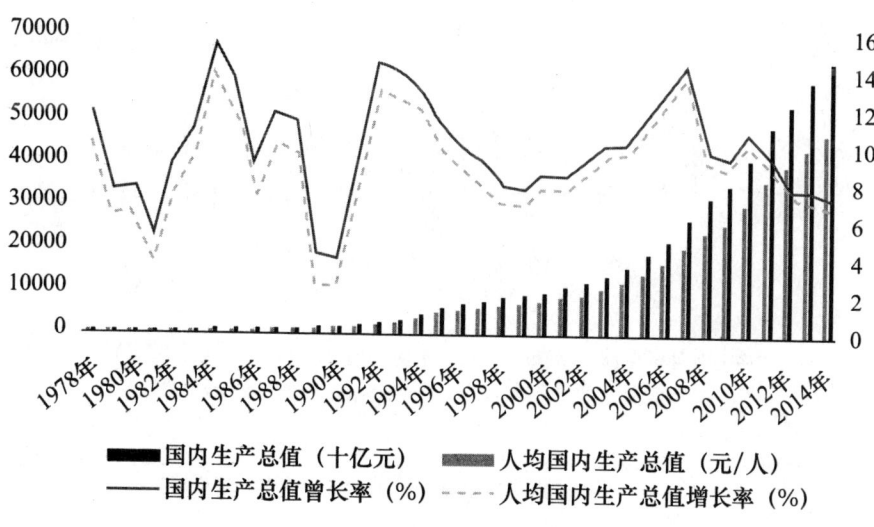

附图2　财政收支规模的变化（1978—2014）

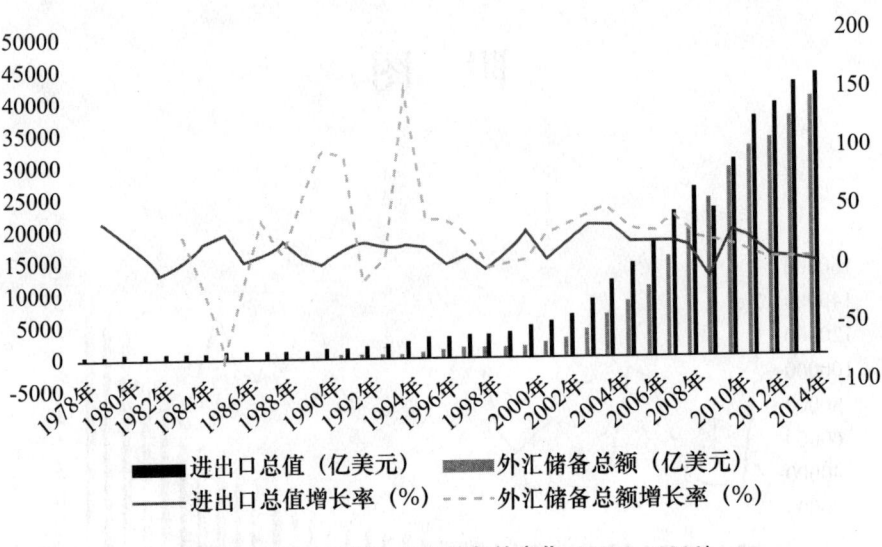

附图3　进出口总值、外汇储备的变化（1978—2014）

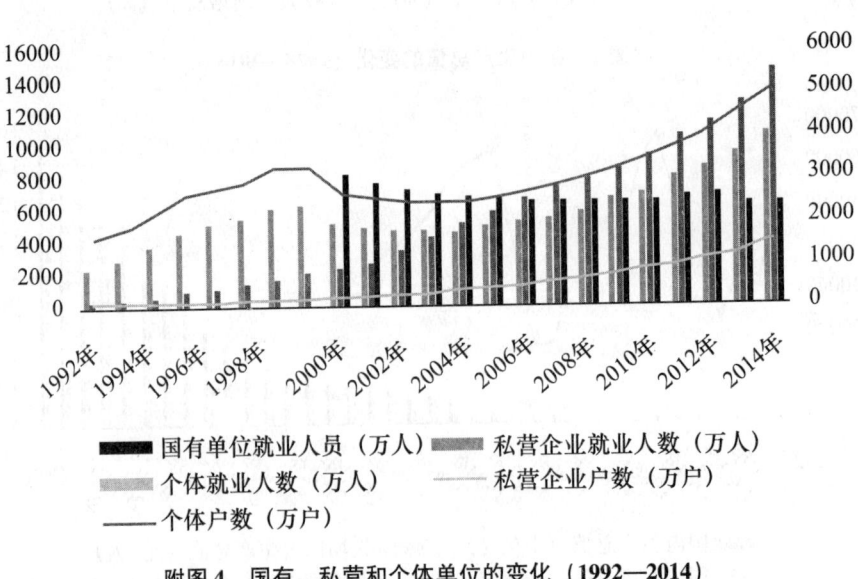

附图4　国有、私营和个体单位的变化（1992—2014）

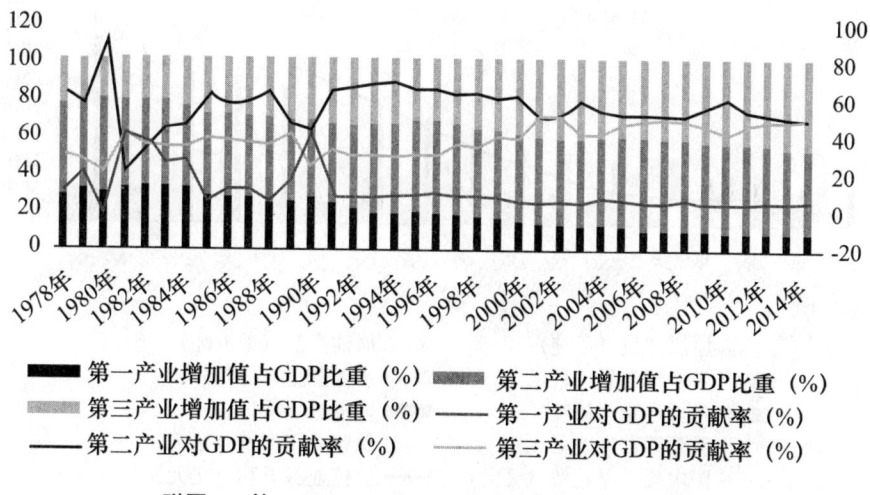

附图5 第一、二、三产业比重的变化（1978—2014）

附图6 农业供给能力的变化（1981—2013）

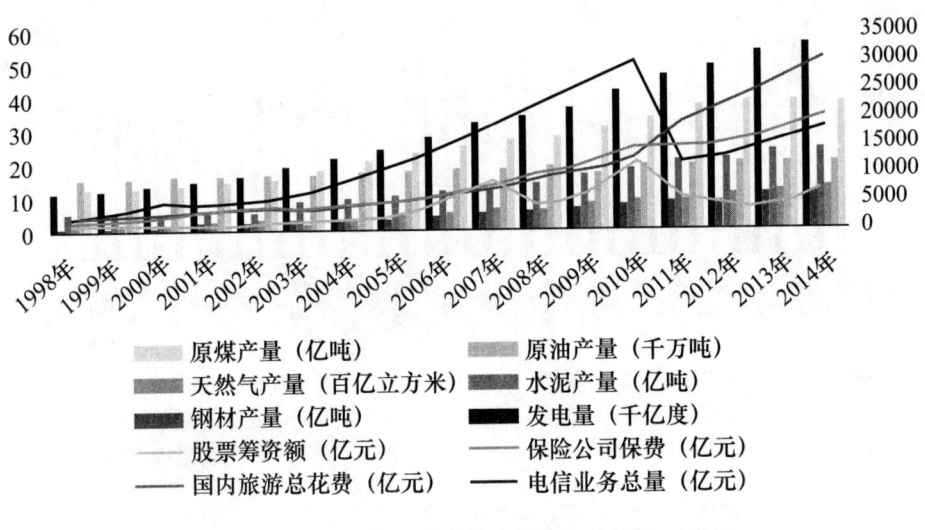

附图7　工业、服务业供给能力的变化（1998—2014）

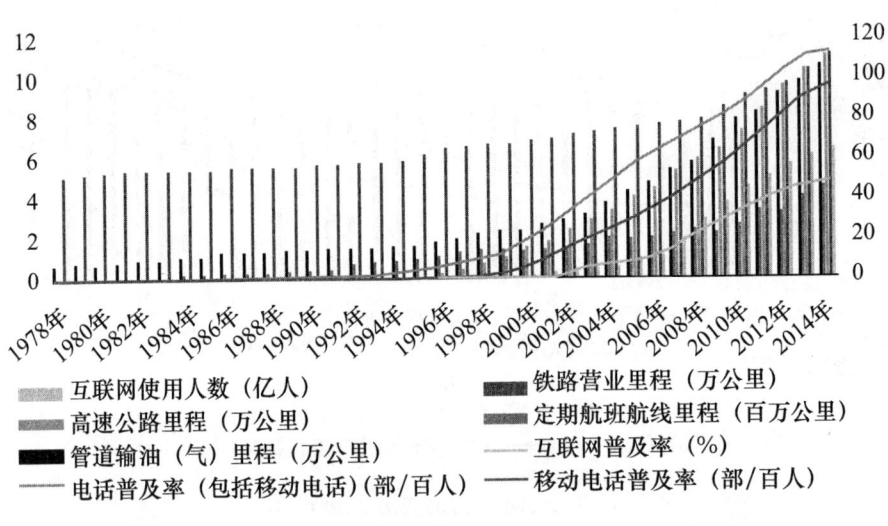

附图8　基础设施建设（1978—2014）

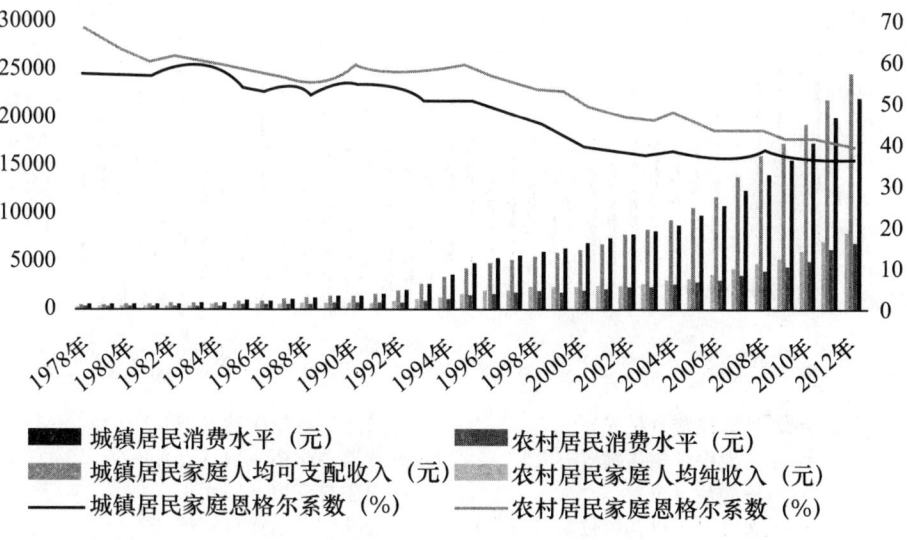

附图9 人民生活水平的变化（1978—2012）

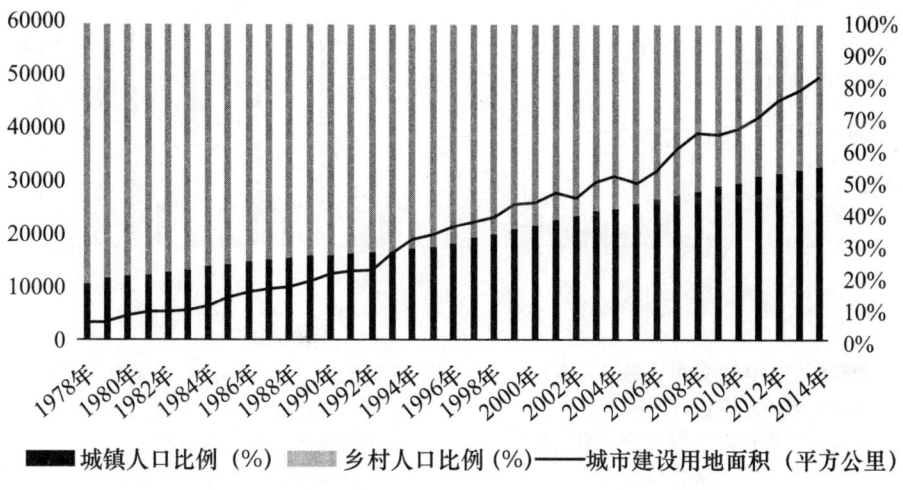

附图10 城市化进程（1978—2014）

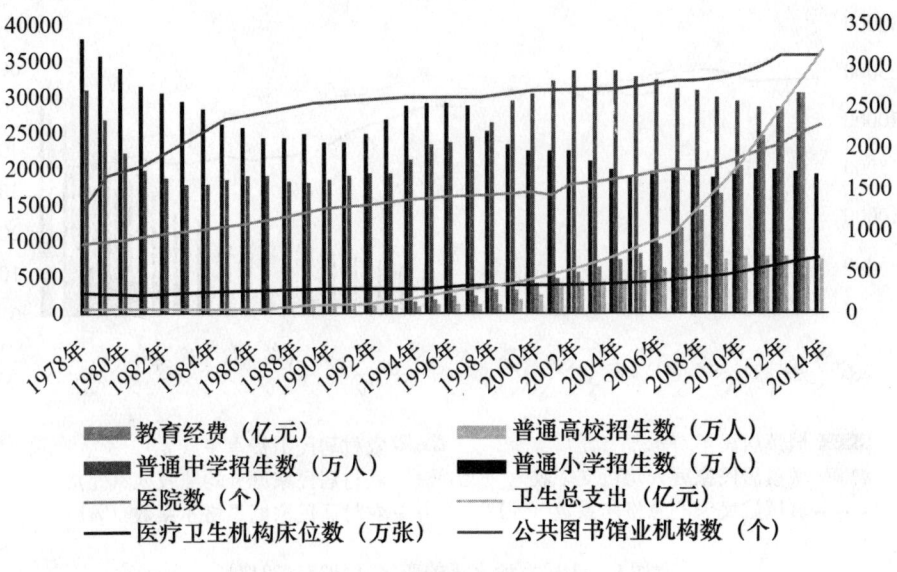

附图11　公共服务体系建设（1978—2014）

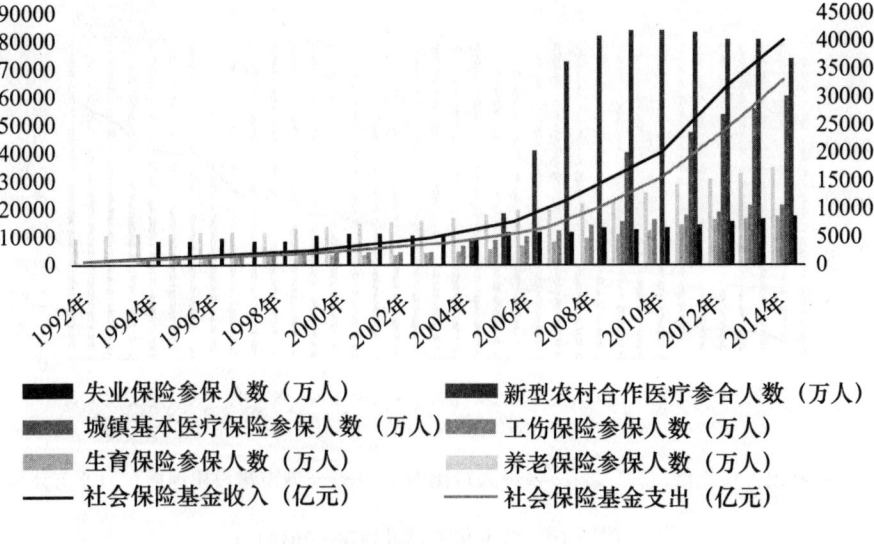

附图12　社会保障体系建设（1992—2014）

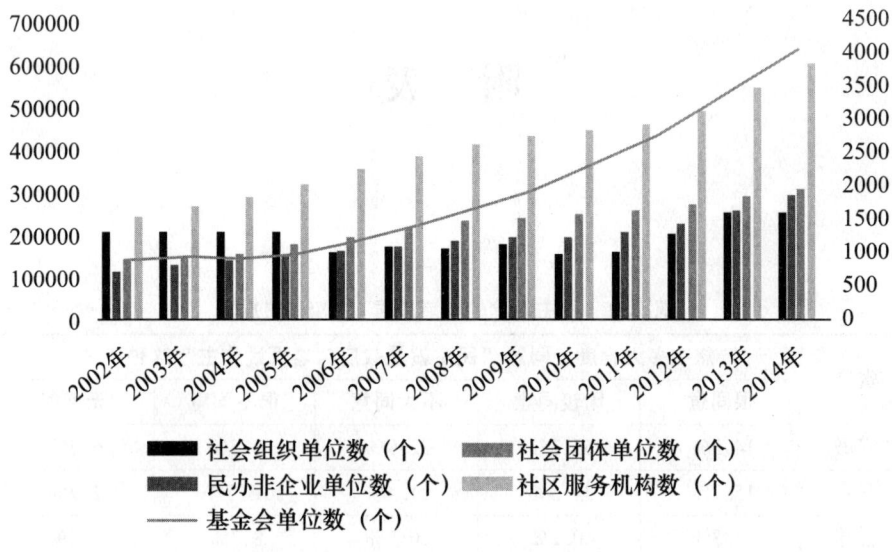

附图13 社会组织的发展（2002—2014）

附　表

附表1　民主观念的地域差异（CSS 2011）

省市	您在多大程度上同意"民主就是政府为老百姓作主"这种说法				
	很同意	比较同意	不大同意	很不同意	无回答
安徽	14.5%	55.3%	22.9%	0.7%	6.5%
北京	15.7%	34.3%	21.4%	25.7%	2.9%
福建	21.3%	40.2%	20.7%	8.3%	9.5%
甘肃	38.2%	34.4%	10.8%	16.6%	0.0%
广东	24.3%	40.5%	20.9%	11.6%	2.7%
广西	20.9%	36.1%	24.7%	4.7%	13.5%
贵州	34.0%	27.2%	18.8%	10.5%	9.4%
河北	17.7%	56.9%	15.9%	4.3%	5.2%
河南	22.2%	46.2%	26.0%	4.3%	1.3%
黑龙江	25.9%	42.0%	21.5%	4.4%	6.3%
湖北	21.7%	40.4%	16.2%	8.5%	13.2%
湖南	40.2%	35.4%	9.2%	5.9%	9.2%
吉林	25.6%	42.0%	14.9%	8.9%	8.6%
江苏	32.2%	37.6%	17.4%	10.0%	2.9%
江西	24.7%	47.2%	13.3%	3.8%	11.1%
辽宁	17.5%	44.6%	25.8%	8.3%	3.8%
内蒙古	38.6%	54.3%	5.7%	1.4%	0.0%
宁夏	45.3%	21.3%	17.3%	16.0%	0.0%
青海	21.2%	47.0%	24.2%	7.6%	0.0%

(续表)

省市	您在多大程度上同意"民主就是政府为老百姓作主"这种说法				
	很同意	比较同意	不大同意	很不同意	无回答
山东	27.7%	44.3%	15.3%	5.5%	7.1%
山西	23.8%	40.6%	23.3%	9.4%	3.0%
陕西	27.1%	40.3%	15.0%	9.9%	7.7%
上海	12.3%	37.7%	25.7%	16.7%	7.6%
四川	29.0%	33.0%	17.0%	9.3%	11.7%
天津	32.4%	36.2%	17.3%	11.4%	2.7%
新疆	64.8%	14.8%	14.8%	5.6%	0.0%
云南	34.7%	26.7%	18.8%	11.9%	8.0%
浙江	29.7%	36.6%	18.6%	11.6%	3.5%
重庆市	31.5%	43.2%	2.5%	10.5%	12.3%
平均值	26.3%	40.5%	18.2%	8.3%	6.7%

附表2 民主观念的地域差异（CGSS 2013）

省市	民主就是政府要为民作主		只有老百姓对国家和地方的大事都有直接的发言权或决定权才算是民主		如果老百姓有权选举自己的代表去讨论国家和地方的大事也算是民主	
	同意	无回答	同意	无回答	同意	无回答
北京	75.9%	0.8%	80.3%	7.9%	73.1%	9.9%
天津	61.8%	2.5%	77.5%	3.2%	69.9%	9.3%
河北	78.4%	10.0%	59.1%	20.6%	71.8%	20.9%
山西	77.7%	2.7%	61.7%	10.0%	79.3%	9.7%
内蒙古	91.0%	0.0%	87.0%	0.0%	96.0%	0.0%
辽宁	84.1%	2.7%	72.5%	4.2%	83.1%	3.7%
吉林	82.8%	10.7%	68.9%	16.0%	77.4%	13.7%
黑龙江	84.7%	7.1%	79.1%	9.6%	85.4%	8.7%
上海	64.9%	9.9%	60.6%	12.4%	83.0%	7.9%
江苏	78.2%	7.9%	69.4%	10.9%	83.5%	9.7%
浙江	78.9%	10.3%	69.6%	15.6%	78.5%	14.2%
安徽	90.8%	4.5%	63.9%	11.2%	81.3%	10.7%

(续表)

省市	民主就是政府要为民作主		只有老百姓对国家和地方的大事都有直接的发言权或决定权才算是民主		如果老百姓有权选举自己的代表去讨论国家和地方的大事也算是民主	
	同意	无回答	同意	无回答	同意	无回答
福建	70.7%	20.7%	49.3%	29.7%	57.7%	29.3%
江西	88.8%	6.8%	67.9%	13.0%	84.4%	10.8%
山东	83.5%	7.3%	65.8%	15.2%	80.3%	11.4%
河南	79.2%	8.0%	64.5%	17.2%	83.3%	13.7%
湖北	86.4%	6.8%	70.7%	14.3%	78.7%	12.7%
湖南	83.0%	7.8%	67.4%	14.6%	74.6%	16.2%
广东	43.1%	11.4%	50.0%	15.6%	41.0%	20.4%
广西	80.5%	9.8%	61.7%	21.8%	75.5%	15.8%
重庆	86.6%	9.7%	76.7%	10.7%	81.9%	10.4%
四川	80.7%	7.3%	75.5%	8.7%	77.7%	9.2%
贵州	89.5%	3.6%	72.8%	8.2%	83.3%	9.8%
云南	71.5%	20.6%	53.7%	29.5%	63.4%	27.0%
陕西	86.2%	6.9%	71.6%	11.5%	80.2%	10.3%
甘肃	90.5%	0.0%	73.5%	0.0%	89.5%	0.0%
青海	75.0%	0.0%	66.0%	0.0%	89.0%	1.0%
宁夏	89.0%	0.0%	84.0%	0.0%	97.0%	0.0%
平均值	79.2%	7.6%	68.3%	12.9%	77.6%	12.1%

附表3 民主观念的比较（WVS 2012）

国家和地区	政府向富人收税补贴穷人		政府提供失业救济		人们选举领导人		人们的自由不受侵犯是受宪法保护的公民权利	
	平均值	回答率	平均值	回答率	平均值	回答率	平均值	回答率
中国大陆	7.29	86.57%	8.22	85.72%	7.52	82.69%	8.39	84.86%
中国台湾	6.80	94.24%	7.43	94.72%	8.71	95.02%	8.28	92.66%
中国香港	6.04	99.50%	6.38	99.10%	7.57	99.30%	7.24	99.30%

(续表)

国家和地区	政府向富人收税补贴穷人		政府提供失业救济		人们选举领导人		人们的自由不受侵犯是受宪法保护的公民权利	
	平均值	回答率	平均值	回答率	平均值	回答率	平均值	回答率
阿尔及利亚	5.57	86.17%	7.22	87.67%	8.12	86.92%	7.58	79.08%
阿塞拜疆	6.74	100.00%	7.43	100.00%	7.17	100.00%	7.15	100.00%
阿根廷	5.58	97.25%	6.89	97.75%	8.49	97.63%	7.32	93.03%
澳大利亚	6.04	97.47%	6.04	97.97%	8.83	98.00%	7.50	97.41%
巴林	4.71	99.75%	4.91	99.58%	4.96	99.33%	5.02	99.58%
亚美尼亚	7.42	94.08%	8.20	94.78%	8.54	95.02%	7.88	90.59%
巴西	4.51	91.97%	7.54	93.24%	8.37	93.81%	7.82	91.32%
白俄罗斯	5.77	99.06%	6.85	99.03%	7.89	99.03%	7.42	99.02%
智利	7.02	92.20%	7.59	95.60%	8.85	95.90%	6.97	87.30%
哥伦比亚	5.64	97.29%	5.89	96.56%	7.39	97.35%	6.37	90.34%
塞浦路斯	5.68	98.15%	8.10	98.83%	8.79	99.23%	7.54	94.98%
厄瓜多尔	5.70	99.33%	5.74	99.42%	7.42	99.42%	6.42	99.17%
爱沙尼亚	7.15	94.95%	8.18	96.93%	8.59	96.15%	8.30	93.88%
格鲁吉亚	4.78	85.69%	7.33	90.02%	8.44	92.10%	7.18	86.94%
巴勒斯坦	5.84	97.00%	6.54	97.00%	7.86	94.30%	6.19	91.70%
德国	6.95	97.97%	7.87	99.06%	9.11	99.46%	8.10	98.38%
加纳	4.92	100.00%	5.42	100.00%	8.40	100.00%	6.59	100.00%
印度	5.10	100.00%	5.40	100.00%	5.74	100.00%	5.47	100.00%
伊拉克	6.84	98.75%	7.37	99.50%	8.27	99.08%	7.16	97.25%
日本	6.50	85.26%	6.89	83.42%	7.90	85.88%	7.47	75.19%
哈萨克斯坦	6.77	100.00%	7.81	100.00%	8.08	100.00%	7.88	100.00%
约旦	7.57	98.17%	6.70	98.67%	7.14	97.25%	6.78	94.58%
韩国	7.44	99.38%	7.00	99.14%	8.12	98.99%	7.02	98.76%
科威特	6.09	94.78%	6.52	93.55%	6.83	90.94%	7.01	92.63%
吉尔吉斯斯坦	5.39	99.80%	6.31	99.80%	6.65	99.93%	6.37	99.73%
黎巴嫩	5.66	98.08%	5.68	97.67%	6.22	96.42%	6.35	95.50%

(续表)

国家和地区	政府向富人收税补贴穷人		政府提供失业救济		人们选举领导人		人们的自由不受侵犯是受宪法保护的公民权利	
	平均值	回答率	平均值	回答率	平均值	回答率	平均值	回答率
利比亚	5.87	91.22%	6.77	91.27%	8.05	91.26%	7.73	90.18%
马来西亚	6.68	100.00%	6.21	100.00%	7.87	100.00%	7.48	100.00%
墨西哥	5.06	98.05%	6.02	98.05%	7.27	98.85%	6.65	97.40%
摩洛哥	7.96	80.92%	8.41	87.67%	8.49	88.25%	8.28	74.50%
荷兰	6.10	89.48%	7.16	93.17%	8.13	90.85%	8.05	90.75%
新西兰	5.47	94.41%	6.00	93.58%	8.73	94.77%	7.45	90.37%
尼日利亚	5.26	100.00%	6.61	100.00%	7.50	100.00%	6.76	100.00%
巴基斯坦	8.69	98.95%	8.38	98.07%	8.21	97.77%	7.42	97.58%
秘鲁	4.95	91.17%	5.64	91.48%	7.94	94.69%	6.56	89.74%
菲律宾	6.62	99.86%	7.01	99.71%	7.27	99.86%	6.82	99.81%
波兰	5.70	92.22%	6.99	94.08%	8.73	94.05%	8.42	92.69%
卡塔尔	5.74	98.46%	5.98	99.08%	6.87	97.81%	6.80	96.60%
罗马尼亚	5.98	94.46%	7.92	96.29%	8.53	95.24%	8.46	93.74%
俄罗斯	7.27	92.65%	8.04	95.05%	8.28	94.54%	8.18	92.43%
卢旺达	4.97	100.00%	6.91	100.00%	7.03	100.00%	7.31	100.00%
新加坡	6.33	99.92%	6.14	99.92%	7.31	99.92%	6.32	99.92%
斯洛文尼亚	6.29	93.17%	7.27	94.29%	8.57	94.67%	7.80	92.70%
南非	6.69	98.34%	6.76	98.17%	7.00	98.31%	6.80	97.41%
津巴布韦	5.29	100.00%	7.02	100.00%	8.66	100.00%	7.66	100.00%
西班牙	7.02	94.69%	8.19	96.40%	8.67	96.07%	8.09	93.33%
瑞典	6.42	97.20%	7.52	97.51%	9.25	98.30%	8.61	96.58%
泰国	6.49	99.33%	7.73	98.66%	7.97	99.16%	7.26	97.99%
特立尼达和多巴哥	4.72	94.39%	6.11	95.70%	8.56	97.60%	7.24	87.29%
突尼斯	7.08	91.12%	7.89	91.70%	8.56	90.37%	8.24	89.88%
土耳其	7.57	98.37%	8.13	98.16%	8.24	98.76%	7.53	98.02%

(续表)

国家和地区	政府向富人收税补贴穷人		政府提供失业救济		人们选举领导人		人们的自由不受侵犯是受宪法保护的公民权利	
	平均值	回答率	平均值	回答率	平均值	回答率	平均值	回答率
乌克兰	7.57	100.00%	8.33	100.00%	8.43	100.00%	8.30	100.00%
埃及	7.27	100.00%	7.23	100.00%	8.79	100.00%	8.10	100.00%
美国	5.04	97.04%	5.73	96.80%	8.31	96.97%	7.46	96.60%
乌拉圭	5.61	90.00%	7.38	92.40%	8.79	95.30%	7.07	83.90%
乌兹别克斯坦	6.64	99.47%	7.55	99.67%	8.53	99.87%	7.84	99.67%
也门	7.61	92.60%	7.43	92.30%	9.19	90.70%	8.11	75.00%
平均值	6.23	95.78%	6.99	96.27%	7.95	96.24%	7.36	94.10%

附表4 近代中国介绍西方民主思想的出版物（1864—1909）①

书名	著者及译者	出版单位	出版时间
万国公法	[美]惠顿撰 [美]丁韪良译	京都崇实馆	1864
局外旁观论	[英]赫德著	—	1866
新议论略	[英]威妥玛著	—	1866
文学兴国策	[日]森有礼辑	广学会	1872
米利坚志	[日]冈千仞、河野通之著	湖南新学书局	1874
列国岁计政要	[英]麦丁富得力编 [美]林乐知译	江南制造局	1875
中西关系略论	[美]林乐知著	万国公报	1876
公法便览	[美]吴尔玺著 [美]丁韪良译	同文馆	1877
万国史记	[日]冈本监辅著	上海排印	1879
公法会通	[德]步伦著 [美]丁韪良译	同文馆	1880
大英国志	[英]慕维廉译	益智书会	1881
万国通鉴	[美]谢卫楼著	上海美华书馆	1882
佐治刍言	[英]傅兰雅译	江南制造局	1885

---

① 根据熊月之:《中国近代民主思想史》,上海:上海人民出版社1986年版,第106—321页修改整理。

(续表)

书名	著者及译者	出版单位	出版时间
欧洲史略	[英] 艾约瑟译	总税务司	1886
自西徂东	[德] 花之安著	广学会	1888
东方时局论略	[英] 邓铿著	江南制造局	1889
各国交涉公法论	[英] 费利摩罗巴德著 [英] 傅兰雅译	江南制造局	1894
时事新论	[英] 李提摩太著	广学会	1894
泰西新史揽要	[英] 马恩西著 [英] 李提摩太译	广学会	1895
列国变通兴盛记	[英] 李提摩太著	广学会	1898
民约通义	[法] 卢梭著 [日] 中江笃介译	上海同文译书局	1898
斯宾塞尔文集	[英] 斯宾塞尔著 曾广诠译	上海昌言报馆	1898
民约论	[法] 卢梭著 杨廷栋等译	译书汇编社	1901
原富	[英] 亚当斯密著 严复译	南洋公学译书院	1901
霍布斯学案	梁启超著	清议报	1901
斯片挪沙学案	梁启超著	清议报	1901
路索民约论	[法] 卢梭著 杨廷栋等译	上海文明书局	1902
原政	[英] 斯宾塞尔著 杨廷栋译	上海作新社	1902
国家学纲领	[瑞士] 伯伦知理著 梁启超译	上海广智书局	1902
政治学	[德] 那特砠著 冯自由译	上海广智书局	1902
政治学	[美] 伯盖司著 杨廷栋译	上海作新社	1902
政治原论	[日] 士岛谦吉著	上海广智书局	1902
万国宪法比较	[日] 辰巳小二郎著	商务印书馆	1902
欧美日本政体通览	[日] 赤门外史编译	译书汇编社	1902
乐利主义泰斗边沁	梁启超著	新民丛报	1902
泰西政治学者列传	[日] 杉山藤次郎著	上海广智书局	1902
万法精理	[法] 孟德斯鸠著 张相文译	上海文明书局	1903
自由原理	[英] 弥勒约翰著 马君武译	译书汇编社	1903
群己权界论	[英] 穆勒著 严复译	商务印书馆	1903
群学肆言	[英] 斯宾塞著 严复译	上海文明编译局	1903
穆勒名学	[英] 穆勒著 严复译	商务印书馆	1903

(续表)

书名	著者及译者	出版单位	出版时间
社会通诠	[英] 甄克斯著　严复译	商务印书馆	1903
社会学原理	[英] 斯宾塞尔著　马君武译	少年新中国社	1903
斯宾塞干涉论	[英] 斯宾塞尔著　杨廷栋译	帝国丛书社	1903
共和政体论	[法] 纳岌尔布礼著　罗博雅译	上海广智书局	1903
政治泛论	[美] 域鲁威尔逊著　麦鼎华译	上海广智书局	1903
美国民政考	[美] 勃拉斯著　章宗元译	上海文明书局	1903
华盛顿	[日] 福山义春著　丁锦译	上海文明书局	1903
拿破仑	[日] 土井晚翠著　赵必振译	上海益智译社	1903
意大利建国三杰传	梁启超著	上海广智书局	1903
日本维新百杰传	[日] 千河岸贯一著	上海开明书局	1903
天演论	[英] 赫胥黎著　严复译	商务印书馆	1905
法意	[法] 孟德斯鸠著　严复译	商务印书馆	1909
名学浅说	[英] 耶方斯著　严复译	商务印书馆	1909
法兰西志	[日] 高桥二郎译	湖南新学书局	—
西学考略	[美] 丁韪良著	同文馆	—
西学略述	[英] 艾约瑟著	—	—
中西互论	[美] 林乐知著	广学会	—
治国要务	[英] 韦廉臣著	广学会	—
伯根文集	[英] 伯根著　达文社译	新民译印局	—
义务论	[美] 海文著	上海广智书局	—
法兰西革命史	[日] 兴田竹松著	—	—
日本政治沿革史	[日] 秦政治郎著	上海中西译书会	—

后 记

本书是在笔者 2016 年 6 月通过答辩的北京大学博士学位论文《转型期中国公众的民主观念——基于全国代表性样本的实证分析（2002—2014）》的基础上修改完成的。在书稿即将付梓之际，我要衷心地感谢为本书的写作和出版提供指导和帮助的诸位师友和学术机构。

感谢我的博士生导师沈明明教授。在北大求学期间，沈老师不仅在比较政治学理论与方法上对我进行了严格训练和悉心指导，而且在生活上给我提供了诸多殷切关怀和倾情帮助。沈老师学高身正，无论是严谨的治学态度还是忧国忧民的赤子情怀，都鞭策着我在学术和人生的道路上砥砺前进而不敢有丝毫懈怠。

感谢北京大学政府管理学院中外政治制度专业的徐湘林教授、金安平教授、王丽萍教授和严洁副教授。无论在课堂上还是日常交流中，诸位老师的教诲总是令我醍醐灌顶、如沐春风。徐老师关于"好民主及其参照物"高屋建瓴的研究直接点燃了我研究民主理论的热情；金老师、王老师对研究设计、行文逻辑的建议令本书在结构上增色不少；严老师在政治学定量研究方法上对我"手把手"的辅导，让我能够在调查数据的茂密丛林中找到一把披荆斩棘的"方法之剑"。

从珞珈山下到未名湖畔，我在十年间先后辗转武汉大学、中国人民大学、北京大学学习。感谢武汉大学虞崇胜教授、张星久教授、储建国教授、唐皇凤教授、刘伟教授把我引领进政治学的神圣殿堂。感谢我的硕士生导师、中国人民大学杨光斌教授一直以来对我的指导。自师从杨老师以来，我总是能够源源不断地从他的智慧中汲取营养，杨老师深厚的学养始终令我有"高山

后 记

仰止景行行止,虽不能至心向往之"之感,但他却始终鼓励学生要有超越老师的志向。"站在主流反主流并成为主流",我一直把杨老师的这句教诲当作是一种很高的期许。

感谢北京大学中国国情研究中心。从 2012 年至 2016 年,我有幸参与了中心的工作,开始接触问卷设计、抽样方法、数据处理和统计分析的相关技术,从对定量研究一窍不通的"小白"变成了社会统计学的忠实信徒,并逐步掌握了利用社会调查数据独立开展量化研究的能力。中心将宝贵的调查数据无偿地提供给学生使用,我便是幸运的受益者之一。与孟天广、刘小青、李锋、郭凤林、季程远等"RCCCers"共事的经历则让我学到了许多受益终身的治学态度和方法。

感谢国家留学基金委员会。受"国家建设高水平大学公派研究生项目"的资助,我于2014—2015 学年度赴美国哈佛大学韦瑟海德国际事务中心进行博士生联合培养,这段访学经历极大地开拓了我的视野、增长了我的见识,并坚定了我在世界政治研究中立足中国问题研究中国政治的决心。

感谢中国人民大学马克思主义学院和北京市思想政治理论课高精尖创新中心为青年教师学术著作出版提供的经费支持。感谢中央编译出版社李易明编辑对本书的出版付出的心血。最后我还要感谢我的家人,尤其是我的父母和妻子对我的无私支持和默默付出。

作为一项以问卷调查数据为主要资料来源的量化研究,本书呈现的观点是描述性和解释性的;而作为一项长远研究计划的起点,本书的基本框架则是探索性的。虽然几经修改,但限于笔者的能力和水平,本书不可避免地存在错误和缺失,一切责任由笔者承担。诚恳地欢迎各位读者批评、指正。

王　衡

2019 年 4 月 23 日于

中国人民大学人文楼